本书为湖南省"十三五"教育科学规划研究基地重大资助课题
"'双高计划'背景下高职院校现代化治理能力研究与实践"
(XJK20ZDJD09)最终研究成果

理论与实践：
高职院校治理现代化研究

杨 虹　谢盈盈　雷世平　龚添妙　著

图书在版编目(CIP)数据

理论与实践：高职院校治理现代化研究/杨虹等著
.—苏州：苏州大学出版社,2022.4
ISBN 978-7-5672-3728-5

Ⅰ.①理… Ⅱ.①杨… Ⅲ.①高等职业教育—学校管理—研究—中国 Ⅳ.①G718.5

中国版本图书馆 CIP 数据核字(2021)第 227056 号

理论与实践：高职院校治理现代化研究

杨　虹　谢盈盈　雷世平　龚添妙　著

责任编辑　刘一霖

助理编辑　王玉琦

苏州大学出版社出版发行
(地址：苏州市十梓街1号　邮编：215006)
广东虎彩云印刷有限公司印装
(地址：东莞市虎门镇北栅陈村工业区　邮编：523898)

开本 710 mm×1 000 mm　1/16　印张 14.75　字数 226 千
2022 年 4 月第 1 版　2022 年 4 月第 1 次印刷
ISBN 978-7-5672-3728-5　定价：56.00 元

若有印装错误,本社负责调换
苏州大学出版社营销部　电话：0512-67481020
苏州大学出版社网址　http://www.sudapress.com
苏州大学出版社邮箱　sdcbs@suda.edu.cn

前言 PREFACE

职业教育现代化是教育现代化的重要组成部分。构建职业教育治理体系、提升职业教育治理水平是推动职业教育现代化的有效手段和重要保障。教育部、财政部印发的《关于实施中国特色高水平高职学校和专业建设计划的意见》中要求重点支持一批优质高职学校和专业群率先发展，把提升学校治理水平列为改革发展的重要任务之一，明确提出要"健全内部治理体系，完善以章程为核心的现代职业学校制度体系，形成学校自主管理、自我约束的体制机制，推进治理能力现代化"。关注高职院校治理能力现代化建设也是对中共十八届三中全会精神"推进国家治理体系和治理能力现代化"的积极响应。在此背景下，高职院校如何紧跟时代发展要求来推进治理能力现代化，促进自身高质量和长期可持续发展，是一个需要系统思考的重大理论与现实问题。

本书从理论构建与实践探索层面对高职院校治理现代化进行系统研究。一是从以公共行政为主的绩效治理、以公共管理为主的市场治理和以公共治理为主的多元治理三个阶段梳理了我国高职院校治理的发展演进历程，并以此为基础预测了高职院校治理现代化的未来趋势。二是基于治理依据、治理主体和治理院校类型分别总结了章程治理、主体多元制治理、混合所有制治理这三种典型的高职院校治理方式的内涵、特征与发展现状。三是以德国、美国、新加坡的部分高职院校为代表分析了国际典型高职院校在治理制度、治理结构上的创新特点及其对我国高职院校治理的价值与启示。四是以人本治理理念、多元共治理念、良法善治理念为指导，建立"党委领导、校长负责、教授治学、民主管理"的治理结构，围绕质量治理、文化治理、专业治理、教师治理等核心要素和关键内容，构建了高职院校治理体系。五是聚焦高职院校治理的能力建设，提出了高职院校治理能力现代化的背景与意义、内涵与特征、功能与指标、策略与路径。六是以长沙航空职业技术学院和山东海事职业学院为例，通过对其治理结构、实现路径、实践成效的分析，综合考量这两所高职院校的现代化治理能力，总结、提炼了高职院校治理实践的成功经验。

本书作为湖南省"十三五"教育科学规划研究基地"高职院校'双一流'建设研究基地"建设成果、研究基地重大资助课题"'双高计划'背景下高职院校现代化治理能力研究与实践"（课题编号：XJK20ZDJD09）最终研究成果，是研究团队通力协作的集体智慧结晶。全书由课题主持人杨虹总体设计，各章按统一体例由执笔人独立完成，杨虹对书稿进行通篇修改和定稿。各章节执笔人安排如下：杨虹负责第一章、第二章、第七章、第八章第一节；谢盈盈负责前言、第三章、第六章第一节、第六章第三节；雷世平负责第四章、第六章第二节、第八章第二节；龚添妙负责第五章、第九章。

本书可为研究者把握高职院校治理现代化已有研究和预测未来趋势提供便利，丰富国内关于高职院校治理现代化研究的理论成果，也可促进高职院校内涵式发展，为高职院校治理结构改革实践提供一定的参考和依据。限于作者科研能力和写作水平，本书难免存在错误和不足之处，敬请各位专家、学者和广大职业教育同人不吝赐教。

目录 CONTENTS

第一章 绪　论 / 001

　　第一节　研究背景 / 001
　　第二节　文献综述 / 007
　　第三节　研究设计 / 017

第二章 核心概念与学理依据 / 022

　　第一节　核心概念 / 022
　　第二节　学理依据 / 032

第三章 高职院校治理的发展演进 / 042

　　第一节　以公共行政为主的高职院校绩效治理 / 042
　　第二节　以公共管理为主的高职院校市场治理 / 051
　　第三节　以公共治理为主的高职院校多元治理 / 061
　　第四节　高职院校治理现代化趋势追问 / 069

第四章 高职院校治理的类型方式 / 075

　　第一节　章程治理 / 075
　　第二节　主体多元制治理 / 085
　　第三节　混合所有制治理 / 092

第五章　高职院校治理的国际镜鉴 / 109

第一节　国际典型高职院校治理模式 / 109
第二节　国际高职院校治理的借鉴 / 130

第六章　高职院校治理的体系构建 / 141

第一节　高职院校治理的理念 / 141
第二节　高职院校治理的结构 / 145
第三节　高职院校治理的内容 / 153

第七章　高职院校治理能力建设 / 175

第一节　高职院校治理能力现代化的意义 / 175
第二节　高职院校治理能力现代化的内涵与特征 / 178
第三节　高职院校治理能力现代化的功能与指标 / 181
第四节　高职院校治理能力现代化的策略与路径 / 185

第八章　高职院校治理的实践案例 / 191

第一节　长沙航空职业技术学院 / 191
第二节　山东海事职业学院 / 204

第九章　结论与展望 / 218

第一节　主要结论 / 218
第二节　创新与不足 / 220
第三节　未来展望 / 221

参考文献 / 225

第一章 绪 论

职业教育治理研究是管理迭代升级的一种趋势,也是职业教育走向现代化的必要步骤和路径,受到研究者们的普遍关注和高度重视,成为当下研究的一个热点和焦点。本书作为职业教育治理研究的一个组成部分,荟萃了研究团队的学术思想、理论智慧和创新卓见。他们努力为这一研究增添新动能,铺就拾级而上的台阶,贡献自己的一份智慧和力量。

第一节 研究背景

一、研究的缘起

缘起有缘由和起因之意,指研究的理由和动因,回答"为什么研究"的问题。高职院校治理的缘起可以从三方面予以解读。

(一) 国际变局的挑战

当下世界正处在百年未有之大变局中。这里的变局包括政治变局、经济变局、文化变局乃至教育变局。每一维度的变局及变局的叠加和同频共振都在影响着这个世界,使世界乃至各国都在变局中被改变和塑造。变局打破既定的国际关系秩序,扰动旧的稳定与平衡,给每一个国家带来了变革、崛起或超越的机会。在这个意义上变局就是机遇。但变局也是挑战,它带来的冲击和震荡、破局和重塑,也会使一些国家滑坡、衰落和沉沦。

面对世界大变局的重新"洗牌",中国现代化崛起的赶超之路的前行路标更加明晰,赶超的信念更加坚定,步伐也更加坚实。当今中国,经济总量稳居世界第二,对世界经济增长的贡献率稳居世界第一;中国维护多边主义,倡导构建人类命运共同体,主张和平发展、多赢共荣,世界地位和国际声望日益提高,成为世界正能量的"压舱石"。但我们也应当看到,世界单边主义、保护主义、霸权主义逆流还很猖獗,国际抗疫形势还很严峻,国际竞争态势还很激烈。面对这样的国际变局的挑战,我国没有骄傲的资本和放松懈怠的理由,唯有不断增强综合国力,不断增强经济竞争力,才能立于不败之地、实现超越。这就要求我国继续推进国家治理体系和治理能力现代化,通过国家治理,增强贯彻国家战略的能力。这种能力"是由国民素质的高低、国家凝聚力的强弱、政府首脑的领导水平、公共管理和企业管理的效率、民众对国家利益的关心程度等因素决定的"①。这些要素的正能量的释放依赖国家治理能力、治理水平的提升,依赖国家治理能力和治理水平达及现代化的高度。

(二) 国家治理的机遇

国家治理是一种宏观治理,是一个连续和渐进的过程。一般认为,国家治理体系是由经济治理、政治治理、文化治理、社会治理、生态治理几大体系构成的。换言之,国家治理要求各部门、各领域跟进治理、协同治理,这样才能形成国家治理的合力和成效,完成国家治理的使命。没有国家治理的上位统摄,就没有教育及其他领域的分类治理,更不必说教育基层单位高职院校的微观治理了。反之,没有下位的领域和部门治理,国家治理也会被虚化。从这个意义上说,国家治理的"破题",实际上就是教育治理(当然也包括属于类型教育的高职教育治理)的"开题"。它为职业教育治理建构了下位的治理平台,打开了治理空间,提供了治理机遇。

国家治理不仅为职业教育治理提供了机遇和平台,也为职业教育的可持续发展开辟了通衢。从优化职业教育民主共治管理的角度来看,在"治

---

① 花建,马驰,巫志南,等. 文化力:先进文化的内涵与 21 世纪中国和平发展的文化动力[M]. 上海:百家出版社,2006:7.

理"概念提出之前,职业教育主要采用的是单一主体的封闭管理模式。学校领导对下属行使行政管理权,很少与行业、企业有实质性的合作治理。这样的管理既容易产生一权独大的去民主化的倾向,也与职业教育跨界的本质特征相背离。多元主体共治的治理理念的提出和践行,有助于打破管理体制的弊端,使之提升到"升级版"的治理范式层级中。从必要条件来看,职业教育的可持续发展依赖国家治理提供的新的环境、能量和创生的条件。一是治理政策强化的持续跟进。自中共十八届三中全会提出"推进国家治理体系和治理能力现代化"的诉求和命题后,教育部等六部门印发的《现代职业教育体系建设规划(2014—2020年)》又再次提出完善校企合作的现代职业院校治理结构。2019年,中共十九届四中全会审议并通过了《中共中央关于坚持和完善中国特色社会主义制度 推进国家治理体系和治理能力现代化若干重大问题的决定》。2019年2月,中共中央、国务院印发的《中国教育现代化2035》中指出:"优先发展教育,大力推进教育理念、体系、制度、内容、方法、治理现代化,着力提高教育质量……"这些政策文件对治理的反复强调表明了国家推进教育治理现代化的坚强决心和坚定意志。二是不断释放企业参与职业教育的利好政策。职业教育治理需要企业参与,但当下企业参与的热情并不高,存在着"一头冷""两张皮"的问题。正如国务院办公厅2017年12月印发的《关于深化产教融合的若干意见》中明确指出的,"受体制机制等多种因素影响,人才培养供给侧和产业需求侧在结构、质量、水平上还不能完全适应,'两张皮'问题仍然存在",这个问题不解决,职业教育治理恐怕就只能是一种愿望。为此,2018年2月,教育部等六部门印发了《职业学校校企合作促进办法》;2018年3月,中共中央办公厅、国务院办公厅印发了《关于提高技术工人待遇的意见》;2019年3月,国家发展改革委、教育部印发了《建设产教融合型企业实施办法(试行)》,9月国家发展改革委等六部门印发了《国家产教融合建设试点实施方案》:衔接、呼应、跟进、践行的逻辑轨迹十分鲜明,可以说是紧锣密鼓、不容停歇。这些文件的出台,打出的政策"组合拳",是调动企业实质参与职业教育的助推力,为职业教育合作共治铺平了道路。

三是政府的"放管服"改革铺垫。职业教育的"放管服"改革是政府从自身出发,实施"减权限权、去冗归位"的改革,目的是赋予地方政府和教育机构充分的办学自主权,促进依法办学、依章办学和依法治教。2015年教育部颁布《关于深入推进教育管办评分离 促进政府职能转变的若干意见》,提出建立政事分开、权责明确、统筹协调、规范有序的教育管理体制。2016年,教育部进一步明确了"放管服"改革目标,赋予高校办学自主权。教育"放管服"改革的实施有助于规范审批事项、简化流程,有助于明确政府职责、减少推诿,有助于理顺政府各职能部门的教育事权和财权、调适匹配,有助于营造便捷高效、公正有序的服务氛围,实现基于内外部关系和制度的优化,最终形成教育绿色发展的健康生态。[①] 政府的"放管服"改革为政府参与职业教育的多元治理理顺了机制,铺平了道路。

(三) 高职教育发展的需要

高职教育走向治理也是自身发展的需要。一是建立职业教育纵向到顶、横向到边的现代职业教育体系的需要。2010年《国家中长期教育改革和发展规划纲要(2010—2020年)》提出:"到2020年,形成适应经济发展方式转变和产业结构调整要求、体现终身教育理念、中等和高等职业教育协调发展的现代职业教育体系……"2012年《国家教育事业发展第十二个五年规划》又在此基础上形成了新的表述,即"加快形成服务需求、开放融合、有机衔接、多元立交,具有中国特色、世界水准的现代职业教育体系框架,系统培养初级、中级和高级技术技能人才"。现代职教体系是一个宏观的、包含职业教育纵向完善层级("有机衔接")和横向职业教育类型("多元立交")的框架体系,同时还要兼具"开放融合"的属性以及"服务需求"的功能,而这些绝非职业教育自身所能承载,必须放在更为宏大的、多元主体参与协调治理的背景和实践中才能实现。二是深化产教融合、办出类型特色的需要。产教融合、校企合作、工学结合、知行合一是职业

---

① 张炜. 解读教育"放管服"改革 [J]. 河北师范大学学报(教育科学版), 2017, 19 (3): 31-33.

教育发展战略层面的根本定位，也是职业教育凝练形成的基本特色。类型教育则是《国家职业教育改革实施方案》予以肯定和确认的职业教育的属性和特质："职业教育与普通教育是两种不同教育类型，具有同等重要地位。"这就从国家政策的高度肯定了中国职业教育的类型身份与地位，是对职业教育再认识的一次突破和飞跃，对明确职业教育的社会地位、办学定位和功能定位具有积极意义。职业教育要想深化产教融合，不枉类型特色，就必须走向治理、践行治理。这是职业教育跨界本质和赋能教育的特点所规定的必由之路。三是提质培优、以质图强发展诉求的需要。2020年9月，教育部等九部门出台了《职业教育提质培优行动计划（2020—2023年）》，标志着职业教育按下了内涵式发展的"快进键"，打响了"整体提升职业学校办学水平、人才培养质量和就业质量"的攻坚战。职业教育质量提升是一项系统工程。要想实现职业教育提质培优、增值赋能、以质图强，就必须有治理的加持，有合规律、合目的、合发展性的手段和方式。

二、研究的意义

中国职业技术教育学会会长鲁昕在中国职业教育学会2020年学术年会上强调职业教育的国家定位包括：一是职业教育纳入国家宏观经济政策；二是职业教育是调整教育结构、就业结构、收入分配结构的重要举措；三是职业教育质量定位是增强适应能力；四是职业教育是科技成果转化的重要力量；五是职业教育是改善人民生活品质的重要途径。职业教育治理研究的意义包括理论意义、政策意义和实践意义。

（一）理论意义

高职院校治理研究的理论意义在于以下几点。一是荟萃相关理论，形成对治理研究的坚实支撑。本书遴选系统论理论、利益相关者理论、整合理论、治理现代化理论、善治理论等，形成了对治理研究的坚实的理论铺垫和支撑，构成了研究的精神高度和学理基础，使整个研究具有了一定的理论高度和学术价值，找到了治理研究的逻辑机理和理论皈依。二是治理研究强调多元主体共治，切合职业教育跨界整合的本质。姜大源先生指出："职业教育是跨界的教育，在办学制度层面，'校企合作'的办学形式打破了封闭的企业与学校各自运作的'围城'。在人才培养层面,'工学结合'的人才培养模式跨越了分割的工作与学习的各自孤立的'界限'。在社会功能层面,'以服务为宗旨、以就业为导向'的目标指向跨越了经济与教育各自定位的'藩篱'。"张健教授认为:整合是职业教育的理论之根、特色之魂、存在之本、方法之宗、学科之基、哲学之道。三是治理符合职业教育特色理论发展趋势。职业教育的特色是我们熟知的、织入思想经纬的"产教融合、校企合作、工学结合、知行合一"。这是一个包含产业、企业、工作、行动"职场"一维和教育、学校、学习、认知"学场"一维的两大类别的逻辑整合,也规定了职业教育治理"四维双场"的治理对象及其路径,对职业教育治理具有理论规范和指导意义。

(二)政策意义

政策即为政者为了实现一定的目标而制定的政令策略和行为准则,它体现的是决策层面所期望达到的目标。教育政策是政治实体在一定历史时期,为实现一定的教育目标和任务、协调教育内外关系所规定的行动依据和准则,是各级地方政府和各类学校办学的指导思想和方针。高职院校治理研究的政策意义在于:其一,为治理实践提供理论铺垫、指导和引领,使治理过程能够更加理性规范、卓有成效;其二,为治理政策的出台做好理论准备和经验积累。目前国家还没有出台系统、成熟、完善的有关学校治理的政策文件,这是因为治理是一个过程,当治理的演进发展还不够充分,问题矛盾或事物本质暴露还不够充分,对治理的认知、研究、领悟还不够深入透彻,治理的经验、模式、方法、成果积累还不到位时,这样的政策只能在路上。本研究及其他所有治理的研究,都是在为成熟完善的治理政策或制度的出台做理论准备。

(三)实践意义

治理研究的实践意义有两点。一是解决职业教育现实问题的需要。当下高职教育虽然取得了长足的发展,但也存在诸多问题。主要表现为:社会力量参与职业院校办学的深度不够,优质教育资源开发的力度不大,人才培养的质量及就业质量不高,对办学规律的遵从和特色的彰显还不充分等。《国家职业教育改革实施方案》把问题描述为"我国职业教育还存在着体系建设不够完善、职业技能实训基地建设有待加强、制度标准不够健全、企业参与办学的动力不足、有利于技术技能人才成长的配套政策尚待完善、办学和人才培养质量水平参差不齐等问题"。必须以治理为抓手,形成多元主体共治的治理合力和治理格局,才能有效地解决这些问题。二是有效指导高职院校治理实践的需要。高职院校作为我国现代职业教育体系中的重要组成部分,其治理虽属于微观层面的组织治理,但其治理效能会最终影响到宏观层面的国家职业教育治理。因而,高职院校治理现代化转型对加快推进国家职业教育治理体系和治理能力现代化,推进职业教育高质量发展具有重要意义,对指导高职院校治理实践具有重要指导价值。

第二节　文献综述

一、高职院校治理现代化的历程描述

习近平总书记指出:"我国今天的国家治理体系,是在我国历史传承、文化传统、经济社会发展的基础上长期发展、渐进改进、内生性演化的结果。"高职教育治理发展亦然。高职院校的治理现代化是与其发展相互伴生、同步推进的。回望历史,我们看到其发展和治理一路走来的路径和轨迹,明晰而生动、曲折而坚实。

（一）治理的起步探索阶段（1980—1998年）

在高职教育发轫期,学校很少,而没有高职院校的发展崛起,就没有这一特定的治理对象。脱离了治理对象,治理也将失去用武之地。所以,想了解高职院校治理的演进脉络,就需要追溯高职教育的发展历程,了解其"前世今生"。最早的职业院校可以追溯到改革开放初期的职业大学。1980年成立于南京市的金陵职业大学,它的出现标志着我国高职教育的产生。其招生对象是城区有走读条件的非在职高中毕业生。学生一律走读,毕业后不包分配。在金陵职业大学的带动下,我国第一批13所职业大学产

生了。这标志着我国的高职教育开启了从无到有的发展历程。这一阶段经历了"分流说"的曲折，一直持续到1998年，中间可以粗略地划分为探索兴起阶段（1980—1992年）和地位确立阶段（1993—1998年）。这一时期的重点是发展，还谈不上真正严格意义上的治理。国家通过行政力量整合现有教育资源来确立和推动高职教育的发展。这是国家对非传统普通高等教育进行治理的结果。这一阶段我们可以称之为高职院校治理的起步探索阶段。

(二) 治理的发展和提升阶段（1999—2012年）

在这一阶段，两个标志性政策文件在高职教育发展史上留下了浓墨重彩的一笔。1999年1月13日，国务院批转了教育部制定的《面向21世纪教育振兴行动计划》。该文件指出："对于学历高等职业教育，除对现有高等专科学校、职业大学和独立设置的成人高校进行改革、改组和改制，并选择部分符合条件的中专改办（简称'三改一补'）发展高等职业教育之外，部分本科院校可以设立高等职业技术学院，基本不搞新建。"2000年1月，国务院办公厅下发了《国务院办公厅关于国务院授权省、自治区、直辖市人民政府审批设立高等职业学校有关问题的通知》。这两个政策文件的出台，一方面说明为了适应服务区域经济社会发展的需要，国家将高职、高专学校的行政管理体制较早落实到了地方，开启了新的发展与治理途径，而且这一发展和治理方式充分体现了市场化办学的理念；另一方面，极大地调动了地方政府办学的积极性。国家通过改革和政策调整，使高职教育获得了外延发展、规模扩张的巨大空间，产生了"井喷式"发展效应，实现了跨越式发展。但这种狂飙突进的发展方式也带来了风险和隐忧。由于发展过快，我国高职教育系统出现了不少问题。资金投入不足、教学资源短缺、师资力量薄弱、教学质量低下、"多而不优、大而不强"、内涵空洞、运作艰窘成为大多数高职院校的真实写照。为此，2006年出台的《教育部关于全面提高高等职业教育教学质量的若干意见》要求适当控制高等职业院校招生增长幅度，相对稳定招生规模，切实把工作重点放在提高质量上。这就释放出强烈信号，即高职教育应当由补偿性增长向适应性增长转变，由外延式发展向内涵式发展转变,由增量式发展向提质式发展转变。这标志着高职教育以2006年为时间节点,已由重扩容的前数量时期,发展到重内涵的后质量时期,提升质量、培育特色、优化发展将成为高职教育发展的主旋律和主基调。

(三)全面治理现代化阶段(2013年至今)

2013年11月9日至12日,中共十八届三中全会在北京召开。会议提出我国全面深化改革的总目标是完善和发展中国特色社会主义制度,推进国家治理体系和治理能力现代化。这是"治理"思想首次进入国家高层文件,成为引领中华民族伟大复兴、实现中国梦的总方针和行动纲领。[①] 中共十八届三中全会正式提出了治理体系和治理能力现代化的新要求,将治理提升到与国家现代化相关的高度,引发了社会对治理的高度重视和普遍关注。治理开始向社会各领域发散渗透,国家治理、社会治理、学校治理、公司治理逐渐成为人们熟知的概念。作为国家治理体系重要组成部分的职业教育自然也不能置身事外,也开始按下现代化治理的"启动键"。2014年,《国务院关于加快发展现代职业教育的决定》指出要"充分发挥市场机制作用,引导社会力量参与办学,扩大优质教育资源,激发学校发展活力,促进职业教育与社会需求紧密对接"。2019年,《国家职业教育改革实施方案》中指出"经过5—10年左右时间,职业教育基本完成由政府举办为主向政府统筹管理、社会多元办学的格局转变"。2019年,中国特色高水平高职学校和专业建设计划(简称"双高计划")提出要完善以章程为核心的现代职业学校制度体系,形成学校自主管理、自我约束的体制机制。2019年10月,中共十九届四中全会明确提出,到新中国成立100年时,我国要全面实现国家治理体系和治理能力现代化。高职院校治理体系和治理能力现代化是教育治理体系和治理能力现代化的重要组成部分,是高职教育内涵式发展、整体式提升的内在需求,更是打造具有中国特色、世界水平的高职教育品牌的重要前提,必然成为职业教育未来发展的诉求和突破点。

---

① 陶希东. 国家治理体系应包括五大基本内容[N]. 学习时报,2013-12-30.

二、高职院校治理现代化的研究聚焦

高职院校治理现代化研究是一个开放的逻辑框架,凡与高职院校治理乃至职业教育治理相关的内容都可以共存于这个框架之中。本书将聚焦三组重要的研究范畴予以综述。

(一)治理体系与治理能力研究

治理体系与治理能力研究始于2013年11月中共十八届三中全会提出"推进国家治理体系和治理能力现代化"的诉求和命题之后,随即泛化到教育领域,亦成为职业教育治理研究的一个方向。什么是治理体系和治理能力?它们之间是何种关系?其重要性何在?

国家治理体系是在党领导下管理国家的制度体系,包括经济、政治、文化、社会、生态文明和党的建设等各领域的体制机制、法律法规,也就是一整套紧密相连、相互协调的国家制度。较早对国家治理体系有深入研究的陶希东将治理体系分为结构、功能、制度、方法、运行五大方面予以考察,认为:治理结构体系具有"党、政、企、社、民、媒"六位一体;治理功能体系具有动员、组织、监管、服务、配置五大功能;治理制度体系包括法则、激励、协作三大基本制度;治理方法体系包括法律、行政、经济、道德、教育、协商六大方法;治理运行体系包括自上而下、自下而上、横向互动三大运行方式。①

孙远杰认为,治理体系是一个系统,是由诸多治理要素构成的。"教育治理现代化作为一种有目的的系统性实践活动,必须回答好谁治理、治理什么、如何治理、治理得怎样等问题。也就是说,治理主体、治理对象、治理内容、治理方法与过程、治理效能的判断与评价等核心要素及其关联互动,构成了教育治理现代化的基本问题域。"②孙远杰提出了治理的四个基本问题。我们认为这就是构成职业教育治理体系的四个逻辑维度,或者说不可或缺的四个体系要素。孙长坪认为:"高职院校治理体系是为达成高

---

① 陶希东. 国家治理体系应包括五大基本内容 [N]. 学习时报, 2013-12-30.
② 孙杰远. 教育治理现代化的本质、逻辑与基本问题 [J]. 复旦教育论坛, 2020, 18 (1): 5-11.

职院校办学使命，体现依法治校、科学治校和民主治校的治理原则的，高职院校各治理主体参与共同治理的高职院校的权力结构安排及权力实施方式安排的系统化制度体系。"[1] 治理体系是保障治理良性运行的一种制度安排。其基本内容应包含以下四个方面：一是治理使命；二是参与治理的主体；三是参与治理主体的权力结构；四是参与治理主体实施权力的方式。

什么是治理能力呢？张良认为，治理能力是特定组织的各利益相关主体，根据制度或契约规定，综合运用制度、机制、方法和手段等要素和资源，合理行使各项权力来规范、高效处理各项事务，以实现组织发展目标的水平和素质。一般来说，治理能力通常包括计划制订、组织领导、统筹调度、经费筹措、危机干预、改革创新、监督指导、沟通协调、评价反馈等方面的能力。高职院校治理能力是高职院校在一定的制度或契约约束下，运用一定的治理理念、方法和手段，统筹各利益相关主体，相互合作、多向互动，共同持续作用于高职院校以人才培养为核心的相关事务所体现出来的整体水平和综合素质。高职院校治理能力通常包括调研分析、规划制订、决策指挥、组织管理、民主参与、实施执行、评估反馈、市场响应、校企合作、产教融合、资源整合、创新发展、数据分析、诊断改进等方面的能力。[2] 雷世平、姜群英认为，高职院校治理能力是高职院校统筹各种治理主体及其关系，提升高职教育发展质量与水平的能力。[3] 易启明经深入思考，提出了高职院校的"七力"一流治理能力，即一流的领导力、一流的资源整合力、一流的人才培育力、一流的学术生产力、一流的文化引领力、一流的社会服务力和一流的国际影响力。其展开的各自二级下位能力如下：一流的领导力包括办学方向引领力、行政团队执行力；一流的资源整合力包括政府资源整合力、企业资源整合力、校友资源整合力；一流的人才培

---

[1] 孙长坪. 高职院校治理能力建设之维：治理体系+运行机制 [J]. 现代教育管理, 2019 (12)：87-92.

[2] 张良. 高职院校治理能力现代化的理论意蕴与实现路径 [J]. 职业技术教育, 2020, 41 (27)：40-43.

[3] 雷世平, 姜群英. 高职院校治理能力现代化的内涵及其衡量标准 [J]. 职教论坛, 2015 (31)：41-45.

育力包括高端人才输出力、高质量招生吸引力；一流的学术生产力包括高水平专业教师和研究人员研究力，新知识、新技术、新工艺、新规范的转化力；一流的文化引领力包括对产业文化的融合力、对工匠文化的传导力、对社会文化的提升力、对区域文化的传承力；一流的社会服务力包括高端培训承载力、科技成果转化力、政府决策咨询力；一流的国际影响力包括资源输出力（包括教学标准、教学资源、人力资源的输出）、国际吸引力（吸纳国外留学生，教学理念、教学模式、教学方法在国际上的领先程度）。①

治理体系和治理能力是一个相辅相成的有机整体。有了好的治理体系才能真正增强治理能力，而增强了治理能力才能充分发挥治理体系的效能。对于这二者关系的研究，不少专家都发表了自己的真知灼见。陈彬认为，治理体系为增强治理能力提供了理论指导和方向引领，是治理能力的前提和根基；治理能力为实现治理体系目标提供了具体策略和方法保障，是治理体系现代化的目的与结果。② 陶希东认为，治理体系是治理能力现代化的前提和基础，而治理能力现代化是治理体系的目的和结果。要想实现真正治理能力现代化，首要任务是建立健全一套完整、合法、有效的国家治理体系。③ 张良认为：一方面，治理体系是治理能力的载体和依托，在相当程度上决定着治理能力；另一方面，治理能力综合反映治理体系的效力，反作用于治理体系。高职院校治理体系和治理能力之间的关系：治理体系现代化是实现治理能力现代化的制度保障和根本路径，而治理能力现代化是推进治理体系现代化的能力保障和终极目标。④

（二）治理主体与治理结构研究

什么是治理主体？主体是一个有着多元义项的词。从哲学角度看，是指与客体相对的、具有认识和实践能力的人；从法学角度看，是指享受权利和承担义务的公民和法人。治理主体，即参与高职院校治理的利益相关

---

① 易启明. 高职院校"一流治理能力"建设探讨［J］. 教育与职业，2020（18）：56-60.
② 陈彬. 良法与善治：中国大学治理现代化探究［M］. 武汉：华中师范大学出版社，2018：155.
③ 陶希东. 国家治理体系应包括五大基本内容［N］. 学习时报，2013-12-30.
④ 张良. 高职院校治理能力现代化的理论意蕴与实现路径［J］. 职业技术教育，2020，41（27）：40-43.

者。孙长坪研究认为,高职院校治理主体,根据其与高职院校治理使命的紧密度,可以分为两类:一是核心利益主体,即学校、教师和学生等;二是利益相关主体,即行业、企业和社区等。各治理主体对高职院校治理发挥着不同的作用。① 张健认为,职业教育治理主体是一个多元共治的结构,包括政府、行业、学校、企业四大主体。其中政府是关键性主体,行业是指导性主体,学校是根本性主体,企业是实质性主体。② 荣长海认为,职业教育治理主体包括政府、职业学校、行业、企业、社会组织等,这些主体的态度、作为和素质则直接影响治理的效果。③

结构是事物的组织构造。结构一词表示构成系统的各要素间的有机联系性,以及这种有机联系性形成的相对稳定的作用形式。④ "治理结构"这一概念源于企业界,最早由美国的威廉姆森于1975年提出,指的是为了规范经营,使经营权与所有权可以进行科学划分的一种制度安排。⑤ 杨进认为:治理结构是指联系组织以及外部各利益相关方的正式和非正式关系的制度安排。它能使各利害关系人在权力、责任和利益上相互制衡,从而达成组织内部效率和公平的合理统一。⑥ 职业教育治理结构可被视为政府、行业、企业、院校等主体围绕职业教育办学所形成的一种权力结构。⑦ 高职院校的治理结构分为内部结构和外部结构。内部结构是指高职院校的组织治理结构,即高等教育治理体系的四大支柱:党委领导、校长负责、教授治学、民主管理。在党委领导、校长负责的体制内正确处理各种关系,强调以书记、校长为首的领导班子精于治校,以学术委员会为载体的教授精于

---

① 孙长坪.高职院校治理能力建设之维:治理体系+运行机制[J].现代教育管理,2019(12):87-92.

② 张健.论校企合作多元主体的治理[J].中国职业技术教育,2018(18):44-49.

③ 荣长海,高文杰.职业教育治理的现状、问题和对策[J].教育与职业,2020(17):5-11.

④ 郭凤志.德育文化论[M].北京:中国社会科学出版社,2008:43.

⑤ WILLIAMSONOE. Markets and hierarchies: analysis and antitrust implications [M]. New York: Free Press, 1975:197.

⑥ 杨进.职业教育校企合作双主体办学:治理创新与实现途经[M].北京:高等教育出版社,2019:13.

⑦ 李政,徐国庆.我国职业教育治理结构转型:内涵、困境与突破[J].西南大学学报(社会科学版),2020,46(4):78-85.

治学，一大批敬业爱岗的行政服务工作者精于治事，形成高水平学校的基本结构，体现结构现代化。① 外部结构主要指实现有效治理的制度环境，包括法律、制度、政策以及评价等方面。陈彬认为，优化的、科学合理的治理结构有两个显著特征：一是主体的权责划分明确、边界清晰、灰色空间地带小，从而在制度上减少扯皮、推诿事情发生的概率；二是简化办事程序，优化工作流程，提高工作效率，调动人们参与的积极性，从而在机制上确保合作共治。② 梁克东认为，在"双高"建设背景下，高职院校治理现代化要求在治理主体上坚持多元参与，在治理结构上坚持开放合作，在治理方式上坚持精准施策，在治理体系上坚持章程引领。③

（三）治理问题与治理对策研究

雷世平等从制度层面论述治理存在的问题，认为职业院校治理现代化转型面临的现实困境是：以科层制为主导的行政管理制度体系，加剧了职业院校权力的"内卷化"现象；以科层制为主导的行政管理组织结构，弱化了利益相关者参与职业院校治理的权力；以科层制为主导的单向、封闭的治理方式，影响了职业院校的治理效率。④ 高江认为，高职院校现代治理体系存在治理理念滞后、治理主体不完善、制度不健全、运行机制不畅等问题。⑤ 刘泽华等认为，我国高职教育治理体系中的问题突出表现在"泛行政化"和"单中心化"治理存在缺陷，治理主体之间的角色定位不清、内部治理结构失衡、社会第三方组织"缺位"等方面。⑥

针对职业教育治理存在的问题，不少研究者提出了自己的应对之道。周建松就治理能力提升提出的对策是：创新治理理念，围绕核心价值确立

---

① 周建松. "双高"建设背景下高职院校治理能力提升研究［J］. 教育与职业，2020（14）：13-18.
② 陈彬. 良法与善治：中国大学治理现代化探究［M］. 武汉：华中师范大学出版社，2018：160.
③ 梁克东. "双高计划"背景下高职院校治理现代化的理性思考及实践路径［J］. 中国职业技术教育，2020（1）：26-30，60.
④ 雷世平，乐乐，李尽晖. 职业院校治理现代化转型的价值意蕴、现实困境与推进策略［J］. 职业技术教育，2020，41（31）：6-10.
⑤ 高江. 高职院校现代治理体系的现实境遇与推动策略［J］. 教育与职业，2020（22）：5-11.
⑥ 刘泽华，申雨霞. 高等职业教育现代治理体系的构建研究［J］. 才智，2020（8）：140-141.

善治为本的治理观念；优化治理结构，聚焦类型特色，完善校本治理框架与结构；激发治理效能，提升全员素质，推动治理工作落实落地。① 张良认为，高职院校治理能力现代化的实现路径是：更新理念，推进治理理念的现代化；健全制度，推进治理制度的现代化；优化体系，推进治理体系的现代化；提升素质，推进治理人员的现代化；创新手段，推进治理手段现代化。② 李政和徐国庆就政府治理统筹问题提出了设立政府统筹"清单机制"，包括设立权力清单、责任清单与负面清单。"权力清单"明确了政府在职业教育治理过程中拥有的统筹管理权限，例如标准的制定、办学项目的备案、人才培养质量的监督等。"责任清单"明确了政府在治理过程中需要履行的责任，以及问责机制触发的条件与流程。制定它的目的是确保政府按照权力清单的边界行使权利、履行义务，扎实做好服务工作。"负面清单"是一种准入机制，其核心思想是"法无禁止皆可为"，确保了政府行使权力的有法可依，同时也保护了市场主体参与市场竞争的积极性。③

三、高职院校治理现代化研究的不足

相比治理研究起步较早的西方发达国家，我国的治理现代化起步较晚。从2013年中共十八届三中全会提出"完善和发展中国特色社会主义制度，推进国家治理体系和治理能力现代化"至今，时间尚不足10年，职业教育治理现代化的提出和实施更是近几年的事。高职院校治理开展的时间尚短，经验积淀和治理成效还很贫匮或未能得到充分彰显，难免存在一些问题和不足。

首先，政策指导层面缺失。马克思主义哲学观认为，事物的发展是一个发生、演进和深化的过程。在这一过程中，事物本质的暴露是渐进显露和呈现的。当事物的发展不充分时，事物内在联系、利益纠结、各种问题

---

① 周建松."双高"建设背景下高职院校治理能力提升研究 [J]. 教育与职业，2020（14）：13-18.

② 张良. 高职院校治理能力现代化的理论意蕴与实现路径 [J]. 职业技术教育，2020，41（27）：40-43.

③ 李政，徐国庆. 我国职业教育治理结构转型：内涵、困境与突破 [J]. 西南大学学报（社会科学版），2020，46（4）：78-85.

都还处在遮蔽或半遮蔽状态,深层次的问题和矛盾尚未充分暴露,人们难以充分认知和把握它。治理政策的建构是建立在对事物规律和本质的充分认知、深入研究基础之上的,但问题在于,当下人们对职业教育治理的研究不足以支撑成熟、完善的治理政策文件和法规出台,治理诉求也只是在不同的政策文本中被零星提及。显然,这样的政策和制度的缺失无益于推进职业教育治理体系和治理能力现代化的进程。因此,加快对职业教育治理的理论研究和实践探索,深化认知,积累经验,尽快出台国家宏观层面的理论化、系统化、成熟、完善的职业教育治理的指导性政策文件,是深化和有效推进职业教育治理的当务之急。

其次,政府统筹层面过当。有专家指出:"客观来看,整个职业教育的体制框架还未发生根本性改变。政府仍然集职业教育的举办者、管理者和评价者角色于一身,对职业学校实施直接管理的职能始终没有完全转变……"①政府要制定规则、宏观把控,掌握好统筹分寸,厘清职责,做该做的事,真正分权、放权、让权,调动多元主体参与治理的积极性,相信他们的治理水平和治理能力,这样才能真正为职业教育治理创造良好的生态环境,实现有效治理。

再次,治理主体层面失衡。治理是多元主体参与的治理,一般认为高职院校治理是政府、行业、企业、学校等共同参与的治理。但在这一治理主体结构中,政府是关键性主体,行业是指导性主体,学校是根本性主体,企业是实质性主体。各主体与办学联系的紧密程度不同,政府、行业与办学的联系是相对松散的,而企业、学校与办学的联系是紧密的。各主体在治理过程中承担的角色和发挥的作用不同。政府是职业教育办学行为的引导者、职业教育办学条件的保障者和职业教育办学环境的营造者。行业是职业教育行业规划的统筹者、职业教育教学标准的制定者和职业教育教学质量的评估者。企业是职业教育办学成果的受益者、职业教育办学过程的合作者和职业教育办学效果的评价者。学校是职业教育办学过程的实施者、

---

① 荣长海,高文杰. 职业教育治理的现状、问题和对策[J]. 教育与职业,2020(17):5-11.

职业教育办学质量的责任者和职业教育技术服务的提供者。但各主体在治理过程中都存在某种程度的治理不足问题。如政府治理存在"诺思悖论"问题；行业治理存在职能虚化问题；企业治理存在参与不足问题；学校治理存在缺乏合作治理的自觉性问题。[1] 只有各治理主体职能归位，并克服各自问题，高职院校治理才能达到理想之境。

第三节　研究设计

一、研究目标与内容

（一）研究目标

高职院校治理研究的目标有四点。

一是深入推进治理研究的理论突破和完善。一方面，使相关研究获得一定的理论灌注，同时将理论融入实践，使实践获得理论视野，将实践植入理论，使理论获得实践支撑，达到理论研究和实践指导双向提升的目的；另一方面，为我国职业教育治理研究进行理论铺垫，铺就治理研究的理论通道和上升台阶，提升我国职业教育治理研究的总体水平。

二是助推人力资源向人力资本的转化，提升高职院校人才培养质量。高职院校治理研究及治理现代化的终极目标不是治理本身，而是为职业教育人才培养质量提升这个根本目标服务。职业教育的四大职能就是人才培养、科学研究、服务社会、文化传承。其中人才培养是最为核心的，它是上位的、统摄性的办学宗旨和目标所在，而治理只是实现这一职能的下位手段。明确并锁定这一目标任务，治理研究才能不背离目标和方向，才能真正为职业教育的内涵式发展、质量提升提供相匹配、相适应的现代治理手段和范式，服务并保证人才培养目标的实现。

---

[1] 张健. 职业教育：政行企校合作治理的结构分析与改进对策 [J]. 中国职业技术教育, 2018（6）：39-43.

三是为破解治理困境、解决治理难题的实践"支招"。高职院校治理目前还处在推进探索期，面临着许多问题和困境，如治理能力薄弱、治理理念滞后、治理机制不完善、治理效能低下、治理体系不完善等。这些问题若不解决，治理研究和治理实践就会空洞化和泡沫化，最终流于虚假热闹后的无为失败。本书的研究目标就是以问题为导向，为解决这些问题提供相应的对策，提供研究团队的思想智慧和创新成果。这些成果虽不能"包医百病"，但具有一定的启迪作用和参考价值，将对治理研究起到丰实和补充作用，对治理实践起到化解问题的指导和引领作用。

四是为建构现代职教体系提供治理保障。2014年发布的《国务院关于加快发展现代职业教育的决定》在目标任务中就明确提出："到2020年，形成适应发展需求、产教深度融合、中职高职衔接、职业教育与普通教育相互沟通，体现终身教育理念，具有中国特色、世界水平的现代职业教育体系。"现代职教体系和职教治理现代化体系是并行不悖、相辅相成的两大体系，构成目标与手段、诉求与保障的逻辑关系。职教治理现代化为实现职教体系现代化而服务，现代职教体系则是职教治理现代化的鹄的。现代职教体系的创构要求治理走"现代化、国际化、本土化"融合创新之路；而职教治理现代化必须全面推进职业院校治理主体、治理结构、治理机制、治理方式、治理评价的现代化转变，才能最终成就现代职教体系建设的成型。

(二) 研究内容

本书从理论构建与实践探索层面对高职院校治理现代化进行系统研究。一是从以公共行政为主的绩效治理、以公共管理为主的市场治理和以公共治理为主的多元治理三个方面梳理了我国高职院校治理的发展演进历程，并以此为基础预测了高职院校治理现代化的未来趋势。二是基于治理依据、治理主体和治理院校类型分别总结了章程治理、主体多元制治理、混合所有制治理这三种典型的高职院校治理方式的内涵、特征与发展现状。三是以德国、美国、新加坡的部分高职院校为代表分析了国际典型高职院校在治理制度、治理结构上的创新特点及其对我国高职院校治理的价值与启示。

四是以人本治理理念、多元共治理念、良法善治理念为指导，建立"党委领导、校长负责、教授治学、民主管理"的治理结构，围绕质量治理、文化治理、专业治理、教师治理等核心要素和关键内容，构建了高职院校治理体系。五是聚焦高职院校治理的能力建设，提出了高职院校治理能力现代化的背景与意义、内涵与特征、功能与指标、策略与路径。六是以长沙航空职业技术学院和山东海事职业学院为例，通过对其治理结构、实现路径、实践成效的分析，综合考量这两所高职院校的现代化治理能力，总结、提炼了高职院校治理实践的成功经验。

二、研究思路与方法

（一）研究思路

本书以深入推进治理研究的理论突破和完善、提升高职院校人才培养质量和破解治理困境、解决治理难题为目标，以影响和构成治理的逻辑要素为研究对象，以治理的理论研究为指导和基石，以制约治理过程及质量提升的问题为导向，以治理创新的实践对策系统建构为旨归，形成目标制导、理论奠基、问题导向、要素研究、对策建构的清晰研究思路，引领整个研究过程成功实施。

（二）研究方法

正确的研究方法有助于研究的顺利进行并产出高质量的研究成果。本书运用的研究方法主要有以下几种。

（1）文献研究法。本书充分收集国内外关于治理的文献和研究资料，进行系统的分析整理，尤其是对高职教育治理方面的文献、资料和成果广为涉猎搜集，形成研究参照，支撑研究立论，丰富研究内容。同时本书遴选系统论理论、利益相关者理论、整合理论、治理现代化理论、善治理论等，并将这些理论熔铸到研究内容之中，形成对治理研究的坚实的理论铺垫和支撑，使整个研究具有理论品格和底蕴。

（2）历史分析法。本书对高职教育治理的发生、发展及其流变的历程进行梳理分析，厘清其脉络，观照其流变，使人们对其产生和发展过程有一个全面的认知、整体的把握，奠定分析研究的基础。

（3）比较研究法。本书第五章"高职院校治理的国际镜鉴"采用横看国外的国别比较法，对美国、德国、新加坡的职业院校治理及其治理经验、做法、模式、机制等进行分析比较研究，从中遴选和凝练对我们有益的内容，为国内高职院校治理提供参照和借鉴，助力我们取法其上，"攻玉"创新。

（4）案例研究法。案例往往是对真实生活或情景的描述性研究实例。本书采用长沙航空职业技术学院和山东海事职业学院的治理案例，目的在于挖掘治理典型，树立治理标杆，对治理实践起到抛砖引玉、示范引领的作用，引导相关学校学习案例学校的治理经验和治理实践，尽快进入治理角色，取得治理实效。

（三）研究创新

本书的创新之处表现在以下几点。

（1）研究内容的集成创新。高职院校治理研究是新近火热的一个研究领域，成果也开始渐次增多，但多限于见刊的单篇论文，真正厚重的、专著类的成果并不多见，更不必说高职教育领域的这类成果。本书聚焦高职教育研究领域，整理和荟萃这方面的研究成果和理论资源，由一批专家学者担纲这一研究任务，实现了这一研究领域的内容集成创新。本书为治理研究奉上了一道学术大餐，为深化和推进这一研究贡献了智慧和能量。

（2）理论研究的支撑创新。学术研究是需要有理论底蕴和学理支撑的，如果缺乏理论视野和观照，仅仅就治理谈治理，或停留在经验介绍和总结层面，缺乏理论层面的引领指导和系统探讨，恐难免流于肤浅和俗套。为规避这样的研究误区与窠臼，本书认真遴选了与治理高度相关的理论资源，如系统论理论、利益相关者理论、整合理论、治理现代化理论、善治理论等。这些理论构成治理研究背后的学术机理和研究支撑，使研究具有了一定的学术品质、创新内涵和理论价值。

（3）实践研究的突破创新。高职教育治理是新生事物，贵在实践探索和创新。本书高度关注一些院校的治理实践，充分挖掘他们的典型经验和创新做法，并将之作为实践样本和案例。其中山东海事职业学院的治理实践很有典型性和代表性，具有启迪和镜鉴作用。山东海事职业学院是全国混合所有制治理启动较早的试点学院。2016年，该校被山东省教育厅认定为山东省职业院校混合所有制改革的唯一办学实践单位。2018年，该校发起组建了全国职业教育混合所有制办学研究联盟，成为首任理事长和常任秘书长单位。其改革经验在全国被复制、推广。山东海事职业学院在治理实践中探索形成了"一个平台、两类资本、三驾马车、四套机制、五项原则"的混合所有制办学"山海模式"，总结凝练出了"民办高校、混合体制、事业单位"办学体制和"党委领导、董事会决策、监事会监督、校长负责、专家办学、教授治学"治理体制。其创新探索经验获山东省职业教育教学成果特等奖、国家级二等奖，体现了成功的治理成效和创新突破。

（4）案例研究的实证创新。案例是人们在生产生活当中所经历的典型的富有多种意义的事件陈述。在研究的逻辑语境中，案例属于实证研究系列。按照法国哲学家、社会学家孔德的说法，实证具有现实的、有用的、确实的、正确的、积极的、相对的特征。本书案例研究的实证创新表现为以下几点。一是案例发掘的真实性。所有案例及举例都源自办学一线院校，是接地气的真实的治理案例。二是案例选择的代表性。两个案例从不同视角呈现治理经验、治理方式、运行机制、治理成效等，具有学习借鉴意义和启迪参照的价值。如长沙航空职业技术学院以文化建设为引领筑牢治理根基，以作风建设为抓手转变治理理念，以创新驱动为突破优化治理结构，以精细管理为重点提升治理水平，积极探索"以文化育人为引领，以作风建设为抓手，全面推进治理能力建设"的长效之路，为高职院校治理能力建设提供了重要经验。三是案例呈现的科学性。每一个案例都按照案例概况、治理结构、实现路径、实践成效、案例点评的内在结构呈现，具有科学性、有序性、思想性、逻辑性。

第二章
核心概念与学理依据

学术研究是关于学问及其方法的研究。它有自身的研究规范和理论品格，要求从形而上的理论角度审视特定的研究对象，探究其本质和规律，建构自身的理论体系。其中，核心概念界定和学理依据寻绎就是奠定整体研究理论底蕴的必然组成部分，其价值功能在于高位取势，拓宽视野，深刻洞察，思本悟道。

第一节　核心概念

概念是人脑对客观事物本质的反映，它是思维活动的结果和产物。概念是逻辑学的最小因子，是理论思维和表达的最基本单位。它是以语词为表征来标示和记载的。核心概念是一种研究中最基本和最重要的概念，关涉研究的核心主旨，因而必须予以界定，以利于后续研究的展开。

一、职业教育治理

（一）治理

在中国古代及近现代用法中，治理主要指统治、管理之意。在西方语境中，治理意为引导、控制和操纵。治理包含了比管制、管理、控制、引导更宽泛的内涵。发展到今天，治理的内涵越来越丰富。当下关于治理共识度最高的是联合国全球治理委员会下的一个定义，即治理是各种公共或私人的个人和机构管理其共同事务的诸多方法的总和，是使相互冲突或不

第二章 核心概念与学理依据

同利益得以调和,并采取联合行动的持续过程。①

陈彬认为,治理是多元主体基于一定的行动规则,通过相互博弈、相互调适、共同参与合作形成的多样化的公共事务管理制度和组织模式。② 俞可平认为,治理作为一种公共管理的活动及过程,其目的是运用权力去引导、控制和规范,增进公共利益的实现。③ 徐小容认为,治理是由利益相关主体所构成的公共管理组织,为实现公共利益最大化,通过一整套管理规则对公共事务进行秩序规范的持续性公共管理过程。④

(二) 国家治理

改革开放拉开了我国"富起来"的序幕。它是自20世纪70年代迄今中国最伟大的国策之一,它给我国带来了长达40多年的经济高速增长和人民幸福安康的福祉,产生了"当惊世界殊"的效应。但一段时期以来,我国在经济快速发展的同时,也产生了诸多社会问题,譬如东西部地区发展不均衡问题、社会贫富差距拉大问题、环境污染问题、资源浪费问题、腐败盛行问题等。这些问题不解决,将会极大地影响和反噬改革开放成效,同时也使改革难以为继。于是,2013年,中共十八届三中全会提出了"完善和发展中国特色社会主义制度,推进国家治理体系和治理能力现代化"的战略要求。这是国家首次将"治理"引入治国理政的话语体系之中,是我国政府执政理念和治国方略的一大转变和创新。国家治理最重要的是代表国家行使权力的政府的治理。政府治理的目标是建立一个崇尚法治、讲求民主、权力有限、规模精简、运行高效、清正廉洁的政府,率领人民真正推进和实现国家治理体系和治理能力现代化。

(三) 职业教育治理

治理是一个体系,包括国家治理、政府治理、经济治理、社会治

---

① 英瓦尔·卡尔松,什里达特·兰法尔. 天涯成比邻:全球治理委员会的报告 [M]. 中国对外翻译出版公司,译. 北京:中国对外翻译出版公司,1995:2.
② 陈彬. 良法与善治:中国大学治理现代化探究 [M]. 武汉:华中师范大学出版社,2018:72.
③ 俞可平. 全球化:全球治理 [M]. 北京:社会科学文献出版社,2003:12.
④ 徐小容. 以"共治"求"善治":职业教育教学质量治理的公共理性逻辑 [D]. 重庆:西南大学,2016.

理、文化治理、教育治理等。教育治理是国家治理必然包含的重要组成部分。职业教育治理是教育治理的下位概念。对国家治理而言，它是一种微观治理；对教育本身而言，它是一种类型治理。职业教育治理有利于夯实国家治理的根基，为经济治理、社会治理、文化治理提供不可或缺的支撑。

职业院校治理既具有一般社会组织治理的共性，又具有不同于一般社会组织治理的特殊性。从其特殊性来讲，职业院校治理是基于职业教育治理的类型特点，依据职业院校办学属性（公办、民办和混合所有制办学），从产教融合视角出发，借助新兴治理技术，引导多元主体（尤其是行业、企业）协同治理职业院校的过程。① 荣长海认为："职业教育治理是教育治理在职业教育中的具体表现。职业教育治理是包括政府、社会组织、市场、公民个人等在内的教育利益相关者共同参与职业教育事务的决策、管理与资源支持，共同或协同提供职业教育服务的过程。"②

二、职业教育治理现代化

现代化是人类社会不断发展进化的过程。当前我国正处在现代化快速运行的进程中。职业教育治理现代化深刻影响着中国现代化这一伟大而复杂的工程的实践方向和战略选择。界定职业教育治理现代化，首先要明确什么是现代化。

（一）现代化

现代，从《现代汉语词典》（第7版）上的释义看，有两层含义：一是指现在这个时代。在我国历史分期上多指五四运动到现在的时期。二是指合乎现代潮流的、时尚。

有观点认为，现代化的实质是工业化。以罗斯托为代表的发展经济学派认为，现代化的核心是经济增长问题。亨廷顿认为，现代化意味着政治权威的理性化，人们参与政治的广泛性与平等性。他认为，实践中的现代

---

① 雷世平，乐乐，李尽晖. 职业院校治理现代化转型的价值意蕴、现实困境与推进策略[J]. 职业技术教育，2020，41（31）：6-10.
② 荣长海，高文杰. 职业教育治理的现状、问题和对策[J]. 教育与职业，2020（17）：5-11.

化总是意味着传统政治体制的变革,还常常意味着它的解体。① 也有人认为,现代化主要是人的精神变化,如转变价值观、注重创新精神等。布莱克把现代化当作一个历史过程。"现代化实际上是由古代到无限的将来这一无穷延续中的一部分。"② 我国学者何传启在《现代化概念的三维定义》中指出:"'现代化'既可表示一个'成为具有现代特点'的发展过程,也可表示在这个过程中新发生的变化,或者最新变化(最先进水平)。"③ 综合来看,现代化有两层含义:一是指实现现代化的过程;二是指已经实现的现代化的状态。

(二)治理现代化

治理现代化是指治理所要达及的目标和境界。陈彬认为,治理现代化可以有两种含义:一是现代化背景下的治理方式,对应着传统管理方式,即从管理到治理;二是治理要实现现代化,强调治理方式由传统治理方式转变为现代治理方式,即从治理到善治。④ 中共十九届四中全会明确要求建设人人有责、人人尽责、人人享有的社会治理共同体,强调各类社会主体和所有社会成员围绕共同价值、共同规范、共同利益、共同发展,共同承担社会治理的责任。这有利于调动一切积极因素,开拓社会治理更加有效的新局面、新境界。社会治理的本质是多维的参与型治理的建立而非刚性的行政管理的强化。从"行政化管理"向"社会化治理"转型,从"传统型管理"向"现代型治理"转型,从"单一性他治"向"多维性自治"转型,是从管理向治理变革的主要内容,也是增强社会治理能力的核心要旨。

(三)教育治理现代化

教育治理现代化已成为新时代实现我国教育现代化的关键。作为国家治理现代化的内容之一,教育治理现代化是衡量国家治理现代化成效的重

---

① 亨廷顿. 变化社会中的政治秩序[M]. 王冠华,刘为,译. 北京:生活·读书·新知三联书店,1989:30-31.

② 俞晓秋. 传统与现代化:读布莱克《现代化的动力:一个比较历史的研究》[J]. 读书,1988(10):74-80.

③ 何传启. 现代化概念的三维定义[J]. 管理评论,2003,15(3):8-14,63.

④ 陈彬. 良法与善治:中国大学治理现代化探究[M]. 武汉:华中师范大学出版社,2018:151.

要尺度。教育治理现代化往往等价于教育治理体系与能力的现代化,指的是整个国家的教育制度体系、制度运作方式和行政管理能力的现代化。教育治理体系现代化要解决的问题是教育系统与其他社会系统(如政府)之间、学校机构与其他社会机构之间、学校内部行政部门与教学部门之间的矛盾及其和谐优化;教育治理能力现代化并非是指教育能力或教育实践水平的现代化,而是指优化各种权力与利益关系、优化教育体制与机制,进而转化为服务教育实践的能力,以及政府人员、教育行政人员应对教育问题、教育矛盾的能力和服务教育者、受教育者、教育发展的能力。换言之,教育治理现代化是专门为解决教育发展过程中遇到的制度障碍、利益冲突、权力矛盾等所提出来的进步理念。

(四)职业教育治理现代化

职业教育作为一种类型教育,是构成整个教育完整形态的一块拼图,其治理现代化也关乎整个教育的治理现代化。可以毫不夸张地说,没有职业教育治理的现代化,就没有教育治理的现代化。徐小容认为,要实现职业教育治理现代化,则需要打破主从观念的束缚,在宏观职业教育层面建立政府、市场、社会、学校各个主体之间的平等对话,在微观职业教育层面建立教师、学生之间基于平等和理解的民主关系。这是职业教育治理体系现代化演进的基本方向。①

三、相关概念辨析

(一)管理与治理

管理和治理都有"理"这个语素,在意义上也有很多相同或类似含义,可以说在内涵上有重合,在外延上有交集。它们是一对相关度很高的概念,因而我们有必要加以辨析。从"理"这个相同语素来看,其本义是"治玉",即"顺玉之文而剖析之",现逐渐演化引申为梳理、整理、料理、处理等多重含义。所以无论是管理还是治理,都是指在主持和办理重要事务

---

① 徐小容. 以"共治"求"善治":职业教育教学质量治理的公共理性逻辑 [D]. 重庆:西南大学,2016.

时创建或维护事物秩序。从管理和治理二者的关系来看，治理是在管理国家和社会发展中的权力行使方式。治理是管理的诸多方式的总和，或者说是管理的综合，而管理是治理的分支或下位手段；治理是管理之上的宏观架构，而管理是治理之下的落实举措。管理中有治理的成分，治理则包含管理。

从管理和治理的行为特征看，管理和治理都是目标导向行为，都离不开资源的配置、互补和共享，都是以解决问题为核心使命，都是人作为第一要素参与其中的一种活动。以上内容讲的是管理和治理相同的方面，二者也存在着不同的方面。其不同之处如下。

治理是管理的宏大叙事，是一种新型的权力运行模式和境界。治理是基于整体理念和系统思维的，锁定的是长期目标的利益共识，意在建立一个能够适应主体参与的治理框架和社会机制。相对于管理而言，治理是从面到点的。管理则是微观层面的具体实施。它是在治理框架下的落实治理目标的行为举措。管理是从点到点的，目的在于提高工作效率和工作效益。

治理的主体是多元的，对象也是多元的。比如职业教育治理，涉及政府、行业、企业、学校多元主体，其治理的对象也是复杂多元的，但最终都是服务于职业教育人才培养治理目标的。管理的主体及对象往往是单一的，如：学校的管理主体是领导层，对象是教职工；企业的管理主体是老板，对象是员工。

治理的目标是协调多方利益，追求多元利益主体之间的利益均衡和实现彼此利益最大化。治理由多方主体参与，因而需要协调多方主体的立场、观点、思想等，使其保持治理目标的协同性、一致性，并实现多方利益均衡和共赢。治理是使冲突或不同利益矛盾得以调和并采取联合行动的持续过程。管理偏向于管理者利益的实现。由于管理主体单一、对象单一，管理者往往容易掌控和实现其自身的利益目标。

治理重在"理"，通过民主合作的手段而实现共同的目的。管理则是上对下的管辖治理，重在"管"，通过强制的、刚性的手段达到预期的目的。治理过程中的多元主体是平等协商的伙伴关系。比如在治理结构中，尽管政府是上位的，但治理实施过程绝不应该是高高在上的颐指气使，而是"放管服"背景下的平等协商、协同治理。管理的上对下的单一结构则实际上蕴含着不平等、不对称的相互关系。管理过程中的民主、平等、公正的践行是靠制度保障或管理者的素质维系和检验的。

治理是过程，管理则是方法。过程是事物演进和发展的集合，是指事物时间上的持续和空间上的延伸。方法是解决问题的方略、法则或办法。治理的过程性表现为治理是一个协调一致的过程。多元主体治理倡导调和、注重互动、兼顾多元，是通过协调共识而采取一致行动的过程。治理还是一个动态完善的过程。它不是靠制度死管或管死，而是随事物的发展变化而寻求协调平衡的善治过程。治理就是一个持续性的互动协调过程。管理不同于治理，它是以管辖、支配为基础的策略建构、效果权衡和方法优选的落实过程。

治理和管理决策的科学与民主的程度不同。管理决策的科学和民主的程度不够高；治理决策往往是基于治理主体的共同利益，通过民主协商，在达成广泛共识的基础上所做出的决定，因而治理决策的科学和民主的程度往往高。

治理和管理实施的机制不同。治理是通过市场竞争机制，由治理主体内部协商一致、形成契约而实现共治，而管理是通过行政权威关系和内部管理体制来实现的。在这个意义上，治理规范程度高，约束力较强，稳定性较好，而管理的自主调整空间相对大，灵活性与自由度高。我们可以认为，时下的治理概念是管理概念的新样态，是管理理念和管理实践与时俱进的结果。

应当指出的是，治理是适应全球化、市场化和民主化的趋势而兴起的一种权力运行模式，也是实现公共管理效益最大化的优化管理方式。当下教育管理走向治理已成为一个热点研究话题，而具有跨界属性和整合本质的职业教育更应如此。但我们分析治理与管理的区别、强调治理的重要，并不意味着管理就不重要，可以忽视。事实上，落实宏观的职业教育治理，同样不能忽略微观的实践管理。宏观的治理必须落实到微观的管理上，才

第二章 核心概念与学理依据

能实现；忽视管理，其实就是架空治理。而管理也要有治理的开阔视野、整体眼光、联动意识、系统思维，不能只盯在一个点上，"只见树木、不见森林"，而消减了服务治理大局的自觉意识和效果。所以习近平总书记强调："治理和管理一字之差，体现的是系统治理、依法治理、源头治理、综合施策。"可见，从管理到治理的嬗变体现了权力配置、制度安排和行为方式的深刻变革，体现了从全能管理到科学治理的历史性跨越，对我国职业教育治理体系和治理能力的建设，现代化职业教育体系的建设和完善都具有重要意义和作用。

(二) 现代化与现代性

国内学者罗荣渠把现代化的含义概括为四大类。第一，现代化是指近代资本主义兴起后的特定国际关系格局下，经济上落后国家通过大搞技术革命，在经济和技术上赶上世界先进水平的历史过程。第二，现代化被视为工业化，是经济落后国家实现工业化的进程。第三，现代化是对自科学革命以来人类急剧变动的过程的统称。科学革命具有改变人类环境的巨大力量，造成特殊的社会变迁方式，而社会各单元对于这一新环境和变化的适应和调整的过程就是现代化。第四，现代化主要是一种心理态度、价值观和生活方式的改变过程。①

现代性是缘起于欧洲启蒙运动时期的概念，本义与"理性"不可分离，指现代与传统断裂，用来表征现代社会及其精神。哈贝马斯认为，现代性意识是一种对古典、传统的对立，是时代精神的现时性。② 卡林内斯库《现代性、现代主义、现代文化——现代主题的变奏曲》定义现代性是一个历史/时间概念，指在独一无二的历史现时性中对于现时的理解。汪晖也持与卡林内斯库类同的观点，认为现代性概念首先是一种时间意识，或者说是一种一直向前、不可重复的历史时间意识和历史观。③

现代性与现代化的关系如下。一方面，现代性与现代化是结果与过程

---

① 罗荣渠. 现代化理论与历史研究 [J]. 历史研究，1986 (3)：19-32.
② 汪明安，陈永国，张云鹏. 现代性基本读本 [M]. 开封：河南大学出版社，2005：29.
③ 汪晖. 我们如何成为"现代的"？[J]. 中国现代文学研究丛刊，1996 (1)：1-7.

关系。现代性乃是现代化的结晶,是现代化过程与结果所形成的属性。亨廷顿从现代化理论的角度认为,现代性是现代化的完成,只有完成了现代化,才能获得现代性。① 现代化是动态的因,现代性则是静态的果。布莱克认为,从上一代人开始,现代性逐渐被广泛运用于表述那些在技术、政治、经济和社会发展诸方面处于最先进水平的国家所共有的特征。另一方面,现代性与现代化是整体与部分的关系。刘小枫等人认为,"现代化"只是"现代性"问题的一个方面、一个层次,它更多地属于政治、经济制度层面的转型或变化,属于文明形态的更替,如工业社会取代农业社会,工业文明取代农耕文明。现代性可以包括现代化,但现代化不能包括现代性。现代性具有一种内在反思性,它审视或重估现代化的过程、结果及负面影响。

(三)现代化治理与治理现代化

现代化治理和治理现代化两个概念,从表面上看很相似,其实有很大区别。对于现代化治理,现代是修饰语,治理是中心语,现代化成为背景和手段;对于治理现代化,现代是中心词,治理成为手段和机制,现代化成为一种目标和境界。

笔者认为,现代化治理应该是符合以下特征的治理。一是从时间维度上看,它是较晚出现的一种治理模式或治理样态。二是从性质上看,它是与传统的管理方式相去甚远的一种升级版的、具有现代属性和品格的治理存在。三是从目标上看,它要达及的目标是符合治理组织发展要求趋势的一种追求和境界。四是从理念上看,它不是停留在陈旧的、老派的、俗套的思想观念上的治理,而是运用新的思想理念的治理。五是从手段上看,它运用的一定是一种进步的、先进的治理手段和治理方式,且这种手段和方式与所要达成的目标相适应,能取得良好的治理效果。六是从主体结构上看,它一定是多元共治的民主治理,而非单一专权的治理。

关于高职院校现代化治理,张良教授提出的"四以十化"治理方式很值得借鉴:以先进治理理念为指导,以现代高职院校治理体系为依托,以

---

① 汪伊举.现代化与现代性:历史·理论·关系[J].学海,2006(5):119-125.

第二章 核心概念与学理依据

现代大学制度为保障,以现代先进科学技术和先进治理模式等为手段,高效务实治理高职院校以人才培养为核心的各项事务,以适应现代经济社会发展和人才培养需求的一种发展趋向、适应状态和动态提升历程。其一般应该具有如下特征。一是治理主体多元化。强调政府、行业、企业、学校、科研机构、教师、学生及其他第三方机构等利益相关多元主体共同参与。二是治理理念现代化。强调用现代先进治理理念来武装各治理主体的头脑并指导其参与高职院校治理实践。三是治理制度互利化。强调各项治理制度要促进各治理主体的互利共赢。四是治理体系完备化。强调建构适应时代发展、持续动态优化、齐全完备高效的现代治理体系。五是治理结构扁平化。强调构建开放、多维、高效的扁平化治理结构。六是治理方式民主化。强调各治理主体自由、民主、平等参与高职院校治理。七是治理手段法治化。强调依据法律、法规、纪律和契约参与高职院校治理。八是治理权力均衡化。强调各项治理权力的有效协调与合理制衡。九是治理技术信息化。强调运用现代信息技术来开展治理。十是治理形式协同化。强调各利益相关主体协同互动进行治理。

治理现代化是治理达及的一种境界,或治理所追求、意欲实现的目标。换言之,只有当这种治理达及并符合现代化所规定的标准、规范和要求时,我们才能说它是现代化的。教育治理现代化亦应如此。诚如张应强教授指出的:教育是"属人"的而不是"唯物"的,是"人性"的而不是"人力"的。实现高等教育现代化观念的根本转变,就是要走出"工具理性"和实利主义的迷误,把人作为现代化的主体和主题,把造就现代化的人——具有主体意识、批判精神和创新能力的实践主体,作为高等教育现代化的根本目标。①

治理现代化本质上是一种制度变迁的过程。所谓制度变迁,是指新制度产生、替代或改变旧制度的动态过程,包括替代、转换和交易三个具体向度。替代是指一种效率较高的过程,替代效率低下的制度;转换是指一

---

① 张应强. 高等教育现代化的反思与建构 [M]. 哈尔滨:黑龙江教育出版社,2000:7.

种更有效率的制度创生过程;交易,即制度变迁,是制度交易的过程。治理不是任性而治和随意而理的行为,它是要有制度依凭的。当然这种制度不是单一主体订立的,而是多元利益主体共同协商、一致认同的一种制度,它是多元利益主体共同意志和治理取向的体现。制度能力是衡量治理体系和治理能力现代化水平的核心标志。美国学者福山认为,制度能力不足的国家是软弱无能的国家,制度能力缺失的国家是治理失败的国家。学校亦然。高职院校作为治理现代化实施的关键主体,必须有更高的制度改进力、执行力和协调力等,这样才能优化制度设计,改善制度供给,增强制度执行能力,提高制度绩效,向着治理现代化迈进。

治理现代化是一种机制转换过程。机制主要是指事物之间或事物内部各要素之间的关系及其相互作用的机理,它是动态运行层面的存在。治理现代化要求机制要活,要与体制相适应,要具有活力和创新属性,这样的机制转换才是治理现代化所要求的应然品格。大学治理现代化是指"大学在面临日益复杂和多元的经济社会环境时,如何通过制度创新的方式革除传统体制所遗留的思维模式和行为习惯,不断提升自身能力,逐渐建立一种新的对外界保持高度回应性的大学治理机制的过程"①。职业教育属于跨界整合的类型教育,其治理现代化必须符合职业教育的类型特征。高职院校治理现代化一定要与其教育本质、属性和特征相吻合,而这样的治理才是合规律、合发展、合趋势的应然治理,才是符合事物本真的本然治理。偏离规范和逻辑定性,治理就会逸出"正道"而误入"旁门",就是错位的、迷失的治理。

第二节　学理依据

任何学术研究都应该有自己的学理依据。它是学术研究的根基和底蕴,

---

① 宜勇,钟伟军. 论我国大学治理能力现代化进程中的校长管理专业化 [J]. 高等教育研究,2014,35 (8):30-36.

也是衡量和鉴别研究成果价值的标尺。换言之，没有理论支撑的研究是肤浅的研究，缺乏理论观照的研究是贫匮的研究。本节遴选了与治理高度相关的系统论、利益相关者理论、善治理论、整合理论和治理现代化理论作为研究的理论框架。这些理论从不同角度支持治理，构成治理背后的学术机理和逻辑支撑，是我们深入认知现代治理的本质、特性、追求的重要理论资源，将助力职业教育的治理研究开阔理论视野，夯实理论根基，找准理论定位，提升理论品位。

一、系统论

系统论可视为治理理论的哲学根基。系统泛指相同或相似事物按一定的秩序和内部联系组合而成的整体。系统是事物的存在方式。世界上的一切事物和现象都是以系统的整体状态存在着的。在这一意义上，系统论不仅深化了事物都是普遍联系的哲学观点，还具体地揭示了联系的总体样态——系统化的存在。最早对系统论思想做出贡献的是亚里士多德。他提出了"有机整体"[①]的观点，认为整体就是由互不相同的东西按照一定的比例、秩序（即内在结构）组合而成的有机体，从而揭示了有序是有机整体的固有属性。康德一生致力发现把宇宙各个巨大部分联系起来的系统性。[②]

马克思主义的辩证唯物主义认为，世界是万事万物相互联系着的统一整体，任何事物都不能孤立地存在着，都同其他事物发生着联系，都是统一的联系之网上的一个部分或环节。恩格斯把世界看成一个正运动、进化、发展的系统整体。奥地利出生的美国生物学家贝塔朗菲于1945年发表了《关于一般系统论》一文，标志着系统论理论的正式创生。贝塔朗菲提出了较为完整的系统论建构的原则，如整体性原则、相互联系原则、动态原则和有序性原则。他认为，解释事物现象不仅要通过它们的组成部分，而且要估计到它们之间联系的总和……有联系的事物的总和，可以看成具有特

[①] 李国德. 试论亚里士多德的有机整体论思想的内涵[J]. 黑龙江教育学院学报，2007，26(12)：73-75.

[②] 康德. 宇宙发展史概论[M]. 上海外国自然科学哲学著作编译组，译. 上海：上海人民出版社，1972：196.

殊的整体水平的功能和属性的系统。① 同时，贝塔朗菲还强调系统是开放的，它要和周围环境进行物质和能量的交换，并将生命和生物现象的有序性和目的性与系统的结构稳定性联系起来。

职业教育治理现代化是一种由治理主体、治理对象、治理内容、治理方法与过程及治理效能与评价等构成的有目的的系统性实践活动，必须回答好谁治理、治理什么、如何治理、治理得怎样等问题。也就是说，它是一个由因素众多、结构复杂、主体多元、功能多样的治理因子按照一定的秩序和内部联系组合而成的系统的整体状态。第一，系统的集成性使得分散的治理要素得以联结统合。第二，系统的联系性构成治理的哲学基础。系统是由事物联系性构成的整体，联系是构成治理系统的基础。没有联系，就没有系统，也就没有治理的实现。第三，系统的自组织功能是治理发展的内在动因和完善机制。组织是指系统内的有序结构。自组织是指一个系统在内在机制的驱动下，实现协调运作和有序发展。换言之，它是客观事物自身结构化、有机化、有序化、系统化的过程。基于系统建构的自组织性治理体系，同样是在一定条件下，由无序走向有序，由低效走向高效，由不完善走向完善，不断发展、演进、走向善治。

二、利益相关者理论

利益，通俗的解释是好处、益处。它是指人类用来满足自己欲望和需求的事物。自人类产生以来，利益就是始终与人类相缠绕的焦点问题。人类的全部社会活动莫不与利益和对利益的追逐有关。正如马克思指出的："人们奋斗所争取的一切，都同他们的利益相关。"因而研究利益和正当地追求利益就成为一种必然。利益相关者理论是产生于 20 世纪 60 年代的一个重要经济学理论，是西方经济学家在研究公司治理时提出的一种理论主张。1963 年，斯坦福研究院的一些学者第一次提出了利益相关者的理论概念。1965 年，安索夫将"利益相关者"一词首次引入企业管理和经济学研究中，开启了对这一理论的深入研究。1984 年，弗里曼将利益相关者理论引入管

---

① 沈泰昌. 系统工程 [M]. 杭州：浙江教育出版社，1986：17.

第二章 核心概念与学理依据

理学之中,并将利益相关者的概念由推动企业发展的群体和个体,外延到受企业目标实现影响的群体和个体,进一步拓展了利益相关者概念的外延和边界。到20世纪90年代,利益相关者理论体系日益成熟,成为一个完备的思想体系。

对于利益相关者的理论建构,弗里曼有着突出贡献。他这样描述利益相关者的内在特质:利益相关者的权益是平等的;利益相关者是一组契约关系,和组织责任、义务等有关;等等。他对利益相关者概念的经典界定也获得了人们的普遍认同。他指出,利益相关者是那些能够影响企业目标实现,或者能够被企业实现目标过程影响的任何个人和群体。① 利益相关者理论认为任何一个公司的发展都离不开利益相关者的投入与参与,强调企业追求的是利益相关者的整体利益,而不仅仅是某些主体的利益。②

最早将利益相关者理论引入高等教育领域的是美国著名学者罗索夫斯基。他借鉴经济学家的研究视角,打破传统的教育理念,将学生看作市场消费者。认为在学校办学的利益结构中,学生也是成本分担的重要一维。国内较早论及利益相关者参与办学的学者为经济学家张维迎。他认为学校作为一个非营利性组织,是一个典型的利益相关者组织。高职院校办学亦是由利益相关者参与的复杂的系统工程。从构成主体看,利益相关者有政府、行业、企业、学校(简称"政行企校"),而从办学参与的直接程度看,学校和企业双主体最为重要。从构成对象看,按利益相关和关系紧密程度,利益相关者可分为核心利益层(紧密型)——学校师生(含家庭),重要利益层(密切型)——财政拨款者、企业、行业等,中间利益层(松散型)——校友等,边缘利益层(疏远型)——社会。

总之,高职院校的利益相关者包括政府、学校、行业、企业、其他社会组织,以及教师、学生等。这些利益相关者共同构成高职院校治理的多

---

① R. 爱德华·弗里曼. 战略管理:利益相关者方法 [M]. 王彦华, 梁豪, 译. 上海:上海译文出版社, 2006:32.
② 刘晓, 徐珍珍. 职业教育产学研一体化办学模式研究 [M]. 杭州:浙江大学出版社, 2017:54.

元化主体。

三、善治理论

善治理论是治理理论的理想样态。讲善治理论，不能不提到与之高度类同的善政概念。"善政"与古代的"仁政"意涵接近，指的是好的政府管理。俞可平认为：自从有了国家和政府，善政便成为人们所期望的理想政治管理模式。善政一般包括以下几个要素：严明的法度、清廉的官员、高效的行政效率和良好的行政服务。①

按俞可平的观点，善治即良好的治理，就是公共利益最大化的过程。②善治的要素指标在中国治理评估框架中包含12个维度，即公民参与、人权与公民权、党内民主、法治、合法性、社会公正、社会稳定、政务公开、行政效益、政府责任、公共服务、廉政。联合国原秘书长科菲·安南认为，善治就是尊重人权和法制，加强民主，提高透明度的公共行政管理能力。③善治是政府主动还权于民，并致力与社会的合作治理，实现社会公共利益最大化的社会管理过程。它以多元主体为结构，以对话协商、自主契约和双向监督为机制，以效率提高和效益增进为目的，是良好的社会改进状态。

从善政和善治的关系看，善政是善治的手段与前提，善治是善政的动机和目的。

善治理论是建立在治理理论基础之上的，由20世纪80年代末期的治理概念发展而来。它是加快由管理型政府向服务型政府的转变，构建和谐社会的重要体制保障。它的提出在一定程度上弥补了治理理论的缺陷。

善治理论提倡多元主体共同参与治理。其发展可以分为三个阶段。一是以政府治理为核心的善政阶段。这一阶段的善治理论被称为善治理论1.0版，主要强调政府是公共管理主体，要改进和优化政府职能和公共服务。这里的善治实际上是善政的代名词。二是以社会治理为核心的共治阶段。这一阶段的善治理论被称为善治理论2.0版，强调实行善治应以社会治理为

---

① 俞可平. 论国家治理现代化 [M]. 北京：社会科学文献出版社，2014：61.
② 俞可平，王颖. 公民社会的兴起与政府善治 [J]. 中国改革，2001（6）：40-41.
③ 陈彬. 良法与善治：中国大学治理现代化探究 [M]. 武汉：华中师范大学出版社，2018：86.

核心,社会组织乃至公民个人是公共管理的核心主体。在此背景下,善治被视为一种社会自我管理状态。最好的治理是实现社会自治。自治(包括村民自治、社区自治、教育的学术自由和大学自治等)是善治理论2.0版的核心思想。三是以公共治理为核心的多元主体共治阶段。这一阶段的善治理论被称为善治理论3.0版。其核心是强调多元主体的共同治理,即强调政府、社会组织、企业、个人等相关主体共同参与治理过程,采取对话协商、共同决策的方式,因地制宜、一事一议地决定具体公共事务的处理策略。它被视为善治理论的高级版。① 这一阶段的善治兼顾各利益主体的目标诉求,保持公共权力和个人权力的彼此协调,实现了责任共担、权力共享、利益共沾。

善治是高职院校治理应追求的宗旨和效果。我国学者陈广胜从四个方面对善治进行了解读:就治理主体而言,善治是"善者治理";就治理目的而言,善治是"善意治理";就治理方式而言,善治是"善于治理";就治理结果而言,善治是"善态治理"。②

对于如何衡量、检验和评估善治,联合国提出了参与、共识、法治、透明、负责、回应、有效、公正的八项标准(图2-1)。参与,即各治理主体及客体共同参与;共识,即治理各方能就发展的愿景、路径、利益处置等协商一致、达成共识;法治,即各治理主体的行为都符合国家法律及社会秩序要求;透明,即信息

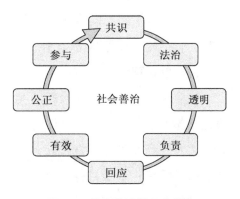

图 2-1 社会善治的八个特征

交流、沟通等行为清透澄明;负责,即各治理主体协调合作并承担各自责任;回应,即各治理主体及时回应、反馈彼此之间的沟通信息;有效,即

---

① 陈彬. 良法与善治:中国大学治理现代化探究 [M]. 武汉:华中师范大学出版社,2018:84-85,203.

② 陈广胜. 走向善治:中国地方政府的模式创新 [M]. 杭州:浙江大学出版社,2007:96.

治理效率高,能获得一定的满意度;公正,即治理能实现公平正义。

基于此,我们可以进而将善治的核心意涵概括为广泛参与、高度共识、全面法治、及时回应、各负其责、公开透明、公正包容、表达通畅、高效运转、安全稳定、消除腐败。虽然这一理想目标并不容易实现,但这并不妨碍我们不断努力向着它趋近。

大学(含高职院校)善治是社会善治的重要组成部分。其过程是大学行政权力回归学术权力和教育权力的过程,是还政于学、还政于教的过程。英国学者迈克尔·夏托克较早提出了大学善治的概念。他指出:"高校管理的核心是董事会,其在协调相关利权管理部门,并在有效的沟通基础上共同协商制定高校的教育目标,并应有效协助完成这一目标。"① 高职院校的善治是大学善治的组成部分。它既要符合大学善治的基本向度,又要因类型教育的规范具有自身的特色。

总之,善治是高职院校治理现代化和现代化治理的一种理想追求和样态,是实现职业教育现代化和应然发展的保障。其治理内涵是以法治为基础,以德治为引领,以共治为机制,以协商对话为手段,以学生自由全面发展为目标的一种和谐完善的治理体系。

四、整合理论

整合理论是高职院校治理的实现逻辑。关于"整合"这一概念,分而释之,整是整理、规整、统整、整体之意,合是合并、融合、联合、组合、结合之意;合而言之,整合就是综合、归整、合成之意。整与合的区别在于:整是手段,合是目标;整是前提,合是结果;整是基础,合是基础之上的建构。整与合的关系表现为:整中有合、合中有整、先整后合、合而再整。对于整中有合,合才是有机的、和谐的。对于合中有整,整才是有目的的、合规律的、合需要的、合发展的。先整后合,才能保证整合不是任意拼合、勉强凑合、随意捏合、强行撮合等。合而再整,才能形成事物由低级到高级的有序发展和良性循环。这是一个完整的整合价值链,体现

---

① 姜丽娜. 浅析善治理念下高校行政管理的有效途径 [J]. 科教文汇, 2014 (13): 169-171.

了以事物的环节、要素整合为内容的整与合之间在相互确认对方存在意义的基础上的一种价值联结和链式统一。

关于整合的完整定义,不少学者多有论述。崔景贵认为:"心理教育中'整合'的词义通常是表示'整体、综合、渗透、重组、互补、凝聚'等意思,其意蕴主要体现在:整体协调……渗透融合。"① 也有学者认为,整合就是将分散的因素、属性、方面,按其内在联系有机地结合为一个统一整体的过程。② 王小平强调,整合就是从整体性的高度来进行一系列的组合,将各个层次的各种因素有机地结合、融合起来。③ 张健认为,整合是将两个以上异质事物、现象或主体联结组合,使之形成合目的的价值整体的归并融合的过程。④

如果说系统论是职业教育治理的存在形式,那么整合就是其实现形式。存在形式是自然状态的,好比自然生态系统。但要使其更适合人类生存则需要治理。整合就是职业教育治理的促成手段和实现形式。没有整合,所有的治理主体、要素、成分等都是一盘散沙,治理也就无法实现。更重要的是,治理的本质是共治,而共治的基本含义是共同治理,强调治理主体的多元性。与共治相近的概念有参与治理、合作治理、协同治理、多元治理等,都离不开整合。治理主体整合、治理要素整合、治理能力整合、治理体系整合、治理过程整合、治理机制整合等,概莫能外。所以,整合是一种结构化、综合性的存在,是一种共治机制。它将治理要素、主体、成分等统合起来,是一种实现要素集聚、结构完善的手段。整合是治理实现的核心理论。治理既为共治就必须讲整合。从这个意义上可以说,没有整合就没有治理。再从整合的特性来看,整合是以综合为手段,从整体上把握事物的哲学方法。它注重整体性,强调 $1+1>2$ 的整合效应或系统功能。如苇篾编成席子,就不再是苇篾,而应该叫席子。同理,建筑也不能被看

---

① 崔景贵. 论心理教育的分化与整合[J]. 教育研究, 2005 (2): 83-89.
② 周光迅. 大学教育综合化[M]. 济南: 山东教育出版社, 1999: 201.
③ 王小平. 本领恐慌Ⅱ: 成功真本领[M]. 北京: 企业管理出版社, 2003: 137.
④ 张健. 高等职业教育整合论[M]. 北京: 教育科学出版社, 2015: 21.

作它的砌块之和,它是一体的。整合所追求的就是这样一种整体优化的效果。高职院校治理就是多元主体从多维度作用于治理对象的一种活动,目的就是经由整合,借助多元主体的资源和力量,实现治理优化的综合效能和整体效应。

五、治理现代化理论

如果把现代化研究看成治理现代化研究的一种形态和缘起,那它可以上溯到较久远的历史时期;如果以中共十八届三中全会为节点,我国对治理现代化做"井喷"式研究则是最近几年的事。

现代化始于西方工业化发展时期,最早可以被看成西方工业化或资本主义化的代名词。它的发展经历了从第一次现代化到第二次现代化的演进,或者说是从经典现代化到后现代化的嬗变。经典现代化(或第一次现代化)是以蒸汽技术革命和电气技术革命为标志的,它带来了工业的迅速发展和经济的巨大增长。经典现代化理论依托的和描述的是一个高度工业化的世界,但它并不是现代化的终点或最终目标。20世纪70年代,西方发达国家已完成了经典现代化(或第一次现代化)的历程,开始迈入一个新的发展阶段,即所谓后现代化时代。后现代化的显著标志是工业经济(第二产业)的比重持续下降,而服务经济(第三产业或服务业)的比重显著上升。所以后现代化理论认为,传统社会向现代社会的转变(即农业社会转型为工业社会)是经典现代化,而现代社会向后现代社会的转变(即工业社会转型为后工业社会)是后现代化。后现代化的第二个标志是,工业时代向知识时代、工业经济向知识经济、工业社会向知识社会、工业文明向知识文明转变。何传启认为,工业革命和政治革命启动了第一次现代化,而知识革命和信息革命启动了第二次现代化。第二次现代化的动力是知识创新、制度创新和专业人才。在20世纪,世界上有50多个国家完成了第一次现代化进程,美国则启动了第二次现代化进程;在21世纪,人类将全面完成第二次现代化进程。如果说工业化、城市化、民主化是第一次现代化的主要特征,那么,知识化、网络化、国际化就是第二次现代化的主要特点。

经典现代化理论被认为是阐述工业革命以来人类文明的革命性变化的

最有力的理论。它在政治领域强调民主化、法治化和科层化（官僚化）；在经济领域强调工业化、专业化、规模化；在社会领域强调城市化、福利化、流动化；在个人领域强调开放性、参与性、独立性、平等性；在文化领域强调宗教世俗化、观念理性化、经济主义和普及中等教育。后现代化理论的重点目标是使个人幸福最大化和个人自由最大化，追求生活品质和个体生活体验。它追求的是以人为主体，而不是以社会为主体（人只是实现社会现代化的一种工具）的文化价值追求和文化价值创新的过程，关注的是人的主体性和能动性的充分发挥。这是后现代理论最重要的研究旨趣和对经典现代化理论的超越。

治理现代化理论对职业教育有以下两点启示。一是职业教育要向着现代化转型，要跟上经典现代化，尤其是后现代化的节拍，适应治理现代化的要求。二是职业教育在内涵上要按照现代化的内在规定和要求去做。如：在理念上要以人为本，把对人的培养和培养人的主体性、能动性作为教育治理的核心，而不是把人异化成器物或工具；在培养方式上，要尊重个体价值，发掘个体生命的潜能，培养学生的独立人格和独特个性，追求人的全面发展，由规模化培养向着生态化、分散化、网络化、生命化、个性化培养转变，以契合现代化对人的素养要求，从根本上提升治理背景下的育人质量；在治理方式上，要努力实现治理方式、治理手段现代化。

第三章
高职院校治理的发展演进

高职院校是高等教育学校的重要类型,承担着为经济社会的发展输送高级技能型人才和应用型人才的重要任务。这一类型在我国历史悠久,可以追溯到氏族公社时期。到西周时期,关于职业教育的管理制度已经比较完善。清末出现的高等实业学堂和高等师范学堂是中国近现代意义上最早的高职院校。中华人民共和国成立以来,职业教育伴随着教育改革而几经起伏,如今因客观现实需要及党和国家的重视而迎来了飞跃式发展阶段。职业教育已经成为我国教育体系的重要组成部分,既是经济社会发展的基础,又随着经济社会的发展而不断进步,相关的治理体制机制也逐步完善。我国高职院校起步较晚,但得益于深远厚实的文化底蕴及日新月异的社会变革而快速发展并日趋成熟。

第一节 以公共行政为主的高职院校绩效治理

中华人民共和国成立初期,我国各项事业都受行政计划的严格管控。职业教育散布于各类公办综合性学校和劳动生产车间以及田间地头。在很长一段时间内并没有专业的职业教育学校形成。随着经济社会的发展及对专业化诉求的与日俱增,公办师范类高职院校和各类中职院校、民办职业院校逐步发展。1980年,金陵职业大学的创办具有划时代的意义。这是1949年后在中国出现的第一所师范院校之外的高职院校。我国高职院校在

第三章 高职院校治理的发展演进

初始发展阶段有着浓厚的行政色彩。作为中华人民共和国成立初期我国各类组织构成及管理的特殊形式——"单位制"的产物,其成立及管理都严格遵循国家的各类规章制度。

一、高职院校绩效治理的基本含义

我国的行政管理活动古已有之,并形成了一套独特的行政体系和特殊的行政生态,但是作为一门专门的学科和现代理论进行学习实践,发起时间较晚,比较落后。中华人民共和国在成立初期,面临百废待兴的历史局面。相应的行政体制应运而生,"强行政,弱社会"的治理生态也相应形成。与之相适应地,对于各类组织,政府构建了符合当时政治、经济和社会需要的,控制和调节整个社会运转的"单位制"组织体系。在管理方式上,政府通过制定强制性政策和严格的规章制度,通过行政强制命令严格要求各类组织完全执行,并对组织执行情况进行过程中的"严密监督"与结果上的"绩效考核",再以监督和考核结果为依据进行政治、经济等方面的资源分配。高职院校作为其中的一类组织,从产生到运行都必须严格遵循"政府计划",且依赖政府的"绩效考核"以换取资源供给,并接受国家行政机构的依法依规管理,因此,这一阶段的高职院校治理实际上是以公共行政为主的绩效治理。

公共行政是国家行政机构依法管理社会公共事务的有效活动。对于公共行政来说,"有效"包含两层含义,即效果和效率,因此,绩效治理与公共行政实践是相生相伴的。我们可以从公共行政的发展过程中认识我国高职院校绩效治理的发展演进情况。从1887年至20世纪70年代,在漫长的历史进程中,因为公共组织所要面对的经济问题不同,绩效治理的内容也产生了差异。传统公共行政被分为两个阶段。19世纪末到20世纪30年代被划分为传统公共行政的前期。这个阶段的绩效是作为公共政策执行的组织绩效。在该阶段,工业迅速崛起,工业化成为经济发展的总目标,国家的作用逐渐增强,人们关注的是公共政策的执行效率问题,并且确立了官僚机构作为绩效生产的主体,提出了一系列官僚机构的组织原则以增强其能力,以效率和经济作为绩效评价标准,并以控制投入作为手段管理绩效生产。20世纪30年代，第一次经济危机席卷全球。各国力图通过改变国家的公共政策来应对经济危机。政府的职能和规模有了巨大的扩张。政府职能从政策执行扩大到提供公共服务。①

绩效管理是公共部门绩效管理的简称。绩效既是一种理念，又是一种管理工具。作为理念，绩效是组织追求的目标。绩效越高，组织的作用就越大，地位也就越高。作为工具，绩效是由相应的理念和方法论支撑的管理制度。真正认识绩效管理需要从了解绩效开始。绩效的产生与100年前美国发生的进步主义运动相关。19世纪末、20世纪初，美国政府贪婪腐败现象盛行，人们迫切需要一个"好政府"，而绩效是人类追求"好政府"的必然结果。在中国历史上，绩效可以追溯到古代的官员考绩制度。如尧舜时代的"三载考绩，三考，黜陟幽明"制；秦朝对外官考评实行"上计"，对京官考评实行"五善五失"；北宋范仲淹"明黜陟"，按绩效考核官员，辞退无绩效官僚；等等。由此可知，考绩是治理国家、治理政府、考核官员的重要举措。直到20世纪，西方国家的绩效管理才步入正轨。同时期，中国实行的计划经济采用过程管理模式。此模式存在低效率、浪费等明显缺陷。中国开始追求自己的"好政府"，由此绩效管理也开始进入中国。2003年，中共第十六届三中全会提出建立预算绩效评价体系；2004年，江苏省财政厅、教育厅和上海财经大学中国教育支出绩效评价研究中心联合开展了江苏省义务教育、高等教育绩效评价试点；2009年，中共中央办公厅印发《关于建立促进科学发展的党政领导班子和领导干部考核评价机制的意见》；等等。

据此，我们将以公共行政为主的高职院校绩效治理定义为在一定的管理制度下，政府部门应用综合的评估指标体系和科学的评估方法，按照严格的评估程序，对实现高职院校目标和履行高职院校职能的过程和结果及其社会效果进行测量，划分绩效等级，提出绩效改进计划，并运用评估结果改进绩效的管理过程。

---

① 霍春龙，包国宪.论公共行政发展过程中的绩效范式变迁及其演化规律［J］.兰州大学学报（社会科学版），2018（4）：128-134.

二、高职院校绩效治理的主要特征

以公共行政为主的高职院校绩效治理具有以下特征。

（一）以提高财政效率为目标

以公共行政为主的绩效管理是围绕着提高财政效率而设计的，力图以最为合适的投入保证高职院校办学目标的实现。绩效管理中设计了绩效目标、绩效预算、绩效拨款、绩效评价等环节。其中，绩效目标是首要环节，要求相关部门通过绩效指标来说明应当达到的财政效率目标。绩效预算是指按绩效目标和绩效事业成本应配置的预算。按法定程序通过预算后，绩效管理就进入绩效拨款阶段。最后，相关部门通过绩效评价来测量绩效的实际提升情况，为下一循环提供依据。可见，绩效管理的每个环节都是围绕着提升财政效率而设计的。

（二）基于公共委托代理制度

公共委托代理是委托方为提高效率而以公共事务为标的，在与受托方签订合约的基础上，将部分责任及相应的权力赋予受托方的一种管理模式。公共委托代理与商业委托代理理论一致。商业委托代理适用于公司规模扩大，但是管理者由于多种因素不能再很好地经营公司，同时没有合适的接班人继承公司的情况。管理者聘请专业的经营者，以合同方式，以经营权为标的，在约定经营者责任的基础上，赋予其经营权，管理者和经营者之间就产生了委托代理关系。在高职院校绩效治理中，政府与职能部门的委托关系属于公共委托代理关系。政府在获得权力后，按职能将公共事务委托给职能部门，其中政府是委托方，职能部门是受托方。在信息不对等的情况下，为避免受托方以公谋私，政府需要通过绩效评价来监督受托方行政。

（三）采用流程化管理模式

以公共行政为主的绩效治理通过指标的设定规定了高职院校具体发展的路径和方法。与过程管理不同，绩效管理是以绩效指标和事业成本为核心，采用环节化、流程化模式的管理。绩效指标是用于测量目标的绩效状态的指数或指数体系。在部门绩效管理中，绩效目标、绩效预算、绩效拨款、绩效评价都离不开绩效指标，因而绩效指标的选取及其权重设定就成为这种管理模式的重点。由于绩效管理是绩效目标与绩效预算相结合的管理，因此事业成本就成为核心要素之一。

（四）属于结果管理范畴

结果管理指以结果为重点的管理模式。目标、过程与结果是管理学的三个重要词汇，而结果指管理的后果。人类的一切活动都是为了获得有效结果，因此结果是管理的目的。与之相对应，管理学创造了目标管理、过程管理和结果管理。过程管理重点关注目标和过程两个环节。结果管理是"目标/结果管理"的简称，它并非指管理者只关心结果，而指管理者先设定目标并将其分解到各个部门，将过程以委托代理方式放权给实施者，最后通过结果考核，评价各个部门的任务完成度和努力程度。结果管理重点关注目标和结果。结果管理是绩效管理的重要特点。

三、关于高职院校绩效治理的核心观点

以公共行政为主的高职院校绩效治理赋予受托方一定的权力，同时利用绩效考核方式对受托方工作效率进行监督。绩效考核结果是对受托方进行奖励和惩戒的基本依据。通过制定绩效考核指标使委托方与受托方之间达成协议，给予受托方明确的目标和努力的方向，最终形成一种良好的绩效文化和治理文化，是高职院校绩效治理的基本方式。关于高职院校绩效治理的核心观点有以下几个。

（一）行政部门要通过绩效管理加强对高职院校的监管

在我国的特殊国情下，高职院校在初创阶段充满了来自政治、经济、文化等多方面的挑战。为了更好地适应当时的客观现实，又为了更好地肩负为国家培养人才的重任，高职院校从成立到运行都必须接受政府的计划安排和统一管理。而高职院校又有作为教育部门的特殊性，应该享受在专业范围内一定的自主权。行政部门采用控制绩效的方式对其进行管理是一种十分符合时代情景且有效的方式，因而也受到理论界和实务部门的一致认可，并成为实时的一种普遍行为。

第三章 高职院校治理的发展演进

(二) 高职院校为达到绩效目标需要加强内部绩效管理

为了达到政府绩效指标，高职院校的内部管理采用了绩效管理方式。组织内部的绩效管理是指管理者与员工为了达到共同的组织目标，共同参与绩效计划制订、绩效辅导沟通、绩效考核评价、绩效结果应用、绩效目标提升的持续循环过程。绩效管理的目的是将个人绩效与组织绩效结合起来，提高工作效率，实现共同目标。与此相适应地，高职院校普遍采用了科层制模式，构建了从上到下的层次结构体系，赋予层级节制的权力，利用计划、组织、指挥、协调和控制等职能开展管理活动。

(三) 以效率为核心制定绩效管理目标和方式

传统的公共行政管理模式僵化单一，主体是政府，封闭性较强，社会参与不足，其核心是效率。现代公共行政管理不仅需要重视效率，还需要提供公共服务，创造公共价值，效率不是其唯一导向。以公共行政为主的高职院校绩效管理是将需要完成的工作任务及岗位职责自上而下分解为可供考核的具体责任目标，由内部领导人员、第三方评估组织进行考核评价，其核心就是通过绩效考核合理分配利益，有效激励员工的积极性，提高工作效率，促进高职院校人事制度改革工作的进一步深化。

四、关于高职院校绩效治理的现实审思

绩效管理是一种基于绩效、注重绩效、追求绩效的管理工具，存在多年，应用于多个领域，受到教育部门等公共部门的青睐。高等教育作为重要的公共服务事业，占据了国家巨大的公共财政支出。面对巨大消耗，社会各界人员自然从自身利益出发对高校加以监督。绩效管理作为一种提高资源利用率、降低成本的管理模式，很好地调节了经费支出合理性和公众满意度的双重压力。[①] 绩效治理在高职院校内部具有提升教师工作积极性、提高教育质量、增强学校综合竞争力、减少学校资源和人才流失的重要作用。然而，受制于发展阶段与现实条件等因素，以公共行政为主的高职院校绩效治理存在着一定的不足，难以适应高职院校进一步发展的需要。

---

① 白宗颖. 以高校绩效管理推进高等教育治理现代化 [J]. 现代教育管理, 2019 (7): 42-48.

（一）问题表征

1. 参与人员对绩效治理认识不足

高职院校绩效治理的对象普遍是高学历人员，在各个学术领域都有一定的成就，具有独特的思想和思考问题的思维方式，同时对领导、同事以及工作有更高的要求。高职院校绩效治理致力提供优质的管理和高质量的服务，打造一支高素质、执行力强、具有世界眼光和中国文化意识、经验丰富、优秀的管理人才队伍。然而高职院校就职人员的工资目前普遍还是按照职称进行考核，少数实行绩效工资的高校也存在考核标准不合理、趋于形式化的问题。受这些因素的长期影响，工作人员工作热情不足，效率低下，高职院校绩效治理也得不到重视。同时，在高职院校参与绩效治理的领导阶层对绩效治理认识不足，缺乏绩效管理知识。高职院校绩效治理往往只重视绩效考核环节，直接将绩效考核等同于绩效治理，忽略了其他环节的重要性，没有真正发挥作用。校级领导往往以行政指令贯彻上级文件，而教职工习惯于听从行政部门安排，不主动参与内部绩效治理，导致高职院校绩效治理工作不能反映教职工的实际工作情况。

2. 权责利关系较为复杂

高职院校作为社会治理及高等教育的重要主体，也是利益的汇集点。政府每年都会为教育投入上万亿元的资金及其他资源，家长为子女的发展每年也会在教育上有巨大投入，同时一些企事业单位也会通过捐赠或购买服务的形式为学校输入大量资源。高职院校工作人员面对绝对的信息优势、巨大的金钱诱惑及权力诱惑，很容易滋生贪污腐败、滥用职权、以权谋私的心思。基于人们对高质量教育的追求，优秀的教师资源、优质的学生资源、大量的教育资源都向尖端高职院校靠拢。高级高职院校资源过剩，而次级高职院校资源匮乏，导致资源的不均衡，造成资源的失衡和严重浪费。

3. 配套体系缺失

绩效考核管理作为高职院校绩效治理的重要内容，对高职院校体系优化和效能测量发挥着重要的作用。但是目前，高职院校绩效治理的配套机制和措施并不完善，考核指标不明确，没有规范的标准；绩效考核和评估主体单一，主要采用自我评价的方法，由上级部门对下级部门进行效能评估，缺乏第三方人员对高职院校绩效评估和管理的参与；绩效考核评估结果缺乏参考价值，丧失激励功能，无法调动教职工的积极性。高职院校绩效治理过程中存在着简单化的结果导向或者过分强调绩效的现象，导致高职院校绩效治理的作用难以充分发挥。

（二）问题归因

1. 公共性的缺失

绩效治理是将私营部门的管理手段引入公共服务中，以达到提高公共服务效率的目标。但私营部门管理过程中的盲目追求结果、忽视过程、指标笼统等不良因素也渗透到公共服务的治理中，引起"水土不服"。高职院校绩效治理中各个主体之间存在信息不对称现象。外部治理人员难以获得全面的治理信息，而部分内部治理人员有意掩盖信息，这种严重的信息不对等现象，在弱化监控力度的同时容易滋生腐败，影响高职院校绩效治理。高职院校绩效治理具有公共部门绩效治理的一般特征，也拥有其独特性。高等教育以初、中等教育为基础，并与家庭教育、社会教育并存，很难单独区分出其在人才培养方面的绩效。

2. 隐性绩效的忽视

高职院校的隐形投入符合"冰山原理"，在看不见的地方包含大量的隐性劳动。由于工作的特殊性，教师经常在法定工作时间之外自主投入工作中。然而劳动投入与效率之间不存在正相关。教师之间的劳动投入可能存在很大的差异，其结果又无法通过量化表现。同时，教育活动复杂繁多，既有内部活动又有外部活动。如果高职院校绩效治理中的绩效评价只是将成果简单化，只注重结果，就会导致教师更加关注与任务、责任相关的显性劳动投入，忽视隐性投入的重要性，使高职院校绩效治理变得功利，重结果而轻过程，疏于"立德树人"的本职职能，产生"负绩效"。

3. 监督机制的缺乏

人们在享受权利的同时就要履行相应的义务。义务的落实到位由监督机制进行督促。高职院校绩效治理缺乏透明度，绩效考核的标准和目标没有明确，而接受考核人员因为不清楚考核内容，对考核不重视，趋于形式主义。高职院校领导阶层管理人员以及大部分教职工思想僵化，还停留在传统的教育管理模式上，行政命令式管理色彩明显。行政部门独揽绩效管理的大权，既参与绩效管理又是绩效管理的对象，而作为高职院校绩效治理的主体人员，教职工的绩效管理参与度不高甚至反对绩效治理，导致高职院校绩效治理内部职责不明、主体不清、角色混乱。

（三）解决对策

高职院校绩效治理是高职院校治理的重要手段。高职院校绩效治理必须解决治理过程中存在的效率低、职责不明、资源浪费、考核方式缺乏科学性的问题。具体建议如下。

1. 完善高职院校绩效治理考核体系

高职院校应完善绩效治理考核体系，从绩效考核指标、考核方法、考核程序三个方面做工作。绩效考核指标应该根据不同部门、不同岗位各自特殊的工作性质确立。高职院校要制定符合科学性、客观性、可操作性原则的绩效指标体系。考核指标要全面多样化，包含工作态度、工作能力、工作成果等多个指标。绩效考核应该采用定性和定量相结合的形式，用层次分析法对各级指标的权重进行定量的分析和计算，增加指标权重确定的准确性和科学性；采用关键事件分析法、行为锚定等级评价法和目标管理法等定性分析方法，以便更全面地进行激励和监督。绩效考核要规范透明，落到实处，不走形式主义。同时，高职院校要公开考核结果，力求打造全面准确、客观公正、科学有效的绩效治理体系。

2. 营造良好的绩效考核氛围，引入竞争机制

高职院校绩效治理的目的就是提升工作效率，提高公共服务质量，以优异的绩效结果回应社会各界的问责。工作效率是每个工作人员在总目标下，在规定时间内完成的工作任务。高职院校应该根据不同职工的部门、岗位性质，将总目标分成多个小目标分配到对应的人员手中，使工作人员在既定的目标下，在不违背法律规定的条件下，高效、有创造性完成工作。高职院校教育的很多资源是非常稀缺的，而对于这类资源的分配，政府不

能独揽大权全权负责，需要采用竞争性配置。竞争性配置是指以高职院校的绩效水平为依据，通过高职院校的绩效表现决定稀缺资源的配置取向和配置额度。良好的竞争机制有利于资源的合理配置，同时能激发高职院校提高绩效水平的积极性。

3. 增加高职院校行政透明度

高职院校行政透明度的增加有利于形成高职院校与社会公众的良性互动，有利于提高高职院校的行政效率。构建和完善高职院校信息公开制度，及时有效地更新信息，让信息更加透明、高效，妥善处理、回应大众的问题，有利于保障公众知情权，提高公民的参与度，获得社会大众的尊重和理解。高职院校绩效治理是基于绩效评价而进行的管理过程。高职院校以及相关部门和工作人员以绩效的形式回应社会各界的问责，发挥高职院校绩效治理的重要作用，在很大程度上弱化了主体间的信息不对称，便于社会各界对高职院校进行管理、监督，有利于高职院校更好地治理和发展。

4. 正确认识到绩效治理的作用

高职院校绩效治理对于学校的治理和发展具有重要的作用。学校把绩效考核结果作为对教职工进行资源分配、奖惩的重要依据；教育行政部门依据考核结果提出整改意见，有针对性地指导和督促学校改进工作。绩效考核的最终目的是通过绩效治理，激励教职工工作的积极性，促使高职院校不断地改进和发展，提供更高质量的公共服务。因此，高职院校内部人员要清醒地认识到绩效治理的积极效用，将绩效考核的结果当作增强自身工作能力的依据，明确自己在集体中的位置、职责、权力，实现人员和岗位的契合，增强自身的幸福感、获得感，将自身目标与学校的战略目标相结合，与学校共同发展。

第二节　以公共管理为主的高职院校市场治理

改革开放以来，我国经济社会实现腾飞，各类职业教育也随之实现跨越式发展。1991年，教育部发布文件，开始试行新的管理模式和运行机制。国家把以前所拥有的入学考试、文凭发放、招生计划等权责下放到省级人民政府以及学校。这让高职院校自身有了更大的自主权，促使高职院校向市场化迈进。1996年，《中华人民共和国职业教育法》（以下简称《职业教育法》）施行，使职业教育走向了依法治教的道路，意味着国家对其管理有了正式的法律依据。1999年，《中华人民共和国高等教育法》（以下简称《高等教育法》）施行，非常明确地把高等职业教育作为高等教育的一部分确定了下来。随着相关法律的施行，各个地方相继出台了相关政策及条例，高职院校的治理模式也迎来了转型。

一、高职院校市场治理的基本含义

20世纪60年代开始，很多资本主义国家陷入了一场空前的危机。在政治上，政府的软弱无能和民众日益增加的需求的矛盾越来越突出，政治冲突和矛盾不断加剧，政治丑闻不断出现，政府的合法性受到群众怀疑。在经济上，政府对于市场的全面干预导致社会资源配置的效率低下，高额的福利导致政府财政赤字非常严重，社会内生性的问题也因此频发：信仰丧失、犯罪、吸毒、失业风险加大等各类问题层出不穷，政府几乎束手无策，社会危机严重。这些社会和政府问题都呼吁人们对政府自身的角色定位和职能进行反思，对自身的行为方式进行调整。与此同时，世界上正在进行的经济全球化、信息技术带来的革命都推动着政府进行改革。传统的官僚体制面临着前所未有的挑战。从整体上来说，新公共管理的基本理论主要是强调经济价值和利益的优先性，注重市场调节机制，大规模利用企业管理的核心思想和技术，强调结果导向和服务的行政风格等。在总结各个国家新公共管理改革的结果反应和实践趋势的基础上，很多学者从不同的角度提出了新公共管理的理论模式。

新公共管理发展的内在动力来自传统官僚制政府模式中政府已经失效的行为、新市场功能领域的扩张，在外部的表现是政府的合法性危机越来越严重，公众对政府的信任度下降。对传统官僚制进行纠错甚至取代政府治理体制的新公共管理引起了学术界的关注，同时在各国的事件中得到了充分的参考和应用。从广义上来说，新公共管理具有两层意义，第一层含义是对公共管理事务模型的全新摸索，第二层含义就是一种尝试改变传统公共行政学的新型理论。不同的国家对它的称呼有所不同，比如美国就把它称为"新公共管理"，英国称它为"管理主义"，另外还有一些国家称它为"市场导向型公共行政"。

在高职院校对管理体制模式的创新中，新公共管理理论可以为高职院校管理体制模式提供创新、帮助和借鉴作用，帮助高职院校的管理体制模式改革和优化。① 改革开放以来，我国经济社会发展的浪潮推动着管理体制机制的快速变革。在经济社会腾飞过程中，有着速成、务实等特征的职业教育快速覆盖了天南海北、各行各业，高职院校在这一阶段也实现了跨越式发展。在这一局势下，过去以公共行政为主导的绩效治理模式受到剧烈冲击，政府作为单一治理主体无法适应高职院校多元化发展的需求，高职院校治理也更加倾向于与市场接轨。因此，在这个阶段高职院校采用的是以公共管理为主的市场治理。综合新公共管理的定义与内涵，我们可以将以公共管理为主的高职院校市场治理定义为变革管理体制机制，引入市场作为高职院校的监督、管理、运营新主体，以行政强制与市场自主相结合的方式推动高职院校更好地适应经济社会发展，并实现资源配置更优的目标的过程。

二、高职院校市场治理的主要特征

新公共管理理论对我国高职院校的管理创新提出了新的思路和路径：改变组织结构，建立多中心管理机制；广泛采用授权或分权的方式进行管理；放松严格的行政规则，实施明确的绩效目标控制；在公办院校办学中引入社会资本，建立社会投资通道。② 以公共管理为主的高职院校市场治理具有以下几个特征。

---

① 吕宇栋. 新公共管理理论对高职管理体制模式创新的启示［J］. 中外企业家, 2019 (11)：198-199.

② 王荣辉. 基于新公共管理理论的高校内部管理改革［J］. 重庆电子工程职业学院学校, 2012, 21 (1)：69-71.

（一）引进市场主体

新公共管理理论认为，政府的主要职能是为公众提供最好的公共服务或者保证提供服务，但这并不意味着所有的公共服务都需要由政府提供。政府可以根据服务内容和服务性质的差异采取不同的供给方式，比如：可以对商业化程度较高的公共服务实行公司化服务模式，给公众提供选择，创造部门之间的竞争；通过公开竞标的方式把公共服务外包出去，形成公私合作伙伴关系。新公共管理重塑了政府和社会之间的关系。新公共管理理论支持精简而有效的服务型政府，强调大规模的机构精简，把需要提供服务的民众当作公共部门的顾客，倾听顾客的意见，建立明确、有效的服务指标，让顾客有权力做出选择，并给予承诺，以改善公共服务的质量和公共部门的形象。有鉴于此，高职院校市场治理以市场为导向，将私人部门的管理模式带入高职院校管理当中，让更多主体参与治理，更加注重治理质量。

（二）重视公共服务

随着经济社会的发展及政府变革的推进，高效率、高质量的公共服务越来越受到政府和公众的重视。这就要求政府在治理过程中把服务民众作为核心要义，把民众的满意程度当作衡量政府绩效的标尺。高职院校作为人才培养的重要主体，其功能地位愈发突出。以公共行政为主的绩效治理限制了高职院校的自主性发展，难以满足快速发展的经济社会需求。在这一现实背景下，政府部门不再以行政强制手段对高职院校发展的各个环节加以严格控制，而是赋予其一定程度的自主权，并加强了在人、财、物等资源配备及其他有关方面的服务。在此基础上，高职院校市场治理越来越重视公共服务。

（三）注重结果和产出

新公共管理理论强调重视工作的结果和产出，重视组织的战略管理和中长期计划，明确制定公共部门所要达到的最终工作结果，并对最终的工作结果进行考核；强调通过多种渠道，授权改善公共部门的工作，通过授权来促进公共部门的工作效率，提高对外部环境变化的反应程度。授权分为三种模式。① 社区授权。有些社区和社区群众需要的公共服务，公共部门可以不再提供，而是在给予一定的财力帮助的前提下将权力授予社区或者社区群众。② 组织授权。将制定、决策等权力直接授予提供服务的组织。③ 个人授权。把权力下放至机构内的工作人员，让他们拥有一定的灵活度。有鉴于此，高职院校市场治理明确了制定二级学院及部门的最终目标——将权力下放，通过测量最终结果实现治理。

（四）实行职业化管理模式

新公共管理理论认为，公共组织有四种不同的类型，分别是服从型组织、规制组织、政策型组织和服务提供型组织。服从型组织和服务提供型组织是负责"划桨"的组织，规制组织和政策型组织是负责"掌舵"的组织。政府应当区别这两者之间的不同，把"掌舵"职能放置于中心的位置，而"划桨"职能可以半自治或者准自治的方式由执行部门担任。有鉴于此，高职院校要将管理职能和政策职能分开，实行职业化管理模式。

三、关于高职院校市场治理的核心观点

关于以公共管理为主的高职院校市场治理的核心观点有以下几个。

（一）公共管理引进市场机制利于整体发展

随着我国社会主义市场经济体系的日渐完善，高职院校市场化发展模式跃然纸上。高职院校的管理体制、控制体系、运行措施等都需要逐渐适应市场经济的发展。改革是高职院校的必然趋势和过程。随着以往的资源分配模式的改变，传统的资源分配方式已经不再适用于高职院校的发展，高职院校内部之间的竞争也日渐激烈。为了应对这种市场变化，适应时代需求，治理模式转型是必然选择。在这样的背景下，高职院校的市场化发展越来越深刻，招生规模不断扩大，院校后勤体系服务改革成果明显。国外许多高职院校市场化成功的经验也从侧面证实了高职院校市场化发展的前途是光明的。

（二）市场治理形成机制比较复杂

市场治理机制是为了稳定交易预期、降低交易费用、规范交易规则而形成的规定个人、企业、政府等市场经济主体之间的经济活动与交易内容

的制度规则。市场治理机制是各个经济主体在经济市场上经过反复博弈所形成的制度。① 这就决定了市场治理机制并不是在短时间内就能够建立并完善起来的,而是需要相当长的演化过程才能建立和完善,并且在当今的社会发展生活中形成了多样性的特点。当今的市场经济活动中主要包括的治理机制有:① 法治系统;② 数字化实施;③ 第三方信息传播;④ 个人信任;⑤ 交易者社会规范;⑥ 惠顾关系;⑦ 自我实施(雇佣)合同;⑧ 第三方强制实施;⑨ 道德准则。高职院校虽然借鉴市场治理机制,但由于其复杂性和专业性,要合理借鉴,取其要义,去其糟粕,与教育相结合,适当改造,最终形成最合适的治理方式。

(三)需要公私协力治理

即使在发达的市场经济当中,合同和私有产权也不单单只是由正式的法律系统来执行、保护。各种各样的治理机制,不论是公共的还是私人的,它们都是作为制度安排的复合体同时在发挥相应的作用。保建云以中国经济转型作为研究背景,从区域发展方式、转型方法、商讨的能力与选择角度来分析转型模式和市场治理机制形成与演进之间的关系。他认为,企业、地方政府和中央政府在资产控制权配置中的反复博弈,会直接诱导区域市场治理机制演化与变革。区域市场治理机制的演化与变革不单单是企业、地方政府和中央政府之间关于资产控制权分配的反复博弈的过程,还是一个区域市场交易制度演化、调整和重构的过程,还是在计划经济体制当中,发生制度危机时经济制度不断改变和自我调整、自我适应环境的过程。② 企业治理制度主要目的在于降低市场的交易费用,提高市场交易效率,而市场治理机制的主要目的在于协调个人、市场、政府、企业之间的关系,提高资源配置的效率,促进不同的市场经济活动主体之间资源配置的帕累托改进。区域市场治理在两个方面表现尤其明显:一是在市场的资源配置博弈过程中政府力量逐渐得到强化;二是政府逐渐从市场的资源配置博弈机

---

① 青木昌彦. 比较制度分析 [M]. 周黎安,译. 上海:上海远东出版社,2001:8.
② 保建云. 中国经济转型期的区域市场治理机制及其演变 [J]. 学术研究,2004 (4):72-76.

制中退出，市场的资源配置功能逐渐削弱，政府出现计划经济体制归来的现象。市场治理机制的演进反映了区域市场化的发展方向和变革。这个过程涉及多方利益关系的重构和调整，反映了技术进步与经济发展对市场交易方式与交易规则的影响。

四、关于高职院校市场治理的现实审思

高职院校是我国职业类型教育的重要组成部分，担负着培养一系列应用型人才的使命。随着经济社会的不断发展，市场对劳动者的素质要求越来越严格，市场对专业技能的要求也越来越高，高职院校今后的发展前景也十分广阔。面对市场对人才需求的变化，高职院校需要改变原有的培养教育模式。在以公共管理为主的市场治理模式下，高职院校存在不少发展方面的问题和困境。

（一）问题表征

1. 教育资源配置的主体关系未理顺

教育资源配置的主体包括用人单位、政府、学生和高职院校等。单单从当前的各个主体之间的关系来看，它们对于市场经济的适应程度远远不够，主要表现在以下几个方面：一是高职院校中内部管理行政化倾向较为严重，缺乏社会监督和自律性；二是各级政府对高职院校管理过细过多，监管、监督制度不完善；三是行业与学校、社会和企业缺乏合作的制度选择项。在计划经济下，各个用人单位在选用具体的人员时没有自主选择权，只能按照上级要求，上报人员补编需求，然后上级单位再依照分配计划分配人员到各用人单位工作。当前，我国的事业单位现有的人事制度依旧沿用计划经济体制时的做法，但是在市场经济条件下，各个用人单位理应落实人事权，真正拥有选人、用人的权力。这种矛盾造成了市场经济条件下的用人模式和现实环境的差异。

2. 专业设置缺乏合理性

当前我国正处于经济的转型阶段，传统的加工制造产业逐渐升级、转型或者被淘汰，各种新兴能源产业、电子科技产业、新型商业模式开始出现在人们的视野中。这意味着市场对人才的要求已经从传统的劳动型人才

理论与实践：高职院校治理现代化研究

向高素质、高技能、复合型人才转变，但是高职院校并没有依据市场需求的变化及时调整自身的专业设置。首先，高职院校没有准确把握自身的定位，在课程的改革和专业课程的设置上，没有形成清晰的认识，往往和市场需求契合欠佳，缺少相关行业、企业的帮助。各个院校之间从众心理严重，一味追求热门专业，导致高职院校专业重复率相当高。其次，由于高职院校是专科院校，相较于其他本科院校，其政策支持和财政支出能力较为薄弱，这就造成了高职院校更倾向于设置办学成本较低、专业技术含量较低的专业。

3. 高等教育资源配置的结构布局不均衡

相较于国外，我国的现代高等职业教育起步较晚、基础薄弱，教育资源分布不均匀，尤其是在结构布局上表现不佳。从当前情况来看，我国发达地区的高职院校在校生在我国高职院校在校生中占有庞大的比例，并且增加趋势明显。以2010年的统计数据来看，沿海发达省份的高职院校在校生总数占中国高职院校在校生总数的60%，中部地区省份的高职院校在校生总数占中国高职院校在校生总数的30%左右。虽然地方和社会各方面积极参与办学，高职院校与区域经济社会发展的联系越来越紧密，办学效益和教育质量也有了明显提高，但是高职院校布局结构的不均衡特点越来越凸显。

(二) 问题归因

制约高职院校发展和生存的因素是多方面的，例如人才培养类型与社会结构和经济结构不匹配、专业设置不合理、资源配置不均衡等。这种机遇与挑战并存的局面时刻在考验着高职院校领导者的能力。

1. 内生动力缺乏

从高职院校整体上来说，高职教育并没有完成市场化的全部进程。从市场化的角度分析，与其他本科院校和研究型大学相比，高职院校既缺少能真正做出决策的"精英学者"来提出明确的市场定位，也不敢做出改变，从而打破原有束缚。内部力量的欠缺是阻碍高职院校市场化进程最大的内在因素。需求和认可度是高职院校市场化的匹配要素。当两者都具备时，高职院校市场化的发展就会旺盛。当高职院校培养的人才质量能够符合市场的需求时，高职院校的发展就能跟上市场化发展的脚步。在改革开放之初，职业教育市场认可度高，不仅是因为社会对职业技术人才需求量高，对劳动力的素质要求相对较低，还是因为政府在招生、就业、筹资等方面的补贴较多。随着中国经济转型发展，掌握高素质技能的职业技术人才需求旺盛，但是高职院校的人才培养模式与之不适应，改革滞缓。此外普通本科院校加快改革进程，挤占了高职院校的发展空间，甚至有代替高职院校的趋势。总而言之，高职院校缺乏向市场化靠拢的内生动力。

2. 主体之间矛盾重重

政府对于高职院校的作用不再是一种推动力。在过去的体制中，政府全包高等职业教育事务，高职院校难以发挥市场化的积极作用，难以调动自身的主体精神。现在这种体制开始转型之后，高职院校的主体权力开始逐步落实，但是原有的管理体制仍然在发挥作用。双重体制的限制、决定权的分化导致高职院校内部决策机制混乱。此外，政府财力多集中于少数重点项目和重点单位，故很多地方的高职院校发展缺乏足够的资金和政策的支持，处于"自发"阶段。

3. 企业的参与动力缺失

利益是企业追求的目标，因此，企业不会承担社会的教育责任，也没有能力承担这种责任。高职教育的投资资金量大、收益周期长。对于企业来说，高职教育投资回报率太低而且风险大。在当今市场经济发展的过程中，我们不能要求企业违背自身利益和本身的准则去维护社会效益。当然，作为直接的利益获得者，企业的参与也需要一定的经济动力、制度动力及道德动力。企业趋利的特质，以及现有法规制度缺少刚性约束，导致企业在参与高职教育投资、承担相应责任方面动力不足。此外，相关社会组织发育也不完善，与高职教育发展密切相关的行业协会、中介组织、外源性投资群体等尚未成熟，政府、学校之间协调、疏导、理顺关系的作用还很有限。同时，由于高职院校自身发育不完善，难以形成有影响力的利益集团，其利益诉求往往得不到重视，影响了高职院校发展的积极性。

4. 市场竞争性、自发性与盲目性本质

我国是世界上人口最多的国家，但是，2008年年底，我国人口达到峰值之后开始下降，18至22岁的高等教育适龄人口下降了近30%。在中国人口出生率和高等教育适龄人口双双下降，并且呈现加速下降的趋势的大背景下，一部分高职院校因生源锐减而面临严峻挑战，特别是在招生过程中处于最后批次的高职院校面临着更加严酷的竞争与生存挑战。在这样的情况之下，本科高等教育扩招的步伐却越逼越紧。面对中小学生源不断下降的现实，高等教育的盲目扩张只会使得生源的竞争更为激烈，这样带来的生源危机将会使得中国的高等教育面临更加严酷的挑战。若干年之后，许多高职院校可能要面临缩减招生计划或者不得不降低招生标准来缓和生源欠缺的情况。不仅如此，在经济飞速发展的今天，出国留学的人数呈现爆炸式的增长，这进一步加快了高考人数的下降。现在的中国已经是全球留学生人数最多的输出国家之一。相对于中国而言，发达国家对于生源竞争尤为关注。德国、日本等低出生率的国家基本都面临着生源的困境。经济迅速发展的中国成为他们重要的生源国之一。为了抢占竞争市场，各个国家的政府都推出针对中国留学生的相关优惠政策，还有许多外国的教育机构与我国高职院校合作教学来参与生源的竞争。由于发达国家的高职院校在办学水平、教育资源等方面存在着较大的吸引力，它们已然成为我国高职院校强有力的竞争对手。中国人口出生率的持续下降、高等教育的持续扩招和国外学校的竞争，使高职院校招生面临着巨大的压力。这些绝不是危言耸听，而是正在发生的事实。我国高等职业教育从卖方市场走入了买方市场。

(三) 解决对策

对于高职院校发展动力系统的优化来说，很多利益相关主体并没有真正理解个体与整体之间所存在的关系，只是单纯谋求个体的利益最大化，从而影响了其他相关者的权益诉求表达，导致彼此之间不合作，甚至抵制利益联系，并产生了破坏性的影响。因此，有效引导各利益相关者之间建立合理的利益观，彰显公共利益和自身利益相关性，构建保护相关者正当权益的有效途径就很有必要。同时，以此为前提，建立利益相关者之间的民主机制，使每个利益相关者都能享有和自身功能相对应的参与度和话语权，让利益相关者能够充分表达自身的利益诉求，发挥自身有效的建设作用，才能使利益相关者融入高职院校的发展，推动进步，实现共赢。

对于多元主体博弈来说，各主体之间要建立一种能长期发展的博弈机制来促进高职院校发展。对于不同的利益相关者，他们之间的利益诉求大不相同，甚至互相排斥。高职院校不可能满足所有的诉求。在一些并不平等的博弈结果里，其中某个主体的利益得到满足时，往往会造成利益相关者之间的矛盾激化，之后导致整体利益受到损害。利益相关者之间应签订"契约"，建立利益平衡机制。高职教育制度本身就可以看作利益相关者之间的一种"契约网"，高职院校也代表着一系列利益相关者之间的不完全"契约"的集合。为了实现既定的目标，高职院校在诸多的利益相关者之间必须寻找到一种平衡来确保决策不会出现较大的失误和偏差，通过"契约"协调、化解矛盾，最大限度地调动各利益相关者的各方积极性，从而求得整体利益的最大化。

第三节　以公共治理为主的高职院校多元治理

2006年11月16日，教育部颁布文件《教育部关于全面提高高等职业教育教学质量的若干意见》（教高〔2006〕16号），明确指出："高等职业教育作为高等教育发展中的一个类型，肩负着培养面向生产、建设、服务和管理第一线需要的高技能人才的使命，在我国加快推进社会主义现代化建设进程中具有不可替代的作用。"我国的高等职业教育进入了一个前所未有的新的发展历史时期。《国家中长期教育改革和发展规划纲要（2010—2020年）》的颁布标志着绩效治理被正式引入高职院校内部治理，成为高职院校内部管理的主流模式。

一、高职院校多元治理的基本含义

治理理论的主要创始人之一罗西瑙认为,治理是一系列活动领域的管理机制。此外,霍尔斯蒂强调治理就是秩序加上某种意向性。星野昭吉认为治理的本质是一种非暴力、非统治的机制,而不是权力的强迫和压制。但在治理的各种定义中,全球治理委员会的表述具有很大的代表性和权威性。该委员会于1995年对治理做出如下界定:治理是各种公共或私人的个人和机构经营管理相同事务的诸多方式的总和;它是使相互冲突或不同的利益得以调和并且采取联合行动的持续的过程。随着治理理论的发展,学术界对它有了更加清晰的认识,便衍生出公共治理这一概念。公共治理有着许多含义,其主要表现可以从以下三个方面来说。一是管理过程协商化。治理与管理两者之间的关系十分微妙。治理的过程伴随着物品的产生以及服务的流转,因此就需要管理来约束,所以治理离不开管理,而且在这个过程中,政府不再担当领航者,而是作为参与者与其他的主体构成平等的合作关系。二是治理秩序制度化。治理的过程包括政府、私人部门以及一些半官方部门等组织行动的过程,这就要求形成一系列的制度使参与者在这些制度框架下进行运作。三是二元划分模糊化。治理打破了传统的二元划分模式,使私人和公共两者之间的界限越来越模糊,政府和社会形成了合作关系。政策制定合作化,参与决策的方式多样化,有效地兼顾了公平和效率。

多元治理包括治理主体多元化、治理手段多样化、治理目标多元化。治理主体的多元化主张除政府之外,市场主体和社会主体都应该参与到公共事务的决策与治理当中。主体多元化势必会导致治理手段多样化。不同的治理主体采取的治理手段各不相同,能有效地改善以政府行政手段为主的单一治理方式。治理目标多元化使传统的"善政"转向"善治",使以前的追求效率向追求公共利益最大化转变,最终实现国家与公民的互动与合作。

结合治理的相关定义以及相关文献和资料,我们将高职院校多元治理定义为除了政府参与高职院校的治理之外,高职院校本身和社会主体也都参与到高职院校的管理与调节中，突破传统的以政府为中心的治理模式，同时在合理的制度框架下运作，积极参与决策和共识构建的过程。高职院校多元治理需要依靠政府的权威，以及高职院校本身和社会主体的新技术和工具，由以强制性为主的治理手段向合作为主的多元化手段转变，让高职院校、政府、社会三者的治理强度都达到一定要求，并且相互交织，实现"你中有我，我中有你"。

二、高职院校多元治理的主要特征

（一）坚持以法治为基础

高职院校多元治理需要采取多种手段，如行政、经济和法律手段等。法治是当今社会的重要调控模式。多元治理的运行也是以法治为基础的，这就要求运用法律手段将高职院校的行政机关的行政权限、行政手段以及行政程序固定下来，把政府、高职院校和社会三方面的治理主体的权利和义务给予明确的规定，针对其中的公权和私权，运用法律的规范性、公开性来进行有效的制约，防止其被滥用。

（二）以多元主体治理为核心

政府、高职院校、社会三方面的治理主体应通过协作的方式互相取长补短，打造多样化互动模式，形成以政府为主导的网络式治理格局。在这种格局下，高职院校和社会这两大主体要与政府这一主体形成既可以相互独立运作又能够三者相互依存的局面，从而达到责任、权力的明确，形成相互合作的关系。在这种网状关系的运作中，运作方式由以前的政府自上而下的管理向网络式的多元博弈的互动方式发展。各主体之间相互信任又自觉接受博弈规则的约束。在主体责任方面，高职院校多元治理由单方面强调政府的责任转向同时强调政府、高职院校、社会这三大主体的责任，使得主体责任明确。

（三）重视社会组织的力量

随着多元治理格局的形成，政府在高职院校的治理中不再充当领导者，而是作为参与者参与到高职院校的治理当中。社会组织在高职院校的治理中的影响力逐渐增强。这些社会组织包括志愿性团体、非政府组织、企业等组织，它们也逐渐参与到高职院校的事务管理与调节当中。但如果不对其进行约束就会导致权力的混乱，造成高职院校的治理更加困难，因此政府要明确这些社会主体的权力范围以及应当承担的责任，使其在规定的法律框架下合理运作，共同参与高职院校治理的决策与共识构建，实现共同管理。

（四）对政府进行了重新定位

过去在高职院校的治理过程中，政府一直担当着"掌舵人"的角色，进行上传下达的决策引领，这导致其余主体的话语权十分薄弱。现在随着治理方式的发展，政府在高职院校的管理中只是担当"划桨人"的角色，与高职院校、社会形成共同治理的格局，在当中肩负着建立参与共同管理的多元主体间的共同准则、确立稳定行为主体的大方向的重要作用。这就打破了自上而下的单一向度的治理格局。

三、关于高职院校多元治理的核心观点

随着高职院校进入大众化的发展阶段，高职院校的传统治理模式的弊端逐渐暴露，主要表现为以下几点：① 高职院校的利益相关者逐渐增多，协调各主体之间的利益十分困难。由于各利益相关者跟高职院校合作过程中的密切相关度不同，我们可以将之分为核心利益相关者（政府、高职院校、合作企业）、重要利益相关者（高职院校行政管理人员、教师、学生）、间接利益相关者（学生家长、其他高校）和边缘利益相关者（地方社区、媒体、社会公众）。由于这些利益相关者所关注的重点不同，因此协调各主体的利益会变得很困难。② 教育部门在职能转变方面准备不充分导致宏观指导的有效性不足。目前我国教育部门在职能转变方面存在许多缺陷与不足，急需进一步改进。究其原因，主要是教育部门行政领导效率低下，部门权责监督机制不完善，完善的奖惩制度缺乏。由此发展下去，高职院校的治理模式转变必然会受到阻碍。③ 传统自上而下的单一向度治理格局由于公共参与制度不健全、主体参与度不足，使得传统治理模式难以维系。传统的治理模式由于主体的参与度不足，往往会导致利益主体的缺失和话语权不足的问题。没有协调好各利益主体的需求就会导致治理失序，治理

资源难以合理分配与利用。④ 政府单独提供教育资源的格局难以满足当代高职院校又好又快发展的需要。这就要求引进市场机制，广泛吸收各种办学资源。传统的高职院校治理是由政府主导的。由政府单独进行治理很难满足高职院校的发展需求，因此政府需要给予高职院校与社会充分办学自主权，建立相应的合作模式，使高职院校在发展过程中有充分保障。由此可见，传统的高职院校治理方式现在已不适应其发展的需求了。

在高职院校治理的发展进程中，最核心的观点就是突破传统的以政府为中心的治理模式，积极构建政府、高职院校和社会主体三维框架下的多元治理模式，实现从传统治理向多元治理转变。虽然高职院校传统治理与多元治理在字面上都是治理，但它们有着明显的区别：传统治理的主体是一元的，多元治理的主体则是多元的；传统治理常常是单向度的，多元治理则是网络状的。总之，两者之间的区别十分明确，具体如表3-1所示。

表3-1 高职院校多元治理与高职院校传统治理比较

	高职院校多元治理	高职院校传统治理
目标	实现高职院校利益最大化	保证高职院校办学目标实现
主体	多元（政府、学校、社会）	单一（政府）
运行机制	高职院校治理结构（理事会、校务委员会、学术委员会、教职工代表大会等）	高职院校组织结构（系、所等）
主要功能	合作协商、指导监督、确定责任体系	计划、组织、指挥、协调和控制
实施基础和依据	以法律为基础（高职院校章程等）	内部管理层级
权力运行	网络化	单向度
作用	规范高职院校权力运行与责任系统，保证治理处于正确轨道	规定高职院校具体发展路径和方法

虽然高职院校传统治理与多元治理的区别比较大，但两者并不是完全处于对立状态。高职院校多元治理是传统治理的高级阶段，是为了使各主

体利益能够最大化,让各主体能够共同合作达到内部和谐。① 高职院校传统治理通常只是为了追求一些外在可见目标的实现。高职院校进入到多元治理的阶段后,在治理方面能依靠自身来实现治理,而不需要外部力量干涉治理,通过内部和谐既可以追求可见目标又能追求隐含目标。重视各治理主体的创新性以及他们之间的合作性,才能达到多元治理的理想境界。

四、关于高职院校多元治理的现实审思

据教育部官方数据,截至2019年,我国普通高职院校共有1 430所,而普通高等院校共有2 688所。由此可见,高职院校占据了普通高等院校的半壁江山。这就进一步要求推进高职院校的治理体系建设,构建一套符合我国高职院校发展特点、适应当前办学规律的治理体系,而构建这套治理体系对推进高职院校治理现代化、推进高职院校的体制建设有着重大的意义。

随着我国经济结构的发展,人们对高职院校的要求越来越高。面对内外局势的变化,我国高职院校的治理进入了关键环节。在治理上能否取得突破,关系着高职院校的发展与未来。因此,我们应当理性地看待高职院校治理的未来走向与发展,清醒地认识到高职院校治理体系当中的问题,并针对这些问题寻找新思路、新方法。

(一)问题表征

1."泛行政化"和"单中心化"趋势

自20世纪90年代以来,治理理论逐渐发展,在各领域都引起了巨大的变革,而高职院校的治理问题成为我国教育改革中的重要话题。相比西方成熟的治理体系,我国的高职院校治理还处于发展阶段,治理体系还不是十分完善。我国高职院校主要以行政化治理体系为主,面临着"泛行政化"和"单中心化"的治理缺陷。②

---

① 刘文锋. 新形势下高职院校治理模式的理论探索和实践考察 [J]. 山东青年,2017(9):37-39,41.

② 常丽坤. 高等职业教育治理体系的问题表征与对策 [J]. 职业技术教育,2016,37(19):36-40.

行政权力主导着高职院校的一切，就会导致高职院校泛行政化现象的产生。高职院校的校长任命跟行政官员任命极其相似，校长也具有一定的行政级别。同时，高职院校在办学理念、运转机制、决策管理、职能配置等方面都采取单向度、自上而下的行政治理模式。此外，从高职院校治理的主体来看，以政府为主导的单中心化治理比较明显，而在单中心化治理的背景下，高职院校内部难以形成科学的治理体系，校园内部的教师、普通职员、学生都被排斥到校园治理体系之外，难以参与到高职院校的治理当中。同时，这种治理模式排斥学校外部主体的参与，使得企业、社会团体组织、高职院校相关合作伙伴等都无法充分参与到高职院校的治理当中来，严重阻碍了高职院校多元治理的发展。

2. 治理主体角色定位混乱

高职院校治理主体的职能定位各不相同。只有明确了这些治理主体在高职院校治理中的角色定位，才能让这些主体更好地参与到高职院校的治理中，同时也能够为高职院校的治理提供保障。政府作为高职院校办学理念的灵魂支撑，应当充分发挥协调者和参与者的角色，促进高职院校多元治理。但是现实中政府在高职院校的治理当中充当着掌控者的角色，在治理体系中占绝对的主导地位，这就导致其他主体很难参与到高职院校的治理当中。社会主体作为高职院校治理的重要参与者，应当在高职院校治理中发挥纽带作用，例如提供信息、提供媒介和环境支持等。然而目前我国公民社会的发展程度不高，并且在双重管制体制的主导下，导致社会主体的行政化色彩浓重，不具有独立的媒介身份。我国绝大多数高职院校主管部门为教育行政部门，高职院校属于被管理者。政府的过度干预容易导致高职院校本身的治理权限限缩和降低。

（二）问题归因

1. 高职院校治理章程制度存在缺陷

从理论上来说，高职院校治理章程是高职院校所有利益主体的集体意志所形成的，由于内部法的效力，其具有约束、规范治理行为的作用。然而在现实中，由于法定性的不明确，其在实施过程中成为行政管理的工具，规范作用减弱。造成这种情况的原因有以下几种。第一，高职院校治理章程的法定性不明确。治理章程的法定性是教育部对其合法性的认同。但实际上许多高职院校的治理章程未经过主管部门的审核便开始生效，缺乏法律效力。这会造成高职院校在治理上出现职权滥用以及监管缺失的情况。第二，高职院校治理章程本身具有的不完整性。高职院校治理章程的不完整性是造成高职院校治理发展停滞的重要原因，主要体现在内容的不全面以及对治理表述的不明确上。① 由于治理章程内容的某些方面存在遗漏，如社会主体参与到高职院校治理当中缺乏利益共享、共担风险的保障机制，参与治理的形式不明确或者动力不足，高职院校多元治理的效率受到较大影响。因此，治理章程作为规范高职院校治理相关事务的纲领性文件，其规定需涵盖治理的方方面面，体现高职院校治理的切实需要，让高职院校的治理有据可依。

2. 治理主体参与不完全

治理主体参与不完全是指在治理章程的制定和治理过程中主体参与不完全。多元治理作为当代高职院校治理体系的核心，要求政府、高职院校本身和社会各利益主体共同参与对高职院校治理体系的改进和完善。在高职院校的治理中，高职院校的治理主体参与不完全会影响治理实效的发挥。高职院校的利益主体应共同对治理过程中的事务进行协商探讨，达成一致性意见。各主体共同参与是治理话语权得到保障的条件，也能够及时反映出在治理过程中的矛盾。然而在实际中，高职院校治理虽有许多利益主体代表参加，但参与治理的人数比例不明确，这就使得部分利益主体代表的话语权得不到重视，其主体权益无法得到保障，同时，参与主体的强弱之别也间接导致了弱势治理主体的治理愿望得不到实现。高职院校在与社会主体共同治理方面缺乏系统经验，往往以学校思维为主，使得学校组织以外的利益相关者很难参与到治理当中，即使参与进来能发挥的空间也十分

---

① 肖凤翔，肖艳婷. 章程视野下的高等职业院校治理：困局、归因及改进思路 [J]. 中国职业技术教育，2018（12）：42-48.

有限，这就降低了学校体系外的治理主体的积极性，也阻碍了高职院校多元治理的健康发展。

(三) 解决对策

高职院校多元治理问题的解决对策主要体现在三个方面：高职院校多元治理的制度规范，高职院校多元治理的结构合理，高职院校多元治理的绩效充分。其中，制度规范是基础，结构合理是支柱，绩效充分是特征。

1. 规范高职院校多元治理制度，明确利益主体相关责任

规范的制度能够有效处理高职院校不同利益主体之间的关系。一是处理好政府在高职院校治理当中的角色定位问题，充分发挥政府的引导和调控作用；二是处理好高职院校内部治理主体的转变；三是处理好社会主体与高职院校在治理中的引导适应性关系；四是重视学生和家长在高职院校治理当中的作用。

2. 优化高职院校多元治理结构，实现利益主体均衡配置

合理的结构能够充分协调不同利益主体的均衡配置。高职院校多元治理结构以治理权力的合理配置和运行为核心。高职院校治理权力的类型具有多样性和分散性，其利益主体具有多元性和复杂性，这就导致高职院校的治理难以按照一种方式去运行，需要完善多元治理的治理结构来平衡各主体的治理权力。

3. 完善高职院校绩效考察机制，保障高职院校健康发展

只有治理绩效能充分证明多元治理是能够保障高职院校治理健康发展的重要模式。提高高职院校多元治理的绩效能够增强高职院校的竞争力，保障治理的各个方案的可持续发展。

第四节　高职院校治理现代化趋势追问

一、多元化的治理范式

2014 年，国务院印发了《国务院关于加快发展现代职业教育的决定》。

针对现代高职院校内部管理理念落后陈旧、管理激励机制缺失等问题，高职院校开始了管理改革的热潮。主体多元化治理是高职院校治理现代化改革的新方向，其最大的特点是突破传统政府单主体模式，在坚持党的领导和民主集中制的总原则下，融合政府、学校、社会多元利益主体，构建高职院校、政府、社会三维框架下的主体多元化治理模式。

（一）理论意蕴

多元治理的基本内涵包括以下三个方面。一是治理主体多元化。多元治理主张除政府外，市场主体和社会主体等可以参与公共事务的管理与调节，其中市场主体主要包含企业，社会主体则是指第三部门和公众。同时强调这些主体应在法制及制度框架内积极参与公共事务管理，参与决策的建构。二是治理手段多样化。治理在依靠政府权威的同时，也可以依赖市场化的手段，考虑新技术及工具的应用。治理手段应由以强制性为主的单一性手段向以平等对话、合作为主的多元化手段转变。三是治理目标多元化，即将传统的"善政"治理转变为"善治"治理。具体来说，治理目标应由单纯追求效率向实现公共利益最大化转变。

（二）基本特征

多元治理关注治理主体多元化格局，重视和关切来自私人或民间的力量。主张除市场和政府外，还有来自社会的力量参与治理，如参与秩序维持、事务的管理与调节。同时强调这些主体应在法制及制度框架内参与决策的建构，积极参与共同管理。

多元治理关注治理主体多元化的同时，对政府的地位给予了重新定位，主张政府在管理网络中承担"长者"的身份，指导建立参与共同管理的多元主体间的共同准则，确定稳定行为主体的大方向。

多元治理主张以多元主体为核心，各种治理主体在协作的基础上相互拾遗补阙，通过多元化互动模式，形成政府主导下网络式的治理格局。在多元治理的网络格局中，政府与来自市场和社会的主体间形成既独立运作又相互依存的关系，实现责任、资源和权力的共担共享，形成合作伙伴似的主体关系。

(三) 运行机制

高职院校多元治理突破传统的以政府为中心的治理模式,在常见的政府与高职院校两个治理主体的基础上引入社会这个新的主体。主体之间职责明确、定位合理,充分发挥主体间的成本、技术与竞争优势,实现"管、办、评"真正分离,实现多元共治理念,联合多方社会资源共同参与人才培养,为社会提供大批高素质、高技能人才。高职院校多元化的治理范式是我国高职院校治理变革的总方向。

二、法制化的治理基石

(一) 理论意蕴

1. 法制的基本内涵和要求

"法制"这个词语在《法学辞源》中的解释为制度和法律。法律是规范性的文件形式,包括成文法和国家机关认定的不成文法。政府基于民主原则把国家的事务法律化,并严格依照法律进行管理。张文显指出,法制是法的制定、执行及司法、守法和法律监督的总称。大多数学者认定法制不单单局限于静态的法律规范体系,还包括法律运行体系和法律文化。法制是适用于某个国家的,以一整套法律法规的总体为核心的,包括法律运行机制与法律文化在内的法律体系。我国的法律体系是社会主义法律体系,是由我国社会主义国家性质所决定的,体现了广大人民群众的意志。法制所代表的、所研究的并不仅仅局限于法律和法规,还包括司法、守法、执法、法律监督等动态过程和法制法律文化。

2. 依法治校的基本内涵

中共十六大报告把依法治国作为社会主义民主政治建设的重要内容和目标,强调"发展社会主义民主政治,最根本的是要把坚持党的领导、人民当家作主和依法治国有机统一起来。党的领导是人民当家作主和依法治国的根本保证,人民当家作主是社会主义民主政治的本质要求,依法治国是党领导人民治理国家的基本方略"。为了推进依法治国基本方针的发展,党和国家在最近几年加快了相关法律法规的制定和完善。

在教育方面,教育部出台了多个文件,如《教育部关于加强依法治校工作的若干意见》《教育部关于加强教育法制建设的意见》等，以加强在教育方面的法制建设。在依法治国、依法治教的相关要求中，高职院校不能完全用以前的老式观念进行管理工作，也不能照搬全新的管理工作理念模式，必须在高职院校自身实际的基础上创新相关管理模式，但是不论什么模式，都要围绕依法治教在高职院校的治理方面落地生根。

依法治校有两个方面的含义。第一是与"以人治校"相对应，即人们在学校生活的日常管理当中要遵守法制治理高于其他治理的理念。法律法规是学校日常生活治理和重大事项治理等一切治理的依据和权威。第二是与"德"相对应，即通过法制建设和法制宣传，引导人们通过法治强化和规范达到自律。所要传达的"治"是服务与管理的统一，即不能用消极的态度治理高职院校，而是要发挥高职院校的能动性，依法育人、依法管理。

法制化是高职院校市场化发展的伴生性的产物，是人治走向法治的进步。高职院校的法制化治理在法律范围内才有效力。因此，政府要建立和完善高职院校治理的法律法规，让治理与管理都有法可依。

3. 依法治校的基本特征

（1）主体多重性。依法治校包含学校外部的法律体系对学校本身的监管，以及学校内部教育法律体系对学校所进行的管理两个方面。所以，主体包括学校本身、各级地方政府、各个行政人员、学生及其他。处理好这些主体之间的关系，才能做到依法治校。依法治校不仅能营造良好的法制氛围，还能促进教学管理和行政效率，有利于学校自身创造、建立公平、公正的办学秩序。

（2）客体自主性。客体自主性是指学校在办学过程中对教学事务和教学活动享有独立的自主性和决定权，它是学校自我管理的一种体现。这是依法治校的必然要求，也是高职院校专业自治的必然要求。为了保持教学的自主权，首先，高职院校要建立适应市场经济发展的合法管理机制，完善各部门的法律规范制度；其次，高职院校要制定相关章程，明确各部门的地位、权利与义务，落实自身的法人地位。

（3）内容合法性，即依法治校法律的规范化和依法治校法律行为的制度化。一方面，学校的教学、行政工作等都要遵循法律法规的指导和规范，并通过制度化规范得以践行。高职院校要服从党的领导，有法必依，执法必严。另一方面，高职院校必须要将各种制度深化到各个具体事务当中，形成标准的流程和指导模式。

4. 运行机制

法制化在高职院校的运行可以通过日常教学和行政过程中相关制度的建立和确定体现。学校和校内各类人员遵守各法律法规也是法制化机制运行的一种体现。

三、智能化的治理效能

（一）理论意蕴

治理主体应运用现代化的网络技术，例如大数据、云计算、移动互联网、物联网等，打造整体型高职院校治理、开放型高职院校治理、协同型高职院校治理这三种新的高职院校治理形态，最终形成高职院校智能化治理。整体型高职院校治理是指运用并行的网络技术，创建法治高职院校、服务高职院校，运用信息网络技术打造智能化治理的高职院校。开放型高职院校治理要求高职院校开放治理信息和数据。一方面，高职院校治理的数据应该开放、共享；另一方面，高职院校治理的信息也要向社会开放。高职院校作为这些数据和信息的最大治理源，如果不把这些数据和信息向社会公开的话，这些数据和信息将无法被使用，高职院校的治理方式也得不到改进。因此，高职院校应定期开放治理数据和信息，让各治理主体进行发掘和利用。而只有先构建起开放型高职院校治理，才能够构建出协调型高职院校治理。协调型高职院校治理只有通过再造、优化、提高效率，才能够达到智慧化的治理。

（二）基本特征

1. 治理办公智能化

与传统的高职院校治理模式相比，智能化治理不仅体现在治理过程通过对新技术、新设备的运用，实现了治理的科学化、自动化，还赋予了高职院校治理更多智慧和智力因素，多了一些包括采用知识管理、移动互联网技术等手段在内的更为人性化、智慧化的设计，使得高职院校的治理更加高效便捷。

2. 治理决策科学化

治理决策是建立在数据基础上的。数据的真实性、全面性代表了治理决策的科学性。智能化治理决策基于对治理大数据的统计分析技术、并行化技术、数据可视化技术以及云计算、人工智能技术等技术的运用，辅助高职院校捕捉实时的治理决策信息，并精准预测和准确分析治理的现实状况，寻找规律并验证治理决策。这可以使高职院校对治理决策的合理性进行宏观把握，并做客观分析。

3. 治理服务信息化

智能化治理实现了智能技术与高职院校治理服务的有效整合。高职院校通过信息化技术平台和精细化的信息挖掘技术，能及时获取公众对治理服务的需求，并实时开放与治理相关的数据。

（三）运行机制

1. 治理数据收集机制

智能化治理数据获取依赖自动化的收集机制。高职院校的治理数据来源于校内外多个治理主体。由于不同治理数据存在于不同的治理主体的系统当中，要实现跨部门、跨系统和跨业务的治理数据收集，就必须形成统一的数据收集标准和形式，这样才能实现各主体治理数据的统一收集处理，并整合到高职院校的治理信息管理中形成实时更新的数据链。

2. 治理信息共享机制

高职院校的智能化治理离不开各治理主体全面系统的治理数据。这就要求不断扩展收集高职院校与其他治理主体的治理数据，建立共享开放和跨域流通的治理信息共享机制。首先要形成开放共享的信息共享环境，促进各治理主体积极、主动、自愿共享治理信息。其次要依靠互联网技术的不断发展，保障信息共享的安全性，打消各治理主体因数据安全而拒绝共享治理信息的念头。各治理主体通过共享的治理信息能够更好地、更直观地看出治理是否有成效，并互相借鉴。

第四章 高职院校治理的类型方式

高职院校治理，就其本质而言，是依据以章程为核心的制度体系，运用多种方式和手段管理学校内部事务，协调各利益主体之间的关系，使其能够合作，促进学校高质量发展的过程。高职院校治理是一项复杂的系统工程，需要从不同的视角加以研究。本章从治理依据、治理主体和治理院校类型三个角度来分别探讨章程治理、主体多元制治理和混合所有制治理。

第一节 章程治理

实现"人治"向"法治"的根本转变是职业教育现代化的必然要求。当前，教育领域改革的不断深化为加快发展现代职业教育创造了良好的外部环境。职业教育治理体系建设作为国家治理体系建设的重要组成部分，正朝着法治化的轨道迈进。高职院校作为职业教育的重要载体，其治理现代化程度直接影响到整个职业教育治理体系和治理能力现代化的进程。在高职院校治理实践中，章程是其遵循的"基本法"。章程治理是落实依法治校，推进高职院校治理体系和治理能力现代化的理性选择。分析高职院校章程治理及其意义，明确其治理的实施路径，对全面增强高职院校治理能力、促进职业教育高质量发展具有重大意义。

一、高职院校章程治理及其意义

若要了解高职院校章程治理，我们首先必须探讨一下章程、高职院校章程等基本理论问题。

(一) 章程及其特点

章程作为一个组织或社团经特定的程序制定的、关于组织规程和办事规则的规范性文书,是一种根本性的规章制度。

章程作为组织的根本性规章制度,具有两个方面的特性。一是稳定性。章程作为组织的基本纲领和行动准则,不会随意变更。它在一定的时期内稳定地发挥作用。若要变更或修订章程内容,则必须履行特定的程序与相应手续。二是约束性。章程作为一个根本性的规章制度,作用于组织内部,依靠组织全体成员共同遵循和实施,无须通过国家强制力予以推行。它要求组织内部成员信守,有一定的规范作用和约束力。

在社会生活中,章程分为两类。一类是组织章程。它由各类社会组织制定,主要是明确规定本组织的性质、宗旨、任务、机构、人员构成、内部关系、权利与义务、活动规则、纪律措施等,如《中国共产党章程》。另一类是业务工作章程。它主要由有关单位制定,用以阐明其业务工作性质、运作方式、基本要求、行为规范等,如《招生简章》《招工简章》等。

(二) 高职院校章程的内涵

要了解高职院校章程,首先需要了解和掌握大学章程及其内涵。什么是大学章程?理论界仁者见仁,智者见智。陈立鹏等认为,学校章程是指学校为保证正常运行,主要就其办学宗旨、主要任务、内部管理体制及财务活动等重大或基本的问题做出全面规范而形成的自律性基本文件。袁本涛认为,大学章程是大学自治和学术自由及现代大学制度的法律保障,是处理大学内外部关系的基本法律依据。

从上述对大学章程内涵的解读中不难看出,理论界主要从不同角度揭示了大学章程的本质,但其表述或概括并不完全符合规范,如主题不够明确、内容偏窄、法律依据和效力不足等。若要全面把握高职院校章程特殊的内在规定性,我们除了要把握其基本文本内容以外,更重要的是还要认清章程的组织要素(组织宗旨和组织结构),把握高职教育的规律和特色,紧密结合高职院校的办学实际。因此，从这个意义上讲，高职院校章程应具有以下三个特点：一是自治性。高职院校章程需明确高职院校组织内部各方权利和义务，协调组织内部运行程序，体现举办者意志，并保证高职院校自主管理和依法治校。二是行政性。高职院校章程是学校其他规章的基础和依据，是学校管理和运行的"宪法"，具有"母法"或"上位法"的性质，需经上级教育行政主管部门核准后向社会公布。三是社会性。职业教育是跨界教育，产教融合、校企合作是其本质属性。高职院校作为职业教育重要载体，需吸引行业、企业参与办学，其社会性更强，开放性程度更高。高职院校章程应充分体现行业、企业及其他参与办学的社会组织成员的利益和诉求。

综上所述，高职院校章程是以依法治校和自主办学为目标，依据国家相关法律法规及《高等学校章程制定暂行办法》的要求，对高职院校办学宗旨、办学任务、内部治理机构、人员构成、权利与义务等基本问题和重大事项进行全面规定，并对外部关系所涉及的利益相关者组织性质和有关事项予以明确，具有内部自治效力的规范性文件。

（三）高职院校章程治理及其意义

章程治理，就是以章程为统领，推进学校制度体系建设，弘扬规则意识和法治精神，加大法律法规和学校规章的宣传和贯彻力度，树立法治（规则）思维，改进法治方式，实现由"管理"向"善治"转变，最终实现学校治理现代化转型。从一定意义上说，章程治理是依法治理的具体表现。章程作为治理规则的集合，是利益相关者共同协商所达成的有关组织结构、运行与发展等相关事宜的约定，决定了治理的基本方向，因而章程治理对高职院校治理意义重大。

1. 章程治理是完善制度建设、强化依法治理的首要环节

依法治校是高职院校办学的必然要求。高职院校要遵循职业教育发展规律，深化产教融合和校企合作，广泛协调学校内部，学校和政府、行业、企业以及其他社会参与者的关系，坚持规范化办学。高职院校加强章程建设，实施章程治理，不仅是主动适应外部环境的客观需要，也是学校法治

意识、法治思维的重要表现。高职院校章程作为依法治校的"基本法",为学校内部其他规章制度的制定提供了最基本的依据,不仅可以促进学校规范办学,也可为学校依法治理提供根本的制度保障。

2. 章程治理是保障运行秩序、实现规范治理的基本前提

章程是高职院校办学最基本的制度基础,是依法治校、实现规范办学的基本保障。高职院校治理是不同利益相关者共同管理学校事务的过程。其外部治理主要体现在处理学校与举办者及其他社会组织之间的关系上,其内部治理则体现在处理学校内部管理者与师生之间的关系上。章程作为高职院校的基本制度,既是全体师生必须严格遵守的行为准则,亦是协调学校内部秩序的"组织法",对规范学校决策、执行与监督等各项工作起着重要的作用。

3. 章程治理是凝练核心价值、彰显特色治理的重要支撑

高职院校具有高等性和职业性双重属性,是"级"和"类"的统一。它不仅应遵循高等教育规律,也需要面向和关注产业和职业活动需求,体现职业特色。因此,高职院校章程除了拥有大学章程的共性特征外,还要体现职业院校的个性要求,换句话说,就是要将高职院校职业性(类)的办学要求和鲜明的办学风格、办学特点进行充分总结和提炼。不同的高职院校,由于其办学历史、办学定位、地域特点以及办学条件的差异,具有各自特点。高职院校要想凝聚和总结自身的历史经验与核心价值追求,避免办学的趋同化,实现差异化发展,就需要以章程形式对治理进行固化与创新。

4. 章程治理是明确权责配置、促进协同治理的基本规范

章程是厘清高职院校内部组织结构,明确各个利益相关者权责边界和程序规则的基本制度,是促进内部各主体自治与协同治理的依据。从横向看,高职院校需处理好党委、校长办公会和学术委员会三者的关系,明确各自权责,促进教育资源综合使用效率的发挥;从纵向看,高职院校需理顺校、院(系、部)两级管理体制,确立院(系、部)的管理模式,扩大院(系、部)的自主权。高职院校章程治理过程实际上就是通过明确组织

分工、权责及运行程序，形成横向协调、纵向互动治理机制，进一步激发利益相关者的积极性，整体提升学校管理运行效益和办学水平。

二、章程治理的现状分析

（一）章程治理的基本情况

中华人民共和国成立前，我国有少数知名高校（如清华大学、复旦大学）制定了本校章程。中华人民共和国成立后，国家对高等教育进行了一系列改革。政府成为高校办学的唯一主体。高校规章制度均由教育行政部门制定，大学章程无实际意义，高校自主权也很小。随着改革开放的推进，教育体制改革成为公众重点关注的领域。扩大高校的办学自主权、建立高校教育管理体制的呼声日益高涨。大学章程的制定重新回到研究者、举办者和学校管理者的视线中。

1995年实施的《中华人民共和国教育法》（以下简称《教育法》）首次在立法中对学校章程给予了明确规定，提出设立学校及其他教育机构必须具备有"章程"等基本条件。1999年实施的《高等教育法》对高等学校章程做出了相应规定，将向教育行政机关提交大学章程作为学校设立的前提条件，并对大学章程的内容做出了具体规定。进入21世纪，随着教育体制改革的不断深化，大学自主管理的呼声越来越高，其自治的要求也日益强烈。2010年，中共中央、国务院印发了《国家中长期教育改革和发展规划纲要（2010—2020年）》，对建立现代大学制度的政策导向与价值取向做出了规定，要求各类高校依法制定章程，依照章程规定管理学校。

2011年11月，教育部正式发布的《高等学校章程制定暂行办法》对章程的审批程序做出了规定：部属高校、地方高校所起草的章程分别由教育部、省级教育行政部门审核，只有达到相应要求才能得到批复。2015年，教育部印发了《职业院校管理水平提升行动计划（2015—2018年）》，要求高职院校加快编制章程，健全和完善体现高职院校特点的治理体系和内部管理运行体系。目前，我国高职院校几乎都有自己的章程，并依章推进日常教育教学和管理工作。章程在高职院校治理中的应用已经无处不在，章程在高职院校办学实践中的作用也日渐明显。

（二）章程治理的现实困境

章程作为高职院校"宪法"规范着其治理的方方面面。目前，我国还未在基本法层面规范高职院校章程，未赋予高职院校章程应有的法律地位，章程还未真正成为高职院校自主管理的工具。当前，基于章程的高职院校治理面临多重问题。

1. 制度形式化导致治理盲点凸显

当前，高职院校依据章程的治理制度呈现形式化倾向。所谓形式化，是指章程设定的制度并未发挥实际作用，其有效性得不到体现，治理效率不高。具体表现有以下两点。一是高职院校章程依据《教育法》《高等教育法》等相关法律法规设立，其引领的高职院校治理相较于计划经济体制下的院校管理更加规范、科学，但高职院校治理在实践中并未完全按照制度安排来进行，有的制度安排形同虚设。二是管理随意性和功利性影响高职院校制度落实。高职院校治理的有效性完全取决于成员的集体自觉意识。高职院校必须有一套强制实行的规范和规则，以及个体必须遵守的行为准则。由于信息和数据传递存在问题，高职院校成员个体难以做到完全、有效的聚结，个体按照其自身长期以来所形成的价值模式和自身发展需要行事，因此，章程这种外化的制度约束难以完全实现，高职院校治理则呈现个体被动选择的特点。

2. 内部体系难以实现社会互动

治理是持续互动的过程。职业教育是跨界的教育类型。我们要用跨界的眼光推动其与社会的良性互动。产教融合、校企合作是职业教育实现跨界的重要途径。当前，职业院校与行业、企业合作困难较多，行业、企业参与办学的积极性不高。高职院校作为职业教育的重要载体，在主动关注市场、与行业和企业积极开展合作等方面做得不够。从资源配置角度看，高职院校对资源有较强的依赖性，需要持续的资源补充和经费投入，必须构建校企命运共同体，深化校企合作办学，与企业形成互利共赢的治理关系。在校企合作中，高职院校与企业治理资源的划分关系到治理权力与责任分界，而治理权力的赋予与体现需要借助章程建设来实现。这事关治理话语权以及治理变革的行为与方向。当前,高职院校在开展校企合作时,在关注和保护其他利益相关者的利益诉求,主动与相关各方沟通协调,共同营造良好的治理氛围等方面还做得不够。

3. 目标导向诱发单方利益驱动

目标导向是指治理实践中为追求短期利益而忽略学校长远利益的行为。治理主体不仅要关注教育的公益属性,还应关注学校可持续发展。在高职院校治理实践中,目标导向驱动单方利益的表现很多。政府决策倾向与高职院校利益维护所形成的隐形博弈时常会导致治理目标模糊,而治理行为的冲突则会影响治理全局安排。高职院校是实施职业教育的主体,不仅要注重教育意义的传承,而且要重视可持续、内涵式发展。高职院校作为教育组织,行政化倾向仍然明显。其内部设有以科层制为主导的行政管理体系,行政氛围浓厚。在高职院校治理中,学校行政管理人员若追求外显政绩,会诱发"利益交易""利益驱逐"行为,影响学校治理决策,使学校承担未来发展的风险。

(三)章程治理困境形成的原因

高职院校若要摆脱章程治理上述困境,推进治理目标实现,找出困境形成的原因是重要前提。根据当前高职院校章程治理的现实情况,其困境形成的重要原因有如下几个方面。

1. 章程实施的法定性不明

章程作为高职院校的基本制度,具有规范治理过程的效力,但在高职院校实践中,章程由于法定性不明,时常沦为行政管理工具,"有章难循"的局面难以避免。章程法定性不明主要表现在三个方面。一是地位的法定性不明。《高等教育法》规定,大学章程只有经过主管部门核准才能成为自主办学依据,但部分高职院校章程未经审核与批准就已开始实施,其法律效力缺乏认定,其权威性难以体现。二是制定和修改程序的法定性不明。章程并非一成不变,必要时可以修订。章程具体内容应包含对其制定、实施、修改程序的规定,但部分高职院校并未对章程制定和修改程序做出具体规定,章程制定和修订难以找到依据。三是内容的法定性不明。章程内容笼统，缺乏具体治理事务的实施细则。在治理实践中章程常常被看作"形而上"的制度。章程内容与办学实践冲突时，因保障与监督制度不健全，会引发治理行为的失范。

2. 章程规制的不完整性

章程规制的不完整性主要体现在两个方面。一是规制内容不全面。具体表现在章程部分内容不够明确，如：在校企合作方面，校企之间缺乏利益纽带，缺乏一定的体制机制条件，行业、企业参与学校治理的方式不够明确具体，校企之间无法形成"命运共同体"，校企合作的效率得不到有效保障；大多数学校章程对教师与学生权利、义务的描述千篇一律，无法完全反映不同高职院校办学方向上的差异所带来的师生在权利、义务方面的差别。二是规制内容表述不够明确。学校内部治理结构是高职院校治理运行的前提和基础，而内部治理结构表述的模糊或不明确往往成为学校治理运行不畅的主要原因。若要保证高职院校治理的高效运行，首先就必须在章程中明确其内部治理结构，尤其是要明确学校与二级学院（系、部）两级管理体制，明晰行政权力和学术权力之间的关系，明确教职工代表大会与行政职能部门及学生代表大会的权利与义务。然而在办学实践中，大多数高职院校内部治理结构的规定基本上是国家宏观教育政策的转述，未与学校治理实际有机结合，其实际操作性不够强。

3. 治理主体参与不完全

治理主体参与不完全包括两个方面。一是在章程制定过程中主体参与不完全。章程制定过程应是参与治理的各相关利益者协商一致的过程。各相关利益者参与是治理话语权得到保障的条件，也是消除治理过程中矛盾和冲突的基础。而在章程制定过程中，政府代表、企业代表、行业组织代表、教职工代表及学生代表的缺位，将使得他们的权益无法得到充分体现，其参与治理的权益得不到有效维护。二是在治理过程中主体参与不完全。治理过程中主体参与不完全的主要后果是抑制治理主体权力的发挥。最突出的表现是企业的参与度不高。高职院校在产教融合、校企合作的制度设计上存在一定缺陷，导致学校对企业诉求关注不够，使得以企业为代表的学校体系外的治理主体的诉求无法得到正常表达，企业参与治理的积极性无法提高。

4. 制度执行的理性缺失

好的章程是一个学校有效治理的前提条件，但好的章程要想真正转化为治理效率，"依章办学"是关键。当前高职院校治理效率不高，既与章程不完善有关，也有章程执行理性缺失的原因。从主观上看，一方面，人的有限理性的存在让治理中失范行为的形成成为可能；另一方面，功利性亦会诱发人们的非理性行为，造成治理行为的失范，继而引发治理失序。从客观上看，当前高职院校行政化倾向十分明显，依章办学受到了按行政指令办事的制约。章程本应约束学校内部行政权力，但在治理中却被行政机构当作治理工具，纲领性作用无法体现。只有举办者、管理者和内部全体成员将体系化制度内化为自身的行为意识与实际行动，制度才能发挥实效。制度的执行不仅要以执行者的高度自觉为前提，同时还需要校内校外利益相关者的配合与监督。唯有如此，制度才能形成强有力的执行力，章程治理的目标才能实现。

三、章程治理的实现路径

章程治理是高职院校治理现代化的重要体现。为有效推进职业教育治理体系和治理能力的现代化，高职院校应紧扣时代脉搏，找准发展方向，探索改进章程治理的实施路径。

(一) 建立以章程为核心的治理制度体系

高职院校治理需以制度为基础。建立以章程为核心的治理制度体系，是建立现代高职院校制度、推进依法治校的现实需要。要建立现代高职院校制度，实现高职院校依章自治，首先应该深化产权制度改革，提倡多元主体办学，实现产权结构多元化。产权结构多元化所带来的资源优化组合以及多元主体相互制衡可较大程度降低治理的随意性，减少个体功利化倾向。其次要建立健全法人治理结构，调整学校与政府的关系，界定学校内部各权力主体的边界。明晰政府权力，划定政府治理权限，弱化学校治理的行政倾向，强化独立法人地位，可以有效削弱学校治理的行政控制，以及外部力量对学校治理的过多干涉。对外而言，高职院校作为独立法人，可以平等参与市场竞争，不断增强市场竞争力；对内而言，高职院校通过制度安排和权力配置，赋予组织机构和行政工作人员治理权、责、利，保障学校内部治理秩序的稳定和有序。

（二）推进产教跨界融合，实现校企多元共治

现代职业教育是开放、合作的跨界教育。一方面，高职院校要根据职业教育类型特点，结合区域经济社会发展需要，以产业为依托，推进产教融合、校企合作，深化教育教学改革，建设校企合作协调机构，为校企合作提供必要的组织保障。另一方面，高职院校要积极探索构建产教融合、校企合作平台。校企合作平台实际上就是高职院校治理协同共同体。它跨越行业、企业、社区及职业院校已有边界，为高职院校与行业、企业及社区建立跨界互助合作机制、拓宽合作渠道、促进各领域的技术资源和物质资源的互补与共享提供重要保障。行业、企业可以利用校企合作平台，充分发挥其在成果转化方面的优势，指导和推动高职院校专业服务与项目实践的开展。高职院校利用校企合作平台，可与企业、社区广泛开展实习、实训基地建设的交流与合作，实现从校企合作到校企协同创新的转变。

（三）依托信息技术手段拓宽治理参与渠道

推进高职院校章程治理，要从以下几点入手：首先，要树立治理信息化的理念，增强不同治理主体信息交换意识、信息共享意识，明确信息治理目标和治理愿景。其次，要把先进的信息技术和手段运用到高职院校治理的全过程，依靠信息技术手段来增强治理能力。高职院校要建立治理信息数据库，将学校各种信息全方位集成到治理系统中，增强治理主体对学校工作的全面了解，加强学校对治理过程的控制力，提高学校人才培养质量，促进学校高质量发展。再次，要健全和完善公用信息沟通平台。高职院校治理是一个持续实践的过程。其过程是否有序，在很大程度上影响着治理整体效果的好坏。因此，高职院校要构建治理网络平台、信息发布平台，建立高度共享的信息资源和畅通的沟通渠道，以便全面准确把握治理节奏，协调治理过程，促进学校内部信息交流的快捷、流畅，促进不同治

理主体的治理协调一致。

（四）依章办事，弘扬依法治校思维和法治精神

依法治校是高职院校生存和发展的根本。章程作为高职院校的"宪法"，对其依法治校具有重要的指导意义。依法治校既表现在观念上，也体现在行为中。换句话说，依法治校体现在高职院校办学行为的合法合规上，落实在严格按规章制度办事中。因此，高职院校要克服办学治校中的各种消极现象，在解决思想、作风问题的同时，更加关注带有全局性、根本性的制度建设；要强化法治思维，健全和完善学校内部管理制度，严格依章依规办事，推进学校治理与运行机制的制度化、规范化和法制化，让依章依规办学和从严治校成为学校的常态，从而促进依法自主办学、依法治理新格局的形成。

第二节　主体多元制治理

从治理主体视角看，高职院校治理是主体多元制治理。高职院校既是社会治理的基本单元，同时也是以社会生活共同体为基础的自治单元。高职院校作为一个涉及政府、行业、企业、师生等众多利益相关者的组织，往往需要依靠政策法规及相关协议确保治理运行的畅通无阻，借助市场机制化解各利益主体之间的利害冲突，并通过利益相关者的对话、沟通、合作来实现预期治理的效果。因此，高职院校治理并非是单一主体治理，而应该是高职院校、政府、行业、企业等行为主体共同参与的一种多元主体治理。

一、多元主体治理的角色分工

多元主体治理，亦称多元主体共治，它是以法治为基础的多元共同治理，是我国高职院校治理实践的经验总结，亦是职业教育治理体系与治理能力现代化提出的新要求。作为社会治理的制度创新，高职院校多元主体治理应包括四大特征：主体多元，共治系统开放、复杂，以对话、竞争、

妥协、合作和集体行动为共治机制,以共同利益为最终产出。高职院校多元主体治理是"小政府、大社会"的共同治理模式。政府、行业、企业和高职院校各治理主体在共治中按照既定的定位扮演着不同角色。

(一) 政府是现代职业教育治理宏观调控者

新公共服务理论强调政府职能在于"掌舵"而不是"划桨",政府应该有所为、有所不为,把主要精力放在宏观规划和统筹全局发展上。职业教育是社会公共事务的重要组成部分。各级政府均承担职业教育发展的主要责任。在我国职业教育管理体制中,政府管得过多,其全能政府身份挤压了其他潜在治理主体的生存空间。要想实现职业教育从政府一元管理向多元主体协同治理转变,政府应扮演如下三种角色:一是现代职业教育产品供应者。政府必须以国家财政为依托保障职业教育产品的基础性供给。二是现代职业教育制度环境的创造者。政府必须通过颁布法律、法规和政令,为现代职业教育制度建设提供法律保障。三是现代职业教育运行的监督者与仲裁者。政府必须以监管者与服务者身份参与职业教育治理,及时发现并纠正运行中的偏差。

(二) 行业协会是现代职业教育治理的沟通中介

行业协会作为社会经济组织联合体,是行业内企业出于共同发展目标而自愿组织起来的非官方、非营利性自我管理组织。行业协会以集体理性克服了行业内单个企业的盲目性,使企业个体、眼前利益让位于行业整体、长远利益。行业协会部分分担了政府经济管理职能,体现了一种源自社会的自治制度。职业教育作为一种跨界教育,在客观上要求行业协会作为重要中介参与其中。政府与高职院校之间是一种典型的委托代理关系。政府具有对高职院校进行宏观指导的职能。市场经济瞬息万变。政府难以全面掌握市场信息。市场信息盲点与信息滞后很容易引发政府宏观指导的失灵。而行业协会了解企业需求,掌握着行业内劳动力市场供求信息,它参与高职院校治理,可以将行业内信息传递给政府部门,减少信息不对称所导致的劳动力市场结构性供需矛盾。高职院校与企业是合作育人关系,而校企合作并非依靠高职院校与企业的直接沟通便能达成合作目的的。行业协会作为具有公信力的自治组织能起到牵线搭桥的作用。

(三) 企业是现代职业教育人才培养的重要主体

职业教育的开放性和跨界特性需要企业作为重要办学主体参与治理。企业作为社会经济组织，是劳动力市场的需求方。高职院校所培养的人才能否满足企业的需要，关键要看其培养的人才是否具备企业相应岗位所需的技术技能和素质要求。一方面，企业的人才需求信号是高职院校人才培养的重要导向。另一方面，企业真实工作场景能为准劳动者职业技能的形成提供重要的训练场所。而这种人才培养的导向功能与真实场景的训练功能，只有依托有效的校企合作才能发挥作用。因此，在高职院校治理体系中，企业需要跨越系统边界，从劳动力需求者转变为高职院校治理体系内部的重要治理主体。在"校企合作、工学结合"的人才培养模式中，企业成为高职院校人才培养的重要主体，为学生提供真实的机器设备、工作环境及经验丰富的实训教师，实现教学过程与生产过程有效衔接。

(四) 高职院校是职业教育人才培养的主要阵地

高职院校作为人才培养的主要阵地，使职业教育超越了传统职业培训的初始角色定位。高职教育作为一种职业准备教育，不同于针对特定工作岗位开展的职业培训，它更多关注受教育者的可持续发展，为其未来职业选择提供更多机会。高职院校作为人才培养的重要基地，要扮演好这一角色，必须处理好两类关系。首先是高职院校与政府之间的委托代理关系。高职院校接受政府的委托，代理向社会提供职业教育产品的专门事务。其次是高职院校与市场之间的劳动力供需关系。政府部门的直接管控会无形拉大高职院校与市场的距离，导致高职院校准确回应市场需求变动的能力减弱。现代职业教育治理应充分发挥高职院校的主体作用，让其从被动、消极的客体地位向主动、积极的治理主体地位转变。为了让高职院校成为独立的法人实体，政府应在人事任命、专业设置、招生计划等方面赋予其充分的办学自主权，重点通过外部监督、质量评估等手段促使高职院校提高人才培养质量。

二、多元主体治理现状及存在的问题

从高职院校的发展与演进来看，我国高职院校一开始就仿效本科院校设置机构、分配职权、制定运行规则，实行党委领导下的校长负责制。校长是学校的法定代表人，在院校党委的领导与监督下独立行使职权。在这一治理结构总体框架下，高职院校虽然能保障实际治理运行顺畅，但由于大多数院校是由中专升格而来，其内部治理也必然深受这一发展历史的制约。因此，我国高职院校除了存在和本科院校类似的治理问题以外，还存在无法反映自身个性特征等诸多问题，其治理还未能真正实现多元共治。

（一）政府行政干预过多，办学自主权难以落实

政府与高职院校的关系问题是高职院校一开始出现就面临的一个非常重要的问题。尽管我国已经明确出台了有关高校办学自主权的规定，但高职院校办学自主权仍然未能完全落实。目前，我国依然实行的是以政府为主体的管理模式，高职院校和政府之间存在着严重的依附关系。在办学模式上，高职院校办学仍然是以政府计划模式为主，其管理主要依靠行政手段和行政命令。由于政府职能尚未完全转变，政府对高职院校内部管理干预过多。这导致政府和高职院校之间形成了一种控制与被控制、命令与服从的关系，"政策治校"的政府管理模式根深蒂固。与其他类型高校相比，高职院校有其特殊性。当前，政府行政权对高职院校自治空间的挤压与高职院校通过各种途径争取自治空间之间的矛盾，可以说是对当前我国高职院校办学自主权未能落实的一个基本描述和表达。

（二）科层制为主导的行政管理结构弱化了利益相关者参与治理的权力

高职院校本是一个教育组织，而其现行的以科层制为主导的行政化管理制度体系及其僵化的科层结构把学校内部的关系划分为管理与被管理的行政隶属关系，因而学校内部权责配置上就出现了不合理、不等效情形。一是学术权力和行政权力不平衡，行政权力大，而学术权力小。行政权力成为主导性权力，并在一定程度上左右着学校教学和学术事务，而专家、教授等的治学作用无法得到充分体现。自上而下行政化等级管理强化了官本位现象，弱化了专业技术人员的学术地位。行政权力无端扩大在一定程

度上会影响学术人员的思想和行为。二是民主监督权缺失。这主要表现为行政化和官本位管理模式使得校内行政机关只对上级负责，师生民主监督权被忽略。教职工代表大会虽是我国教育类法律赋予教职工参与民主管理和监督的基本形式，但由于其监督、审查学校发展重大事项的决策权力不足，故无法形成制约管理权力的约束机制，教职工代表大会制度在学校治理实践中应有的作用亦得不到有效发挥。学生本是学校教育服务的接受者，亦是学校的主体，不仅具有对学校对其行使管理的陈述权、申辩权、告知权，而且具有对学校管理工作的参与监督权。但在办学实践中，学生被当作管理对象，其作为教育服务接受者的主体地位没有得到足够尊重，学生对学校工作几乎没有话语权。

（三）缺乏特定的桥梁和纽带，行业、企业参与治理机制不健全

高职院校是利益相关者共同治理的社会组织。行业、企业作为高职院校合作者，是高职院校非常重要的利益相关者，应该参与高职院校的治理。随着校企合作的不断深入，尤其是在"四合""四共"的语境下，行业、企业的话语地位应当和高职院校是平等的。深度参与这种合作的企业应当作为核心利益相关者存在，这也是高等职业教育的独特之处。然而在现实办学实践中，行业、企业参与高职院校治理并未落到实处。行业、企业仅限于为学生提供顶岗实习岗位，为专业、课程设置等提供咨询或建议，而没有能够作为高职院校治理结构中的核心利益相关者真正参与到学校决策、管理及教育教学活动之中。行业、企业在高职院校治理体系中没有足够的话语权，参与高职院校治理乏力，其参与高职院校治理的机制尚未形成。现行高职院校内部机构设置基本上沿袭了政府部门或本科高校内部机构的设置模式，没有体现产教融合、校企合作办学的职业教育类型特点。行业、企业参与高职院校治理缺乏强有力的制度保障，不能以举办者身份有效地参与高职院校治理。

三、多元主体治理的实现路径

当前，以高职院校内部科层制为主导的行政管理模式不利于利益相关者平等地参与高职院校治理，影响高职院校治理效率。推进高职院校治理

现代化转型，关键是根据职业教育的类型特征，弱化以科层制为主导的行政管理模式，通过系统化制度安排，统筹不同治理主体关系，充分发挥不同利益相关者（尤其是行业、企业）平等参与高职院校治理的作用，实现真正意义上的多方共治。

（一）加强制度体系的顶层设计，重构利益相关者多向度关系

若要弱化以科层制为主导的行政管理，实现高职院校治理现代化转型，则必须以健全的制度体系为依托，借助完善的制度安排，让利益相关者权责划分更加清晰，让政府与高职院校、高职院校与行业和企业、高职院校与其师生等各利益主体的关系日趋和谐，从根本上改变高职院校权力内卷化或行政化倾向。为此，高职院校内外部治理制度体系的顶层设计要突破高职院校治理创新中所遭遇的瓶颈问题，重构如下三种关系。一是重构政府与高职院校的关系。在市场经济条件下，政府的作用并非万能的，高职院校亦非政府的行政附属物。通过制度体系创新，实现政府简政放权，让高职院校不再被视作政府的行政附属物，才能为高职院校权力去内卷化或去行政化创造宽松的制度环境。二是重构行业、企业与高职院校的关系。职业教育是跨界教育，行业、企业是重要的参与主体。行业、企业参与治理的制度体系健全，不仅能给其参与办学提供可靠的制度保障，而且能弱化高职院校科层制职权分层分级的强度，实现纵向管理和横向沟通的结合。三是重构市场与高职院校的关系。当前，市场对职教资源的配置作用日益明显。高职院校专业及课程设置的合理与否、人才培养质量的高低、社会服务能力的强弱均需接受市场的最终检验。健全和完善治理制度体系，有助于高职院校淡化自己的部分行政权力，把办学评价的权力交给市场、交给社会，集中精力推进人才培养模式改革，提高人才培养质量，主动满足市场和社会多方面的需要。

（二）健全和完善内部治理结构，为多方共治主体赋权增能

共同治理强调治理秩序形成的自组织性，改变以往片面依靠行政权威的局面，形成和维系治理秩序。高职院校需要健全和完善"党委领导、校长负责、专家治学、民主监督、企业参与"的内部治理结构，为多方共同

治理主体赋权增能，以防止行政权力的滥用。一是校长负责与专家治学的相互支撑和协同配合。校长负责和专家治学均属执行权力，分别表现为行政权力和学术权力。二者的形成依据有所不同，任务和职责亦有差异，但相互支撑、相互制约。职业院校的组织特性决定了其行政权力的有效性须建立在学术权力正确运用的基础之上，其行政权力的正确运用亦应为学术权力的发挥提供保障。行政权力与学术权力只有相互支撑、协同配合，才能共同推动学校的建设和发展。二是各主体形成监督制约合力。高职院校监督权表现为纪检监察部门的纪检监察权、教职工和学生的民主监督权。纪检监察部门行使的是对党员领导干部和行政管理人员的监督、检查、调查、建议、处分权等；教职工的讨论建议、通过、决定、评议监督等职权由教职工代表大会代为行使；学生的民主监督权则表现为实体性权力（发展、民主、知情、获助、批评建议等）和程序性权力（申辩、申诉等）两个方面。三种权力监督范围和工作重点虽有不同，但能相互补充，形成监督制约合力。三是行业、企业参与治理权力落地。行业、企业缺位一直是高职院校治理的短板。现行"外部介入"方式都不足以解决行业、企业参与办学的问题。只有以利益为纽带，创新行业、企业参与高职院校治理的机制，才能让行业、企业真正以办学主体的身份，常态化地参与高职院校治理。

（三）转变治理方式和治理手段，增强高职院校多方共治效率

充分发挥多元利益相关主体的力量，形成治理合力，是高职院校治理协同创新的重要基础。因此，根据国家职业教育治理现代化的时代要求，以"治理效率"为着眼点，探索高职院校治理的新样态、新手段、新举措，打破传统以科层制为主导的行政格局，推进高职院校治理方式的创新，提高治理效率，最终推动高职院校由传统管理向现代治理转变，是摆在高职院校面前的重要任务。若要实现这种转变，则需推进或强化三种治理方式和治理手段。一是实行多向度治理。以科层制为主导的行政管理模式是单一纵向的垂直管理模式，亦即命令式或控制式治理。其管理层级过多，权力过分集中，无法充分发挥各参与主体的作用，难以实现各方的相互沟通和民主协商。为此，

理论与实践：高职院校治理现代化研究

高职院校的治理方式要由单一管理朝多向度治理转变，使权力由"自上而下"的单向度运作向"上下纵向互动""左右平行互动"的多向度运作转变，为实现多方共治提供必要的空间与资源支持。二是实行综合治理。行政命令固然是高职院校落实各项工作的重要手段，但不是唯一手段。高职院校治理尤其需要综合运用行政手段以外的经济、法律、科技（网络信息）、道德约束等多种手段，以弥补单一手段的缺陷和不足。三是实行依法治理。高职院校所采取的选择式、项目式治理，虽然短期效果显著，但容易导致治理的主观性和随意性。要想改变这种治理方式，就必须坚持依法治理。依法治理是高职院校治理现代化转型的本质要求，也是实现从管控规制向法治保障转变的重要前提。因此，高职院校要在切实加强以章程为统领的制度体系建设的基础上，弘扬规则意识和法治精神，加大法律法规和学校规章的宣传和贯彻力度，树立法治（规则）思维，改进法治方式，做到解决问题用法，化解矛盾靠法，最终实现学校治理的现代化转型。

第三节　混合所有制治理

这里所说的混合所有制治理严格来讲是混合所有制高职院校治理，是从院校类型视角来看待高职院校治理问题。任何组织都有一个治理问题，学校当然也不例外。尤其是对按照市场机制发展起来的混合所有制高职院校这一新的高职院校形态来说，其治理结构的建立与完善对平衡教育规律和经济规律起着重要作用。从这个意义上说，混合所有制高职院校法人治理问题显得更为重要。本节从混合所有制、混合所有制高职院校及其治理等基本概念问题入手，分析我国混合所有制高职院校构建法人治理现状及存在的问题，并提出混合所有制高职院校法人治理的基本架构。

一、混合所有制治理

（一）混合所有制概念的界定

混合所有制是混合所有制经济的简称。所谓混合所有制经济，是指财产权分属于不同性质所有者的经济形式。从宏观层面上讲，混合所有制经济是指一个国家或地区所有制结构中，既有国有经济、集体经济（公有制经济），也有个体经济、私营经济、外资经济（非公有制经济），还包括拥有国有和集体成分的合资、合作经济；从微观层面上讲，混合所有制经济是指不同所有制性质的投资主体共同出资组建的企业。《中共中央关于全面深化改革若干重大问题的决定》特别强调指出："积极发展混合所有制经济。国有资本、集体资本、非公有资本等交叉持股、相互融合的混合所有制经济，是基本经济制度的重要实现形式……允许更多国有经济和其他所有制经济发展成为混合所有制经济……"由此可看出，所谓混合所有制经济，是特指有国有资本参与的经济实体。

（二）混合所有制高职院校本质属性

依据对混合所有制经济概念的理解，并结合职业教育特点，我们基本形成了对混合所有制高职院校的共识，即混合所有制高职院校是指其资本由国有资本、集体资本、非公有资本等交叉与融合的高职院校。混合所有制高职院校作为微观层面的教育组织，既有从二级学院探索的混合所有制办学模式，又有学校层面的混合所有制探索模式。在实际运用中要想准确理解和把握混合所有制高职院校的内在规定性，就必须明确以下两个本质属性。

1. 混合所有制高职院校必须有国有资本的参与

混合所有制高职院校作为混合所有制经济引入职业教育领域的一个概念，必须保有混合所有制经济的内在规定性。因此，从资本所有制属性看，混合所有制高职院校是特指以国有资本参与为前提的，不同所有制性质资本之间交叉与融合的教育组织。它既可以是公有资本与非公有资本的融合，也可以内含国有资本与集体资本的融合。而国有资本的参与是构成混合所有制高职院校的前提条件。

2. 混合所有制高职院校必须是不同所有制性质产权结构的多元化

混合所有制高职院校最大的特点或最本质属性是"混合"，即不同所有制性质产权结构的多元化。不同所有制性质产权结构的多元化，特指混合所有制高职院校是一种国有资本、集体资本和非公有资本相互融合的产权结构。从资本组织形式来看，混合所有制高职院校采取股份制形式，但混合所有制高职院校与股份制高职院校不同，二者只是相互交叠的两种多元产权结构。混合所有制高职院校在产权结构上体现为不同所有制性质资本融合的多元投资主体高职院校。判别一所高职院校是否属于混合所有制高职院校，关键要把握两个内在规定和本质属性：一个是是否有多元投资主体，另一个是是否有不同所有制属性资本的融合。

（三）混合所有制高职院校衍生特征

我们认可"国有资本的参与"和"不同所有制性质产权结构多元化"是混合所有制高职院校的本质属性。混合所有制高职院校资本所有权分散与教育经营权集中、产教深度融合、功能优势互补和形态多样化等特征则似乎是从属于这两个特征的，或者是从这两个特征中推衍而出的。我们将其称为"衍生特征"。

1. 产权结构多元化引发的资本所有权分散与教育经营权集中的特征

混合所有制高职院校的本质变化是由单一所有制向混合所有制转变的变化。这种变化必将使其产权关系出现所有权分散与教育经营权集中的特征。这一变化既体现了现代经济发展的客观需要，也反映了职业教育治理体系与治理能力现代化的本质要求。混合所有制高职院校不同所有制产权结构的变化引起的资本所有权分散适应了现代高职院校运行需要淡化所有权的要求。一方面，当高职院校采用混合所有制形式时，强调的重点是混合其教育经营权，而不是其资本所有权。另一方面，资本所有权分散也使所有权与教育经营权相分离的现代高职院校治理制度建设成为现实。只有在资本所有权分散的条件下，资本所有权与教育经营权才能彻底分离。这就要求混合所有制高职院校必须建立一个有效的内部治理体系，即需要将教育经营权集中。教育经营权集中的制度安排能促使混合所有制高职院校建立合理的内部治理结构，对规范其办学行为，提高其办学效率，更好地保证其不同投资主体各方面利益的实现，具有非常重要的作用。

2. 产业资本注入职业教育领域引发的产教深度融合的特征

产教融合是职业教育的本质特色。混合所有制高职院校不同于混合所有制企业。从资本形态来看，混合所有制高职院校是在不同所有制性质资本基础上融合了不同的资本形态，简单地说，就是实现了产业资本与教育资本的深度融合，即产教深度融合。这种融合不仅包括不同所有制性质的产业资本与教育资本的深度融合，就其内部构成的复杂性而言，它还可能内含着不同类型国有资本（如产业资本）与国有资本（如教育资本）的融合、不同类型的集体资本（如产业资本）与集体资本（如教育资本）的融合、不同类型的非公有资本（如资产、知识技术、管理、设备等）之间的融合。基于产业资本与教育资本融合的混合所有制高职院校，以利益共享机制的校企合作作为纽带，通过产业资本向教育资本渗透，把学校和企业联系起来，彻底打破了职业与教育、企业与学校、工作与学习之间的藩篱，促进了学校与企业的实质性合作，真正实现了产教之间的紧密融合，推进了困扰职业教育领域办学实践的一系列难题的解决。

3. 不同所有制资本的合理组合所形成的功能优势互补的特征

混合所有制高职院校突破了单一所有制界限，实现了公有和非公有两种及以上所有制的相互融合和相互合作。它通过一定的治理体系，既可有效整合各种所有制成分的功能优势，又能相对抵消它们各自的缺陷和劣势，是一种功能优势互补的、适宜市场经济发展的高职院校组织形态。混合所有制高职院校功能优势互补特性集中体现在对办学活力的激发上。其一，依据新制度经济学的观点，产权变动可以生成、启动组织内部利益激励机制，从而有可能提高组织经营者的努力水平与绩效。其二，发展混合所有制高职院校，学校教职工即可投资入股成为学校股东。这样既有利于学校根据市场需求和行业、企业需要灵活自主办学，又有利于整合社会各方和校内各部门资源，调动教职工的积极性。其三，混合所有制高职院校制度体系支持以知识、技术作为生产要素参与办学并享有相应收益，这将有效吸引企业中拥有知识产权、技术开发成果的"能工巧匠"投资入股，按股权分享收益。这样不仅可以改善高职院校产权结构，还可以调动企业技术人员加入"双师型"教师队伍的积极性,发挥各方优势,实现协同创新和协同育人。

4. 资产所有者来源或成分复杂性引发的形态多样化的特征

混合所有制高职院校形态多样化特征是指其资产所有者的来源和成分是多样化的,院校是多元化的产权主体联合出资所形成的教育组织。从实际联合出资的主体看,混合所有制高职院校构成的主体可能有高职院校、高职院校联合体、职教集团、高职院校二级学院等,而从非职业教育领域来看,产权主体有国企、私企、外资、三资企业、科研机构、政府机构、民间金融机构、基金会、社会团体与个体等。从资本交叉或融合后形成的样态来看,混合所有制高职院校作为不同所有制产权结构下的教育组织,会因融合主体、混合态势、资本表现形态、实现形式等维度的不同组合而产生丰富、多样的样态。因而,我们不能简单地把混合所有制高职院校概括为一种或几种形态。按照投资来源划分,我们大致可以将其归纳为中外合资的涉外高职院校形态、国有资本注入的民办高职院校形态和公办高职院校改制形态三种形态。如果从混合所有制高职院校实现形式看,我们大致可以将其概括为合作制、股份制、股份合作制、中外合资等几种形式,其中股份制是最典型的形式。

(四)混合所有制高职院校治理及其基本概况

目前,学术界只有对混合所有制高职院校治理现实做法的探讨,对其治理的理论研究相对较少,对其治理内涵的理解也不一致。我们认为,混合所有制高职院校治理可借鉴公司法人治理的"基本内核",但一味采取"拿来主义"方式,不加分析"套用"现代公司法人治理模板,想必也会适得其反。因此,要想准确把握混合所有制高职院校治理内涵,就必须按照遵循社会组织治理规律、职业教育规律和市场经济规律的逻辑来思考。正是基于这样的认识,我们认为,混合所有制高职院校治理是指学校内部权力设置及权力制衡的一整套制度或调控机制及其实际运行,它涉及学校机构权力的来源、运作和权限,学校所有者(出资者)、决策者、执行者、监督者的权利、义务等。混合所有制高职院校治理的根本目的是形成有效的制衡关系，确保学校办学效率的提高和办学目标的全面实现。

我国混合所有制高职院校自20世纪90年代后期探索至今，已有20多个年头。混合所有制高职院校作为职业教育领域的新生事物，是一种办学体制机制上的创新。目前，从全国各地混合所有制职业院校办学实践看，其依据《中华人民共和国民办教育促进法》（以下简称《民办教育促进法》）和《中华人民共和国公司法》（以下简称《公司法》）基本建立起了自己的治理体系，形成了因校而异的决策、执行和监督机制。

1. 作为治理基础的法人财产权已经基本定性

法人财产权原本是为了理顺国有企业产权关系，探索建立现代企业制度而设计的，其主要目的是描述和界定企业法人与其拥有财产之间的法律关系。一般来讲，法人财产权即可以被视为法人所有。法人财产权是规范投资者、经营者各自权利和义务的一组权利的总和。从根源上讲，法人财产权是投资者通过向法人组织投资，将其实际拥有的现金、实物等现实产权转化为股权，而将投入资产除终极所有权外的占有、使用、收益、转让等所有权能转移给法人组织行使而产生的。法人财产权是混合所有制高职院校赖以存在和发展的经济基础。法人财产权以及构成法人财产权的出资人所有权及权益清晰与否关系着学校的可持续发展。混合所有制高职院校是独立法人，不同出资人投入到混合所有制高职院校中的财产应该属于其法人财产。由于目前的混合所有制高职院校都有社会力量参与办学，《民办教育促进法》在一定程度上成为规范其办学行为的参考法律。修订后的《民办教育促进法》规定，"民办学校对举办者投入民办学校的资产、国有资产、受赠的财产以及办学积累，享有法人财产权"，"民办学校存续期间，所有资产由民办学校依法管理和使用，任何组织和个人不得侵占，任何组织和个人都不得违反法律、法规向民办教育机构收取任何费用"。按照上述法律法规的规定，混合所有制高职院校的资产在学校存续期间归属学校本身，混合所有制高职院校法人财产权为学校治理结构提供了经济基础。

2. 治理结构中的决策、执行和监督机制已初步建立

决策、执行和监督机制在混合所制高职院校治理中占有重要地位。科

学的决策、执行和监督机制是构建法人治理制度的核心内容。现行所有典型形态的混合所有制高职院校无一不是按照《民办教育促进法》的要求（或借鉴《公司法》的规定）建立起自己的决策、执行和监督机制的。混合所有制高职院校一般都设立董事会作为决策机构；实行董事会领导下的校（院）长负责制，由校（院）长负责学校的教育教学和行政管理工作；建立监事会，对学校的运行级董事会的工作进行监督；依法通过教职工代表大会等形式，保障教职工参与民主管理和监督的权力。由于混合所有制高职院校尚处在初创阶段，从每个学校的实际情况看，不同学校法人治理结构的决策、执行及监督机制与运行规则还不成熟，有不断探索的空间。这就给探索者的主观随意性留下了空间，产生了法人治理因人而异、因校而异的诸多情形。

二、混合所有制高职院校治理现存问题及原因

（一）混合所有制高职院校治理主要问题

当前，混合所有制高职院校治理借鉴或沿袭公司法人治理的做法，严格地讲，只是形同，并不完全神似。毕竟混合所有制高职院校是教育组织，而非经济组织。当前的做法过多关注了市场规律、组织治理规律，而忽视了教育规律，尤其忽略了新时代中国特色社会主义国情。避开实际运行中可能出现的问题，从整体架构或制度层面上看，混合所有制高职院校治理存在如下主要问题。

1. 混合所有制高职院校治理之基础的法人财产权不完整

法人财产权相关规定对混合所有制高职院校明晰产权有着重要的现实意义，但还不能从根本上解决所有问题。法人财产权是一组权利的总和，是基于《公司法》法人制度以及相关法律规范而形成的法律范畴。混合所有制高职院校办学属于公益性事业，其包括法人财产权在内的许多问题，均按照相近或相关原则，依据《民办教育促进法》来规范。这样做的后果是，《民办教育促进法》规范民办学校所暴露出的问题都会在混合所有制高职院校中反映出来。从修订后的《民办教育促进法》来看，其并未完全按《公司法》相关规定提出对应股权概念。举办者（尤其是非公有资本出资

人）出资办学后，无法获得与《公司法》中股权派生出的收益权类似的权利。主要问题有以下两个。其一，出资人的股权无法正常流转。由于无明确股权概念，学校出资者无法自由转让其对学校出资的权力，只能在清算后重新获得出资财产的所有权，缺乏在不影响学校稳定的前提下，通过转让股权，退出举办活动，抽回资金，重新取得实体性财产权的渠道。其二，出资人资产无法增值。依据法律规定，举办者出资财产与学校办学积累财产都是学校法人财产权的权利源头。因此，出资者资产并不能如股权那样随着法人财产权的扩大而不断增加。即使学校解散清算，出资人对学校积累所形成的财产也不享有所有权。修订后的《民办教育促进法》规定："非营利性民办学校的举办者不得取得办学收益，学校的办学结余全部用于办学。营利性民办学校的举办者可以取得办学收益，学校的办学结余依照公司法等有关法律、行政法规的规定处理。"但这种结余与出资人投入额及所占投资比例并无直接关系，出资人获得办学结余的权利与股权派生出的收益权也并不完全相同。

由此可见，修订后的《民办教育促进法》中涉及的法人财产权制度虽然可以以参照方式强调混合所有制高职院校对财产的支配权，但其对出资人权利保障明显不足。选择非营利性法人的学校，出资人转移了出资财产所有权后，并未获得类似股权的权利补偿。这样使得出资人的办学行为既不像投资，也不像捐资。说是投资，它又不能取得回报；说是捐资，它又能清算。由于依据《民办教育促进法》来规范办学，混合所有制高职院校事实上的法人财产权制度中缺乏股权权益安排，同时混淆了法人资本金与法人财产增值之间的差异。这样将有可能阻断投入混合所有制高职院校的非公有资本通过办学活动增值、扩大办学规模。更重要的是，法人财产权制度不完整会导致学校难以建立起稳定的法人产权结构，促长出资人利用直接对学校的控制，设法获得利益回报和权力保障的现象。

2. 混合所有制高职院校治理中决策和执行机制选择存在法律适用不当

混合所有制高职院校明显不同于单一所有制的公办高职院校和民办高职院校。它虽然通过不同所有制性质的产权结构的多元化，较好解决了职业教育产教深度融合的内生动力问题,但也会使得自身在兼具公办和民办高职院校优势的同时,存在选择治理结构尤其是其中的决策与执行机制的困惑,换句话说,用何种法律或法规来规范其治理结构存在两难选择。公办高职院校由于资本构成为单一国有资本,无疑可以按照《高等教育法》的规定,实行党委领导下的校长负责制,由校长任法定代表人。民办高职院校的股权结构虽然可能多样,但其资本构成均为非公有资本,因此,民办高职院校无疑必须按《民办教育促进法》的规定,实行董事会领导下的校长负责制,由董事长任民办高职院校法定代表人。由于混合所有制高职院校的资本构成包含公有资本和非公有资本,其应该采取什么样的治理结构(尤其是决策与执行机制)值得深入思考。由于我国目前尚未出台专门规范教育领域混合所有制办学的法律法规,混合所有制高职院校治理结构是依据《高等教育法》来设计,还是依据《民办教育促进法》来设计,尚无定论。从实践层面的探索看,我国典型形态的混合所有制高职院校治理结构均是依据《公司法》和《民办教育促进法》来设计的,并借鉴了股份制公司的经验,将董事会领导下的董事长负责制作为其决策和执行机制。这种做法明显存在法律适用不当的问题。事实上,抛开这一问题不谈,混合所有制高职院校无论选择上述哪一种决策与执行机制,都面临法理的尴尬或实践的弊端。

3. 混合所有制高职院校治理中制衡功能缺失所引发的"一权独大"

我国为数不多的混合所有制高职院校依据《公司法》设置股东会、董事会和监事会,实行董事会领导下的校长负责制。其治理结构(尤其是决策与执行机制)已经发生了明显变化,但其法定代表人模式还沿袭了公办高职院校的做法,实行单一法定代表人模式,即董事长为法定代表人。从理论上讲,混合所有制高职院校治理结构采用"三权分立",限制个人集权,实现分权与制衡、激励与约束的相互结合,其制度设计思路是合理的。但其单一法定代表人模式无法与"三权分立"机制形成协同效应,这在一定程度上会导致原来公办高职院校单一法定代表人模式下存在的问题仍有可能在混合所有制高职院校中出现。由于股权结构是治理结构的基础,股权结构的安排在很大程度上会影响治理结构的具体表达。在实际运行中，"一股独大"的大股东（无论是公有资本，还是非公有资本）均可能成为董事长，对外行使职权，直接主宰学校的运行与管理。在单一法定代表人模式下，董事长作为法定代表人，其权力如果过于集中，形成"一权独大"，就容易导致分权与制约的制衡功能丧失，最终引发职务侵占及其他腐败现象，损害各个出资人的利益。当前也有学者提出，混合所有制高职院校一般设置了监事会，监事会的权力与董事会的权力平行，监事会可以监督董事长、董事或校长及管理层的行为。但从客观上讲，在单一法定代表人模式下，监事会的职能未必都能真正实现。因为，虽然监事会成员产生程序民主（即由董事会选举产生），但在多数情况下其候选人由董事长提名并通过选举产生，这实际上就形成了监事会成员听命于法定代表人（董事长）的现实基础，最终导致监事会无法独立行使监督权。其结果是看似法治化的治理结构同样容易演变成"人治"的治理结构。

4. 混合所有制高职院校治理中党组织与董事会关系处理不当

在公办高职院校混合所有制改革的实践中，其治理体系和治理结构的构建不可避免会遇到"新三会"与"老三会"的关系处理问题，尤其是"党组织"和"董事会"的关系问题。现行混合所有制高职院校的大致做法是，董事会作为学校的决策机构，负责学校重大问题的决策，校（院）长及管理层负责具体实施。

政府或省级教育工委选派督导专员和党委书记，对学校办学进行监督或指导。党委书记进入董事会，以保证学校办学方向。从理论上讲，党组织与董事会关系看似清晰，在具体实践中却很复杂，具体表现在以下三点。其一，分权不清，权限交织。党组织的"权"是学校的政治领导权，而董事会的"权"是学校重大教育事务的决策权。党组织的政治领导权如何在参与学校重大教育事务决策中体现出来，或者说党组织负责人以何种身份、何种方式、依据何种程序参与董事会决策无法明确，致使党组织参与学校重大教育事务决策缺乏制度保障。另外，党组织负责人兼职过多，既要以董事会成员身份参与学校决策，又要对决策进行监督，从而出现自己监督自己的矛盾。其二，从职能来讲，党的政治组织体系与董事会领导下的校长负责的行政管理体系分权失衡。主要表现在：① 董事会权力过大，党组织权力过小。② 董事长权力过大，董事权力过小。党组织负责人虽然可以进入董事会，但因董事权力过小，地位难以得到有效保障，从而影响党组织作用的发挥。其三，权力运作越界和权力运行异化现象同时存在。从宏观权力划分来看，董事会与党组织之间的权责界限比较清晰，一旦涉及具体工作，二者则经常出现互相干预，或者董事会干预党组织工作、阻挠党组织负责人参与学校事务的决策，或者党组织模仿公办高职院校运作模式干预董事会对学校事务的决策和管理。从实践来看，党组织和董事会忽略了混合所有制高职院校权力运行的协商性，以行政命令方式干预各自领域工作的开展。

（二）混合所有制高职院校治理问题产生的原因

混合所有制高职院校及时回应了我国当前经济结构和经济体制发生的深刻变化。但由于职业教育混合所有制改革探索时间不长，探索面不宽，案例也不丰富，其形成的经验还不具有典型性和普适性，特别是在理论层面对混合所有制高职院校本质及其规律的认识还不十分清楚，国家也缺乏相关政策或法律支撑，因此混合所有制高职院校治理存在制度设计和操作层面的问题。

1. 政策滞后性影响了混合所有制高职院校治理

任何教育政策的制定都是在特定条件下解决一定教育问题的产物，即制定教育政策的目的是解决不断出现的教育问题。一种教育政策不仅要整体勾画所推进事物或工作的必要性和重要性，而且要形成具体实用、切实可行、可操作性的政策方案。目前，混合所有制高职院校探索仅仅在宏观职业教育政策层面获得了许可，为推进职业教育混合所有制改革提供了可能。但同时我们应该清醒地看到，混合所有制高职院校办学实践探索至今，国家从政策层面对其规范性的表述或操作层面的规定仍然是空白，一些关键性理论和实践问题得不到正面回应，具体操作层面（即适用法律、舆论环境、风险监管、产权流转、内部治理等方面）的政策藩篱并没有消除。

目前在实践探索中，举办者不是摸着石头过河，边走边看，就是采取就近原则，用其他法律规范或政策来规范办学行为，这直接导致其实践探索存在一定的不确定性或主观随意性。因此，若要真正发挥教育政策的前瞻性和指导性作用，推动职业教育混合所有制改革的发展，就需要国家出台更加完善、严密、操作性强的新政策法规。

2. 治理主体不同利益诉求影响了混合所有制高职院校治理

目前，混合所有制高职院校办学模式大多依托公办或民办职业院校形成。作为混合所有制高职院校办学的申请方，原有公办或民办院校不仅投入了大量有形资产，还投入了以学历教育为主体所集聚的无形资产。公办高职院校由国家举办，有着较强的社会职能和政治目的，但为了自身发展，不得不为学校管理者和教职工谋求收入最大化。公办高职院校由于有较大的来自主管部门的行政约束，在追求经济利益的同时会更加关注社会效益。

作为混合所有制高职院校治理参与方（企业或个人）的非公有资本或社会资本投资方，其投入的大多是有形资产。在办学实践中，非公有资本投资方最关心的是资产增值。他们或多或少有一定的投机意识，追求经济利益最大化，而社会资本投资方缺乏来自上级行政主管部门的约束，因此，混合所有制高职院校中非公有资本参与方的行为会存在强化经济利益倾向，若其不受到限制，则可能会损害社会公共利益。

作为混合所有制高职院校引导者或主导者，政府起到了指导混合所有制高职院校，并对其进行统筹规划和监督管理的作用。混合所有制高职院校作为社会公共品的提供者，需要政府部门的制度供给；而混合所有制高职院校作为公共事业承担者，需要政府维护其利益。政府的政策一方面要实现原有公办（民办）高职院校品牌与社会资本的有效结合，另一方面要有效防止出资者为追求经济利益损害公共利益。

混合所有制高职院校治理是由多元主体共同参与的。原有公办（民办）高职院校、公有资本（社会资本）投资方与政府三方形成了"三匹马共拉一辆车"的多元治理格局。三方不同的利益诉求无疑会影响混合所有制高职院校治理的方向及实际运行。

3. 相关法律法规的缺失影响了混合所有制高职院校治理

学校教育制度是我国教育制度的重要组成部分。我国原有教育制度大多基于特定经济制度产生。原有公办学校和民办学校均有相关法律法规对其办学行为进行规范。对原有公办高职院校来说，规范其治理结构的直接法律法规是《高等教育法》；对民办高职院校来说，规范其治理结构的直接法律法规是《民办教育促进法》；就连与混合所有制高职院校同时起步的、带有混合所有制性质的高等学校——独立学院，也有法律法规即《独立学院设置及管理办法》来规范其治理结构。混合所有制高职院校作为公有资本和非公有资本交叉融合的教育组织，与我国很多基于非"公"即"私"背景下产生的教育法律制度不相适应。由于没有直接对应的法律法规出台，目前，混合所有制高职院校依据《民办教育促进法》或《公司法》来设计其治理结构，难免出现"水土不服"。因此，与亦公亦私的混合所有制经济基础相适应的教育法律制度的缺失直接影响了混合所有制高职院校治理结构的构建和完善。

4. 投资办学的属性影响了混合所有制高职院校治理

如前文所述，混合所有制高职院校是公有资本和非公有资本交叉融合形成的职业院校形态。毫无疑问，非公有资本投资方参与混合所有制高职院校办学的行为是投资而不是捐资。这从《国务院关于加快发展现代职业教育的决定》中能得到印证。《国务院关于加快发展现代职业教育的决定》明确提出：积极支持各类办学主体探索发展股份制、混合所有制职业院校，允许以资本、知识、技术、管理等要素参与办学并享有相应权利。目前，正因为我国混合所有制高职院校中非公有资本投资方参与办学的行为是投资而非捐资，投资办学是混合所有制高职院校的基本属性。学校运行中的资产和资源都具有资本性质。资本本性都是寻利，不论其所投入的产业是公益性还是营利性的。混合所有制高职院校非公有资本投资方投入其中的属于民间资本，往往具有投资回报性质，其参与举办混合所有制高职院校不可能不看中回报。非公有资本投资办学属性使得投资方或多或少会以逐利为目的，按照资本运作的规律，寻求利益的最大化。目前，混合所有制高职院校治理中遇到的有些问题，或多或少与非公有资本投资办学这一属性相关。在非公有资本投资方投资办学中，不可避免地会有一些不利于混合所有制高职院校长远发展，影响其治理结构完善的短期行为存在。另外，非公有资本投资方可能把国家公共的教育资源当作赢利工具，出于寻利的目的参与办学，无疑会存在漠视办学规范的行为，继而带来一系列其他发展上的问题，影响混合所有制高职院校治理，继而影响其可持续发展。

三、混合所有制高职院校治理结构及其有效运行

治理结构作为混合所有制高职院校最重要的组织架构，是保障其治理目标实现的重要制度基础。混合所有制高职院校治理结构不是由人们的主观意识决定的，而是由其自身的组织特性及新时代中国特色社会主义国情决定的。不同所有制性质资本的投资主体多元化以及由此引发的经营权与所有权的分离与独立，是混合所有制高职院校治理结构运行的前提条件。当然，混合所有制高职院校治理结构产生的客观性并不排斥人们在构建治理结构过程中的主观创造性。依据混合所有制高职院校治理结构的价值取向和基本原则，我们将混合所有高职院校治理结构的具体架构设计为"党委领导、董事会决策、校长负责、专家治学、多维监督"，并就其有效运行提供一些设想。

（一）党委领导与董事会决策相向同行

在混合所有制高职院校权力配置中，党委领导和董事会决策属于两种不同的权力表述。党委和董事会在工作任务、工作职责及工作方法上均有所不同。党委领导是指党委作为基层党组织拥有政治领导权。这种领导权并非通过行政权力来实现。党委是按照党章的要求，组织全体党员完成党的中心工作，重点从思想、政治、组织等各方面保证党的教育方针、政策的贯彻落实，团结、带动广大教职工投身学校各项建设，并对上级党组织、全体党员和广大教职工负责。董事会决策是指董事会作为由董事组成、对内掌管学校事务、对外代表学校的经营决策机构，拥有学校行政事务的决策权。董事会主要通过行政手段实现对学校日常教育事务的领导、决策和管理，对股东负责。尽管党委的政治领导权和董事会的行政事务决策权属于两种不同权力，但两者的工作目标相同，即使学校办学效益（尤其是社会效益）最大化。因此，党委政治领导权和董事会行政事务决策权是可以实现融合的，换句话说，党委可以通过一定方式实现对混合所有制高职院校的政治领导，并使这一领导地位和核心作用在董事会的教育经营决策活动中得到充分体现。具体来说，党委领导作用可以根据混合所有制高职院校的不同情形通过以下三种方式来实现：① 融入式，即党委成员一人或多人进入董事会，成为董事会成员。党委成员（尤其是党委书记）进入决策层能使党委的意见在学校决策中得到充分体现。② 合议式，即混合所有制高职院校发展规划、重要改革、人事安排等重大事项，党委成员集体参与讨论研究。③ 沟通式，即董事会在做出有关重要行政事务的决定前，应征求党委的意见。

（二）校长负责与专家治学相互依存

在混合所有制高职院校的内部权力配置中，校长负责和专家治学是分别代表行政权力和学术权力的两种不同的权力表述。这两种并行的权力属于执行层面的权力。校长负责代表的是行政权力，它是依靠国家法律、政府意志、社会要求、学校规章等手段支配学校内部成员和组织机构的一种权力形式。这种权力是由制度赋予的，具有高效处理学校事务的能力。专家治学代表的是学术权力，它是专家学者拥有的一种能影响他人或学校行为的能力，是保证学术标准实施、保障学术人员权益的权力形式。虽然校长负责和专家治学作为两种权力的代表，相对独立，不可互相取代，但两者也相互依存、相互制约。基于混合所有制高职院校的教育组织特性，行政权力作用的有效发挥必须建立在学术权力正确运用的基础上，行政权力的正确运用亦可更好地保障学术权力作用的有效发挥。和其他职业院校一样，混合所有制高职院校也容易忽视学术权力作用的发挥。正确处理行政权力与学术权力的关系，关键之处在于遵循学术规律，尊重学术权威，把学校学术事务的决定权交给专家（学术委员会）。学校应当让学术委员会真正成为学术事务的决定机构，把专业建设、课程设置、教材建设、教学评价、科研及技术推广、职称评定、教师聘任等相关学术事务交给学术委员会决定与管理。尊重学术权力并非意味着削弱行政权力。行政权力的合理使用是保障混合所有制高职院校运行效率和秩序的重要条件。基于混合所有制高职院校的产权特性及利益相关者共同治理的特点，行政权力更应从管制型行政权力向协调或服务型行政权力转变。混合所有制高职院校应不断寻求学校内部学术权力与行政权力的互补、协调与平衡，使其内部管理既能遵循学术发展的内在规律，又能满足其高效有序运行的需要。

（三）多维监督相互补充

与公办高职院校相比，混合所有制高职院校监督权的表现形式更具有多维性，包括监事会的监督权、纪检或监察部门的纪检监察权和教职工的民主监督权。这三种权力形式依据新时代中国特色社会主义国情以及相关法律、学院章程要求形成，其监督范围、工作重点不尽相同。监事会的监督权是基于混合所有制高职院校产权混合的特点，依据《公司法》和《民办教育促进法》的要求形成的。监事会由若干监事组成，对全体股东（出资人）负责，对学校财务以及董事会董事、校长及行政管理人员履行职责的合法、合理性进行监督，维护学校及股东的合法权益。纪检或监察部门的纪检监察权是党的纪检机关的检查权和监察部门的监察权的统称。这种权力是根据纪检或监察部门的性质和任务，由党章、党内法规、国家法律所赋予的职权，主要包括监督权、检查权、调查权、建议权、处分权等。教职工的民主监督权是由《中华人民共和国工会法》、《教育法》、《中华人民共和国教师法》（以下简称《教师法》）、《高等教育法》赋予，以教职工代表大会为组织形式进行民主监督的一项基本职权，包括讨论建议权、讨论通过权、讨论决定权、评议监督权四项职权。上述三种监督权虽然相对独立，但相互融合、相互补充、形成合力，共同形成对学校内部权力的制约。如纪检部门成员可以参加监事会，具体方法有两种：一是机构人员合并，共同组成监事会办事机构。让纪检工作融入混合所有制体制中，既可为党组织充分发挥监督职能提供组织保证，亦可为有效发挥纪检部门对董事会、校长及管理层中党员干部的纪律监督作用提供保证。二是纪委书记任监事会主席，或纪检（监察）室主任任监事办主任，提升监督机制层次，为提高监督工作质量和效能提供机制保障。

总之，治理结构作为混合所有制高职院校最重要的组织架构，是提升混合所有制高职院校治理效率、保障其治理目标实现的重要制度基础。由于混合所有制高职院校是市场经济条件下的产物，因此，其治理结构同时必须按照市场机制的要求来构建。然而，市场经济是法治经济，法律制度在其发展过程中的作用无可替代。鉴于不同的混合所有制高职院校办学模式的差异较大以及混合所有制高职院校的治理结构是一个建构的目标，我国还需要从法律制度的供给上进行创新，尽可能对混合所有制高职院校治理结构所涉及的重要问题进行及时的法律规制。当前，还需要从立法或技术层面上解决以下几个关键问题：一是通过完善混合所有制高职院校法人财产权来夯实其治理结构的经济基础；二是从立法上将混合所有制高职院校作为单一主体（学校类型）来设计其治理结构；三是从法定代表人复合多元模式的创新上实现董事会决策的民主性和科学性；四是从法律或技术层面上处理好"新三会"和"老三会"关系问题。

第五章 高职院校治理的国际镜鉴

《国家职业教育改革实施方案》提出,"经过5—10年左右时间,职业教育基本完成由政府举办为主向政府统筹管理、社会多元办学的格局转变,由追求规模扩张向提高质量转变,由参照普通教育办学模式向企业社会参与、专业特色鲜明的类型教育转变"。实现高职院校治理现代化是职业教育改革的关键问题之一。我们可以借鉴国外成功经验,为提升我国高职院校治理现代化水平提供思路和参考。

第一节 国际典型高职院校治理模式

一、德国高职院校治理

(一) 德国高职院校的办学情况

德国教育体系结构包括两个不同层次的高职院校:专科层次的职业学院(Berufsakademie,BA)和本科以上层次的应用科技大学(Fachhochschulen,FH)[1]。德国应用科技大学已经有60多年的发展历程,它的学制一般为4年。德国各州法律对于其学位设置有学士、硕士等。应用科技大学主要为社会提供生产、管理、制造等方面的理论知识扎实和实践应用能力强的高级应用型人才,时常被认为是与德国综合性大学具有"不同类型同等值"

---

[1] 买琳燕. 欧洲高职院校治理结构的演变、要素和特征:以英国、芬兰和德国为例 [J]. 职业技术教育,2019,40 (34):73-79.

的高等教育院校。应用科技大学与其他类型的大学相比，很受企业等用人单位的青睐，原因在于其学生实践能力较强。当然，这离不开应用科技大学实行的"3+1"人才培养模式（学生有2个学期的实习时间，外出考察或专题学习时间为每年1~2周）和实践教学治学理念①。目前，从德国不同类型高校的数量上来看，应用科技大学在德国高校中的占比最大，且地位仅次于综合性大学。

1972年，德国职业学院由罗伯特·博世、戴姆勒·奔驰和斯图加特创办。1982年，巴登符腾堡州会议通过了《职业学院法》，职业学院成为大学，德国法律承认了职业学院文凭和应用科技大学同等学力，职业学院毕业生与应用科技大学毕业生享受同等待遇，职业学院文凭在欧洲也得到认可。这类学校主要为企业培养实践操作能力强的高层次技术人才或中高级管理人才，实行"1+2"人才培养模式。学生有1/3的时间在学校学习理论专业知识和专业技能，有2/3的时间在合作企业参加实习培训。专科层次的职业学院通过学校和企业合作下的学业补充获得国际公认的"工程学士"学位，但学校在学制上并不直接授予学位，只进行学历教育。

作为德国职业教育的一个分支，高职教育在德国经济中的地位不容小觑。正如科尔在1987年指出的，德国经济高度发展的两个原因分别是德国人的文化素质和发达的职业教育，因此，高职教育可被视为德国经济振兴的"秘密武器"。德国高职院校为德国各行各业提供了许多专业高级人才。直到2016年，德国从业工程人员有161万人，其中2/3毕业于应用技术大学②，职业学院毕业的学生也占了一定的比例。不管是应用技术大学，还是"双元制"职业学院，二者都为德国培养了大量实用技术高技能人才。这些人才为德国近几十年的经济高速发展做出了重要贡献。这两类高职院校由此在德国社会里享有盛誉。

---

① 汤敏骞. 德国高职办学模式及其对河南高职教育的启示［J］. 教育与职业，2014（36）：19-22.

② 陈本敬. 德国高职院校内部治理特点及启示［J］. 信阳农林学院学报，2016，26（2）：155-157.

（二）德国高职院校课程体系的现状

在德国职业学校和企业合作的背景下，德国高职院校的课程体系分为理论课程体系和实践课程体系两大部分。理论课程体系依据联邦政府颁布的《联邦职业教育法》和各州文教部长联席会议颁布的各个专业的《框架教学计划》制定；实践课程体系依据联邦政府颁布的《职业培训条例》和《培训框架计划》，结合有关培训企业的具体要求制定。①

在理论课程体系中，通过《框架教学计划》，德国文教部长联席会议统一了各专业学习领域的课程编号、名称、学习时间和内容，但是联邦政府规定每个专业的学习时间和课程数量不一样。课程的理论教学由学校统一负责实施，根据学习课程的功能不同，分为专业领域的课程教学和具有社会普世教育功能的课程教学。理论课程考试由各州文教部长联席会议会同职业学校组织进行。各个高职院校有权对达到《框架教学计划》学习课程要求和通过统一组织的理论考试的学生颁发毕业证书。

在实践课程体系中，联邦政府在《职业培训条例》和《培训框架计划》中规定了企业对实践课程教学的高度自治，充分体现了企业自身的利益。根据法律文件规定的学生专业能力要求和企业的实际需要，企业自行制定实践课程的数量、内容和教学方法。各行业协会对学生进行理论与实践相结合的统一综合考试，考核实践课程的教学效果，并颁发相应的职业资格证书。各个州以及各个企业对专业实践课程的数量、时间和学习内容的安排不同。理论课程的内容会随着行业的发展随时更新，即学校老师的教学内容会根据企业的实际需要不断调整，与企业密切配合培养学生，但理论课程的考试和实践课程的考试是分开的。这些足以体现联邦政府对企业利益的保护。

（三）德国高职院校校企合作的现状

校企合作是一种职业院校与企业相结合的办学模式，将校企双方的优

---

① 王亚盛. 德国职业教育课程构建的几个特征分析与问题［J］. 中国职业技术教育，2008（8）：47-49.

势及教育资源完美地整合在一起,将高职院校的技术优势转化为实际的社会生产力,将企业的专业实践优势转化为培养技术人才的资源。① 学校与企业的结合不仅有利于实现高职院校职业性的人才培养目标,而且促进了学校和企业之间专业人才的流动,在校企之间形成了良性循环。

德国高职院校的治理成就离不开学校与企业之间的高度合作。政府主导下的校企合作办学制度是德国高职院校运作的核心内容,其实质是:校企结合,以企业为主;理论与实践结合,以培训为主。② 高职院校和企业共同承担培养高级技术人才的任务,分工明确,同时又协调配合。学校负责实施学生的理论内容学习,企业则负责实施学生的实践学习。

（四）德国高职院校治理的特点

德国高职院校的治理特点是校长集权制治理。校长的集权主要体现行政权的集中。

应用技术大学的校长由校务委员会选举产生,对外代表学校,主持校长理事会工作,处理学校的一切行政管理和运行事务,但不是学校法定代表人,无权辞退、聘任教师。副校长对校长负责,主要负责协调各部门之间的关系和工作事务。校长、副校长由教授级教师担任,具有丰富的行政管理经验。职业学院的院长主要负责学校的经费和学业。一般来说,每个职业学院只有一名副院长,没有任期限制,负责日常教学管理。具体工作由各部门负责实施。除上述权力外,两类高职院校的校长还直接管理全校教授,并负责与相关部门就教授工资等重大问题进行协商,即校长是教授的直接管理者。

德国高职院校历来有"教授治校"的治理模式。经过德国政府三十多年的治理模式改革,德国大学校长的领导权得到了加强:不仅获得了由大学教授主持的委员会所让渡的部分权力,而且获得了政府赋予的大学行政

---

① 卢荷. 校企合作下的"双师型"职教师资培养[J]. 教育与职业,2016（22）:74-76.
② 蒋立英,陈国忠. 德国"双元制"对我国卫生职业教育创新发展的启示[J]. 中国职业技术教育,2015（32）:47-50.

管理权力。① 德国高职院校校长权力的集中实际上是对教授权力的一种削弱,与之形成权力制衡。这不仅在一定程度上避免了"教授治校"的弊端,对高职院校的发展也产生了至关重要的作用。

(五) 德国高职院校治理的机制

1. 德国高职院校内部治理机制

(1) 德国高职院校内部治理机制:"教授治校"。

在德国的"教授治校"制度下,教授数量少,并且为终身制的,权力非常大。其一,德国高职院校内部治理一直采取"教授治校"的方式,教授在高职院校的发展和运行中有着非常重要的地位。校长虽然是教授的直接管理者,但是需要为他们提供各种便利的服务条件。教授有高度的学术思想自由,可自行决定学校专业使用的教材、考试方式。其二,在德国,教授的选拔非常严格,职业晋升之路非常漫长。一般本科毕业生必须继续攻读研究生,取得博士学位,再经过多年的科研实践才有资格成为教授候选人。这一过程需要 20 多年。教授地位之高、选拔之严格构成"教授治校"赋权的基础。其三,作为德国高职院校教学、科研的核心力量,教授的主要权力不只是组织教学,还包括主持科研活动。其四,高职院校的教授不得随意解聘。教授可以通过评议会、理事会或学术评议会行使决策权和维护自身利益,同时,还可以通过这些机构选拔校长。

德国高职院校"教授治校"的机制推动了职业教育的发展。职业教育在德国经济发展中具有重要地位。由此可见,"教授治校"在很大程度上推动了德国经济的发展。

(2) 德国高职院校内部治理机制:"双元制"办学模式。

"双元制"办学模式对提升政府主导下的应用技术大学和行业协会主导下的职业学院的治理水平发挥了巨大作用。"双元制"办学模式可以助力学生更系统地掌握专业知识并且将知识运用到实际工作中,主要目的是为市

---

① 陈文博,张明超. 中德高职院校校长任职特征与职业发展路径的比较研究:基于中德 40 位高职校长数据的分析 [J]. 高等职业教育探索,2019,18 (6):34-41.

场培养应用型技术人才。

"双元制"办学模式对学生进行了精准分工，提高了社会人才的分配效率。学生在入学后根据自己的喜好选择"双元"培养企业，与企业签订学徒制职业培训协议，成为企业的学徒（准员工）。① 具体做法是：新生每年9月到校后，学校与合作企业共同商定参与"双元制"教育的学生录取条件。达到企业录取条件的学生进入"双元制"名单。学生成为企业的学徒之后，以"学生+学徒"的双重身份接受高职院校与合作企业的共同培养。在这个过程中，企业成为与学校一样重要的职业教育办学主体，对接受"双元制"教育的学生的职业能力了解比较深，即企业和学校有关技术人才的信息是对称的。企业与学校之间的这种交流有利于进一步增强学生的职业能力。这种模式对学生的培养是系统性和完整的。学生毕业之后能尽快找到专业对口的工作，工作时上手也快，而企业能够迅速匹配到与在职员工能力相仿的应用型人才。学生毕业后，合作企业作为办学主体可以优先获得人才选择权。这样的运行模式在很大程度上提高了市场人才资源的配置效率，为社会节省了许多资源。

在"双元制"职业教育体制下，德国高职院校注重师资队伍建设。其一，有着严格的教师准入制度。在德国高职院校中，担任普通文化课的教师需要参加国家第一次考试，取得毕业资格证书，还要接受职业教育培训，或到企业接受专业实践培训半年到一年，到学校后在老教师的指导下当两年实习教师，再参加国家第二次考试，考试合格后才能担任教师。② 德国高职院校对担任专业课的教师要求更严格，主要是毕业后到企业实践的时间要求较严。而担任实践课的教师，不仅要具备实践能力，还要达到学历要求。其二，有着合理的工作任务。教授、其他教师和兼职教师的工作任务不一致。教授是高职院校教学和科研的主力军，安排的教学任务相对较多。

---

① 徐金河，陈智强. 破解企业深度参与高职教育之困：借鉴德国的经验［J］. 高等教育研究，2018, 39（2）：54-58.

② 易淼清. 从德国"双元制"职业教育模式看我国高职教育师资的建设与管理［J］. 教育与职业，2009（2）：69-71.

（3）德国高职院校内部治理机制：监督机制。

德国高职院校在治理方面采取了与国家制度相一致的决策、执行、监督相制约的机制。德国高职院校的内部治理架构可分为重大事务决策层、行政事务执行层和教学及研究事务实施层。三个层次分别对应校议会、校委会和校监会。其中，校监会有监督权，负责监督决策制度和执行制度的运行。每一级由若干委员会或职能部门组成，分工明确。应用技术大学管理委员会是由教授代表和学生代表组成的重大事务决策机构，决策内容包括专业设置、课程设置、教授聘任等重大事项。与应用技术大学重大事务决策机构的名称不同，职业学院的重大事务决策机构称为董事会，由国家机关、经济联合会、培训企业代表等组成。在行政事务方面，应用技术大学成立了校长委员会。校长委员会由校长、副校长和首席执行官组成，负责学校的运作。几个机构的权力是相互独立设置的。高职院校监督权较为独立，不受其他权力的干扰，对学校人员能进行很好的监督。

2. 德国高职院校外部治理机制

（1）德国高职院校外部治理机制：法律保障机制。

德国联邦政府通过立法，有效推进了高职院校治理组织实质性法人地位的确立与功能的发挥，使得高职院校具有一定的自治权。德国在20世纪60~70年代相继出台了《职业教育法》以及与之相配套的法律，并不断对法案进行修订和细化，确立高职教育的法律地位和社会地位，明确相关利益主体的权利、义务及各自的角色定位，切实确保高职院校在教育发展过程中的法律主体作用。① 这充分显示了德国对高职教育的重视，对高职院校治理实践的关切。

（2）德国高职院校外部治理机制：外部质量评价机制。

德国高职院校每五年就要接受一次外部质量评估。外部评估主体多元

---

① 买琳燕. 欧洲高职院校治理结构的演变、要素和特征：以英国、芬兰和德国为例［J］. 职业技术教育，2019，40（34）：73-79.

化。德国联邦政府对各州的高职院校不具有直接管理的权力,只从宏观上制定各州统一遵守的高等教育方面的法律法规(如《职业教育法》《职业教育促进法》等)。各州对高职院校具有高度自治权,会在遵循联邦政府法律法规的情况下,再根据自身具体情况制定本州法律法规并负责监督实施。即使在这样的背景下,德国高职院校的外部质量评估主体也不仅仅限于各州政府。德国高职院校的外部质量评估以政府为主导,由第三方评价机构具体实施,其他社会主体参与。高职院校的外部质量评估主体可从组成成分上分为校内教师、专业评价机构人员、企业代表等,他们对高职院校的教学过程、教学环境、教学结果等进行考察评价,从而对高职院校提供具体而客观的建议,促使高职院校发现自身发展的优势和不足。

为了在更大程度上客观公正地评价,德国在外部质量评价过程中针对职业教育涉及的不同群体的特点采用了观察法、文本分析法、问卷调查法、访谈法、现场巡查等多种方法来收集数据。① 课堂观察和访谈等必须由两个以上的评价团体成员在场分析和评价,而最终的评价报告基于全体评价成员的共识给出。

(六)小结

德国职业教育一直以来作为一个成功的典范备受世界关注,同时也是世界各地职业院校争相模仿的对象。其中德国高职院校"双元制"办学模式最受关注。德国高职教育中企业深度参与职业教育的优势显著,具体体现在学生与企业配对的成本变低。另外,德国联邦政府和各州政府出台了许多有关职业教育的法律法规,各州政府也制定了科学合理的外部质量评估机制等,为德国高职院校的发展提供了良好的外部教学环境。同时德国高职院校自己内部也有完善的内部监督机制。这样外部与内部治理机制有机结合,使得德国高职院校为德国社会培养了许多高级应用技术人才。

---

① 王玄培,王梅,王英利. 德国职业教育外部质量评价及其对我国职教评价体系的启示[J]. 教育与职业,2013(32): 22-24.

二、美国高职院校治理

（一）美国高职院校治理现状分析

美国高职教育的起源较早，具有先进的理念以及丰富的经验。社区学院是其高职教育的重要组成部分，最初建立的目的是发展地方经济、服务地方需要。美国是一个移民较多、具有多民族国际背景的国家，其学生构成具有全球化的特点。学生多元化的特点造就了学校多元化的文化氛围，更加有利于多民族、多文化的交流和融合。在教学特点与方式上，社区学院非常重视外语的教学，以培养国际化多元人才，增强国家竞争力；鼓励学院的课程与国际接轨；同时对于海外的留学生也给予多样化的资助渠道。

社区学院对于美国高等教育的大众化具有重要意义，而高职教育是社区学院的主要职责之一。美国的高职教育有两年学制和四年学制。两年学制高职教育主要培养学生运用工程、数学等理科学科基本知识的能力，主要针对未来从事技术工作和半职业性工作的学生。学生在完成前两年学业后即可获得副学士学位，可以选择直接参加工作，或者选择继续深造两年，完成四年学业即可获得学士学位。两年学制和四年学制最大的区别在于前者的教育工作由社区学院承担，后者的教育工作由专业技术学院承担。一般而言，社区院校学费便宜，课程具有一定的职业导向，有助于学生日后的发展，因此很多社区学院的学生人数并不少，甚至超过综合性大学。21世纪后，美国社区学院的学生总人数超过400万人，约占美国高校学生人数的一半。从发展趋势看，未来对社区学院的需求也将快速增长。研究表明，美国高职院校中目前提供两年制的学校较多，在众多高职院校中提供四年制高职教育的学校仅占全部学校的27%，但是调查研究显示，大部分学生更希望通过四年制的教育获得学士学位证书。

在社区学院的发展过程中，理念和实践观念上的转变带来了许多方面的转变，比如：在财政来源上，从依赖州政府转变为依赖州政府的同时也依赖各种慈善捐款；在生源的选择上，从集中在当地招生转变为开始招收大量的国际生；在职能上，从普通教育转变为更重视职业教育和专业技能培训教育；等等。社区学院的管理制度和运行机制也发生了相应变化，最为核心的就是开始从利益相关者角度考虑院校治理，考虑多方的利益，除了在治理地位上给予相关利益者形式上的重视，还对治理结构提出了要求。社区学院与政府、社区、企业建立起了新的联盟关系、合伙人关系甚至合资关系，不仅加大了教师与学生的参与度，政府与社区、企业的决策权力使用也更为明显。社区学院的功能定位促使其成员为了共同的利益而进行更为复杂的内外部合作。

（二）美国高职院校治理特点分析

美国社区学院在发展的过程中，根据当时所处的时代背景和环境，从自身的实际情况出发，不断发展、调整和完善自己的治理结构，形成政府、市场和社会共同治理的模式。在这一模式中，政府起主导作用，不是简单地监督和调控，而是进行服务型的领导，从整体上进行决策，实施宏观管理。同时，政府也高度重视市场和社会的作用，一方面使教育发展满足市场的需要，另一方面积极鼓励社会各个团体加入管理和监督中。这种治理结构适应了现代市场经济的发展，在学校教育、市场经济发展、社会需求之间找到了一个较稳定的平衡点。

美国高职院校治理主要有以下特点：一是联邦政府和州政府给予大力的资金支持，并对学校的建设进行引导和调控。美国的社区学院没有统一的领导管理，是由各州及地方政府负责管理。这种分权的管理体制有利于联邦政府和州政府根据各自实际推动社区学院的发展，但同时也会在一定程度上导致各个行政区域存在社区学院发展（即高职教育发展）不均衡、着力点不同的相关问题。二是董事会领导下的校长负责制这一制度比较完善，实行时间较长，也积累了丰富的经验，为社区学院的发展提供了组织保障。三是非营利性机构和社会组织在美国社区学院中起到了促进作用。美国社区学院协会（American Association of Community College，AACC）作为美国高等教育核心协会，从功能上看，属于教育智库。智库又被称为第四方力量，是一种非营利性的实体组织。AACC已形成影响教育决策的一股社会力量。长期以来，该组织在公共政策研究方面，一直将社区教育作为其研究的重要方向。它不仅成为政府与社会大众之间沟通教育信息的桥梁，而且在为政府教育决策提供咨询、引导大众舆论的发展、将公共教育问题引向政府政策议程方面都扮演着不可或缺的角色，能有效弥补市场机制的不足。AACC 的作用主要体现在三方面，即为社区学院的发展谋篇布局，为社区学院和社区教育争取资金和政策方面的支持，为社区学院的可持续发展提供人力支持。

（三）美国高职院校的内部治理结构分析

美国高职院校实行董事会领导下的校长负责制。社区学院最出色的部分体现在由董事会、校长、评议会这三个相互制约的主体架构组成的内部治理结构上。

董事会是社区学院的最高决策机构和权力机构，是学校法定的所有者和管理者。董事会的成员一般由所在社区的居民选举产生，主要是社会上有影响力的人和社会名流。根据学校的规模和大小，不同董事会的组成人数也会有所变动。高职院校董事会从长远角度对高职院校的发展进行治理，主要职责包括：确定学校的性质、目标和任务，确定学校的长期发展计划；选拔、任免校长，协助校长开展工作，并对校长的工作进行评价；为学校争取足够的资源，保障学校的正常运作；审批、检查教育计划和对社区服务的计划；协调学校与社区的关系；评价董事会成员的工作。

校长是社区学院董事会的代理人，在学校的内外部治理方面承担着多重角色，是社区学院的行政首脑，拥有社区学院治理的领导权力，拥有最高行政权，对社区学院内各个管理体系在政策制定和战略规划方面起到引导的作用。校长主要是在学术领域有卓越研究成就的学术精英，还具有丰富的管理经验。研究表明，85%的校长直接来自学校的学术队伍和管理队伍，其余15%并非出自学术界，但在学术和管理方面也颇有建树。

评议会属于监督机构，是推进高等教育治理体系现代化的重要工具，是探究学术治理合法性的重要渠道，也是提升公共服务水平和承担公共责任的关键因素。评议会主要负责学院的所有学术事务，如和学生有关的政策的制定、招生、监督学位的授予和学术问题的评估解决等。

总的来说，社区学院的权力运行较为公开、公正，董事会议事环境开放、民主，开会时允许旁听；从校长到普通员工的权利和义务均有明文规定；各委员会既是教职工和管理层之间的桥梁纽带，也是教职工参与学校治理的平台，其职责是对董事会做出的决定提出意见和建议，具有明显的监督作用；对教学质量的监控，除了内部由相关人士组成的委员会进行外，第三方认证评价制度也在客观上起到了一定的作用。因此，从整体上看，社区学院形成了政府依法管理、学校依法自主独立办学、社会各界依法广泛参与、市场依法监督的治理格局。

受到美国政治内部制衡体制的影响，制度相对优势使得美国的高职院校在治理上整体都体现出"三权分立""权利相互制约"的特点。这种"三权分立"的治理结构，使得各治理主体间相互制衡，也在一定程度上避免了高职院校管理权力不断扩大或者滥用权力的现象，具体表现为以下几个方面：第一，董事会赋予评议会学术权力，对学校中学术团体的教学科研活动具有一定的监控权，选拔和任命校长，而校长和评议会又对董事会的行为提出管理倡议。第二，评议会几乎承包了所有关于学术事务的决策权，对校长行政权力的实施进行监督、因此，校长许多方面的权力是有限的，如在学位废立、项目选择上，校长只有建议权，而在教师的选拔、晋升和任免上，校长只有推荐权、提议权和有限的委任权。第三，在实际运行过程中，校长领导的行政部门对评议会有一定的制衡。所以，董事会、校长、评议会三者之间是相互制衡的关系。此外，董事会还有任期，根据学校不同领域的任务还会下设具体的委员会，也减少了舞弊情况的产生。总体来说，美国的高职教育呈现出体系完善、职责分明、既相互独立又相互制约的特点。

(四) 美国高职院校治理模式的分析

美国社区学院是美国联邦政府治理下多方合作办学的社区型学院，在初期并不完善，经过多个阶段的发展才逐渐完善。其发展主要经历了三个阶段。第一阶段是19世纪末至20世纪40年代。由于当时社会条件不够成熟，联邦政府对教育的治理力量薄弱，没有指向性且行政性微弱。第二阶段是20世纪40年代到20世纪70年代。此时公立社区大学的职业教育职能愈发明显。《为美国民主教育服务的高等教育》提出以州为单位制定规划目标，使得社区学院指向更加明确，逐渐为美国国民所接受。第三阶段是20世纪80年代至今。社区学院有了更为明确的经费来源，以联邦政府拨款的经费为主①，治理结构走向成熟化。

当前，美国社区学院形成了以联邦治理为主，地方政府、学校、企业结合治理的治理结构。在国家层面上，联邦治理的基础是按法而行。正是相关法案确保了联邦治理的有效性，保障了社区学院教育者和受教育者的基本权利不被社会或高层次的教育机构歧视。相关法案也明晰了社区学院的经费来源，在社区学院资金上保持了国家与社会的合作。税收是联邦调节社区学院运转的重要一环。联邦通过税收来减轻中低收入家庭的压力，将对象扩展至学生、家长以及企业。企业参与校企合作后利用这一导向可向国家索取税收福利，这反过来也促进了校企合作，有利于合作的长期性、稳定性。在地方上，联邦治理的具体实施通过州政府实现。州政府将联邦经费根据地方需要拨给社区学院，社区学院则以奖学金以及时薪的方式对困难学生给予帮助。在联邦治理下的社区学院从多个方面扩大了参与主体，将国家与社会力量统一起来，实现了治理结构和手段多元化。联邦治理实则是多方治理。在这一理解下，治理更加倾向于合作，以社区学院为纽带，将联邦与企业连接起来形成合力结构，加上相关法案的硬性保障，使得这一结构更加牢固。不难发现，美国社区学院之所以完善，是因为其以问题为导向，不隐瞒问题，不断加强对问题的分析和理解，与合作方共同查漏补缺，极大地调动了参与主体的积极性。美国联邦政府以税收和法治为手段，更新了观念，把社区学院纳入国家教育体系，加入时代性的新元素，稳固了社区学院的基本结构。这些举措均是美国保持社区学院治理能力的优势所在。

（五）小结

美国高职院校的内部治理结构在某种程度上是与政治制度相适应、相

---

① 邢广陆.美国社区学院的治理结构及启示："高职院校领导海外培训项目"赴美研修报告[J]．青岛职业技术学院学报，2012，25（2）：71-75，79．

匹配的。美国"三权分立"政治内部制衡体制的相对优势使得其制度内在逻辑被应用到了社会各个组织集团管理模式当中。作为美国高职教育任务的主要承担者，社区学院的内部治理结构也尽显特色。在美国社区学院治理结构中，董事会、校长、评议会三者各有分工、相互制衡，构成稳定连贯的治理结构，产生了相对良好的治理效果，能够在很大程度上体现办学以学生为本的理念。

研究美国高职院校治理结构的最终目的是对我国的高职院校治理结构进行优化建议以及相关理论支持，引导我国高职院校治理结构趋于完善，在批判与借鉴中提升我国高职院校的治理水平。对于校长的职能，美国马里兰大学罗伯特·伯恩鲍姆教授认为：人们期待大学校长既是一位复杂的科层体制的行政首长。同时又是一个专业社团的同僚召集人；既像是大学校园文化中共有价值与符号的象征性长老，又是对董事会负责、对其他政府机构的要求予以回应的公务员。① 对于董事会而言，其主要着眼点是站在经济利益的角度治理学校；评议会则更加贴近社区学院主体诉求，从多方面考虑利益相关者的利益。

三、新加坡高职院校治理

（一）新加坡高职院校治理现状

1. 发展沿革

新加坡高职院校的发展极大地受限于它的国土面积和自然资源，同时，新加坡作为一个多元化移民国家，不同文化的交融也对其职业教育的发展提出了巨大的挑战。大力建设高职院校，推进高职教育的发展，培养适合市场需要的技术型人才成为新加坡发展国民经济的重中之重。通过借鉴德国、日本等发达国家在高职院校建设方面的经验与成果，结合本国国情，新加坡的职业教育逐渐形成了一套堪称世界一流的职业教育体系。

新加坡的高职院校建设重点与国家经济发展紧密联系。建国初期，面

---

① 阿尔特巴赫，伯达尔，古姆波特. 21世纪美国高等教育：社会、政治、经济的挑战［M］. 北京：北京师范大学出版社，2005：321.

第五章 高职院校治理的国际镜鉴

对不断攀高的失业率和严峻的国际形势,新加坡的经济发展战略是力求在工业和制造业生产链的最低端站稳脚跟,因而政府大力发展职业教育,以创造大量就业机会。各高职院校借鉴德国"双元制"办学模式,重点培养了一批劳动密集型制造业技术工人。20世纪70年代中期到1990年,新加坡的经济发展迅速向资本密集型的高科技战略转移。1979年发布的《吴庆瑞报告书》宣布对教育制度实行三次分流。之后高职院校招生规模迅速扩大,也宣告新加坡职业教育的发展进入了一个崭新的时代。这一时期新加坡高职院校的培养重点向技术密集型产业转变,培养高技能人才。20世纪90年代中期以来,新加坡的经济发展开始向研发、创新、创造和服务方向转变,着重发展新技术、新型生物医学、生物制品和高价值服务业。这个时期的新加坡定下赶超发达国家的战略发展目标,对职业教育也相应地进行了一系列的改革,将工业与职业训练局及其属下的职业专科学校改设为工艺教育学院,同时在已有的两所公立理工学院的基础上逐步建立三所公立理工学院,形成了当前新加坡职业教育体系的两个重要层面。同时,职业教育更加注重内涵和转型发展,课程中也更好地融入了培养创造性、创新能力和解决问题能力的内容,并形成了开放包容的体系。①

2. 办学情况

新加坡职业教育体系分为工艺教育学院和理工学院两个分支,前者可类比为我国的中专,后者可类比为我国的大专,其中工艺教育学院有1所,即新加坡工艺教育学院,理工学院有5所,分别是新加坡理工学院、义安理工学院、淡马锡理工学院、南洋理工学院及共和理工学院。后者为本书讨论的重点。

新加坡的职业院校的主要录取途径如下:在经过分流之后,学生分别进入中学快捷班与普通班。中学快捷班的学生经过4年的中学学习将参加新加坡剑桥O水准考试。40%~45%的学生直接进入理工学院接受3年的高职教育。中学普通班的学生则在4年学习结束时参加新加坡剑桥N水准考试。

---

① 陈婵英. 新加坡高职院校内部治理特点及启示[J]. 职业教育研究. 2016 (5): 93-96.

排名靠前的学生可以继续就读中学五年级,在第五年普通课程结束后参加剑桥O水准考试,并根据考试成绩进入初级学院或理工学院学习。部分成绩优异的学生进入初级学院读2年的大学预科,再参加新加坡剑桥A水准考试,根据考试成绩和各项指标进入大学或理工学院。N水准考试成绩普通的学生进入工艺教育学院就读,学习1~2年。工艺教育学院部分综合考评优秀的毕业生可升入理工学院进修。由此可见,新加坡的职业教育具有很强的灵活性和衔接性。

3. 地位

职业教育是奠定一个国家工业经济发展的基础类型教育,高职院校则成为培养推动工业发展后备军的重要来源。新加坡政府对职业教育特别是高等职业教育的高度重视,对职业教育体系的不断完善,是促进新加坡经济腾飞的关键武器之一。

(二)治理特点

1. 双师型教学

新加坡职业院校教师的入职基本条件是具有五年以上的企业工作经验的专业技师。这就要求教师既是专业知识的传授者,又是专业技能的培训者。这一特征起始于德国高职院校的"双元制"教学模式。由于缺乏规模庞大的国内企业,同时为了更好地开发人力资源,采取双师型教学更符合新加坡国情。

新加坡职业院校的课程设置主要分为基础课程和实践课程两个模块。五所理工学院都在长期的摸索中发展出了特色各异的教学模式,其中,在基础课程教学方面,主要是由教师引导学生对课题项目进行研究与探索。教学项目来源于教师研究项目、竞赛项目、已有实施项目。实践课程由学校指导教师(学校和企业)及联络教师负责。学生在学习完基础课程的专业知识之后,可以根据企业的具体需求有针对性地进入企业参加岗位实习。这一校企合作的方式既能帮助各高职院校学生在实践中充分应用自身所学习的专业知识,又有利于企业为自身的发展培养出一批合格的后备军,还能更好地增强新加坡职业院校的人才教育实效性,优化其教育水平。

为了提升教师的教学水平，新加坡政府和各高职院校对教师的长期发展提出了较高要求。其中，南洋理工学院提出师资"无货架寿命"的理念，有效地回应了这一要求。无货架寿命是相对于货架寿命而言的。货架上的商品一旦超过了其寿命期限就只能被下架，但人才的培养具有长期性和延时性，培养内容也必须与时俱进，满足就业市场需求。这就要求教师在教学过程中不断学习，自我提升。南洋理工学院采用了各种形式增强教师的专业技能，在资金上每年人均培训投入成本约 4 000 新元。在专业技能上，新进教师必须接受学院专门培训机构组织的为期三个月的培训，正式上岗后每隔 2~3 年就要从事一段时间企业项目的研发。每个学期至少有 15% 的教师参与企业项目开发。此外，新加坡还非常重视教师与国际接轨，鼓励并为教师创造机会到海外大学学习、深造或在海外企业兼职实习，拓宽教师国际视野。并且教师每隔 2~3 年就要到企业从事一段时间的技术项目研制，在一线工作中收获经验，提升自己的专业素养，增强自己的实践教学能力。[①]

2."教学工厂"

　　在新加坡五所理工学院风格各异的治理模式中，南洋理工学院提出的"教学工厂"模式很有借鉴意义。其办学目标定位在培养科技应用型复合人才，通过产学研一体化，给师生营造一个创新与提升的平台。"教学工厂"是南洋理工学院在借鉴德国"双元制"职教培养模式的基础上，根据本国企业自身的发展特点创造的独特的教学模式。受"医院工厂"启发，南洋理工学院把整个工厂"搬到"学校中，给学生模拟一个真实的工厂生产环境，让学生在学校就有机会进行实地操作。"教学工厂"是学校与企业合作进行项目实践教学的成功案例。在实施过程中，企业全程参与学校的人才培养计划制订。另外，在考核制度方面，南洋理工学院要求学生在学习的过程中参与企业项目的学习与合作，采用实践操作学分制作为期末考核制

---

① 卿中全. 新加坡职业教育现状与发展趋势 [J]. 深圳职业技术学院学报，2017，16（6）：19-24.

度之一。学生要获得相应的实践操作学分才能毕业。"教学工厂"能让学生在实际操作中发现问题、分析问题,在解决问题的过程中锻炼独立思考、创新与合作的能力。这样的教学模式改变了传统的教师讲授和学生听讲的场面,焕发了专业实践教学的生命力,为企业培育了源源不断的专业性强、业务过硬的技术人才。①

3."双轨制"教学模式

为了更好地帮助就业,更高效地利用和开发教学资源,新加坡高职院校和企业共同开创了一种新的教学模式——"双轨制"课程模式,将学生分成两组,以学年为单位。第一学期A组进行专业基础培训,B组进行短期的见习、实习。两组同时修习,一个学期后,两组学生交替学科组合。"双轨制"课程模式能够充分地利用软硬件资源,实现教学资源利用最大化,还确保了每一年都有学生到企业顶岗实习,为企业创造了价值,大大提高了企业与学校合作的积极性。"双轨制"课程模式还能够极大地激发学生的动手实践和学以致用的能力,使学生不用再长期囿于枯燥理论知识的学习。理论课程和实践课程的交替学习能够帮助学生及时掌握专业最前沿的理论知识,并将其付诸实践以验证其可行性,同时在实践课程的学习中对所学到的理论知识进行深入理解。

"双轨制"教学模式站在以人为本的角度,注重教学质量的提高,使新加坡的高职教育有了质的飞跃。

(三)治理主体

1.政府

新加坡政府在促进新加坡高职教育发展方面起到了重要引导和帮扶作用,主要措施包括对高职院校的各个项目和计划提供资金上的补助以及对学生完成修学年限后所获得的证书进行政策上的保障与认定。在学校补助方面,政府对积极参与校企合作的校企双方给予一定的财政补贴,同时对

---

① 段丽华.新加坡高等职业教育创新发展路径及启示:以南洋理工学院为例[J].职业技术教育,2017,38(33):67-71.

第五章 高职院校治理的国际镜鉴

关键领域的科研项目给予政策上的优惠和福利。新加坡政府每年将财政预算的20%投入教育,用于学校引进先进的仪器设备和对成绩优异、表现突出的学生的奖励和补助。在学生学业保障方面,要求企业根据学生发展和企业实际需要全程参与人才培养方案的制订并且积极配合培养方案的实施;允许教师到企业再次进修,提升专业水平,安排学生到企业进行实践课程的学习,在实际操作过程中及时发现学生存在的失误,并参与相关的教学研讨,提出对应的解决策略。同时政府还建立了科学合理的考评制度来监管校企双方,对于不按规定办事的校企双方给予严厉批评和制裁。政府的积极介入和大力支持从根本上增强了校企合作的时效性。

新加坡政府关于技术证书与毕业证书具有同等效力的相关规定,体现了职业教育"全民性"的特点,拓宽了职业教育的晋升渠道。同时在深化校企合作的过程中,政府起着不可替代的作用,除了提供财政和政策的保障以外,还加强监管与考评力度,从根本上增强了校企合作的有效性,进而增强了职业教育实践教学的实效性。

2. 学校

理工学院实行的"双轨制"教学模式要求学校各部门、不同专业领域教师之间的跨界配合。这就要求学校打破行政隶属关系,让相关部门统筹协调。为了完成一个既定的计划任务或项目,各个院系和学校各部门之间可以打破原有的界限通力合作,不管是人员还是设施在需要的时候都可进行重新组合。这种横向协作与配合的机制使跨院系的应用项目开发、跨院系的团队合作、跨部门的协调服务等成为可能,最终实现资源与人才最大限度的共享。

学校内部各级治理主体包括负责把控学校发展的院长兼总裁,协助院长一起协调主持学院行政和教学工作的副院长,管理专业教学工作的经理,系统组织专业教学和项目开发工作的系主任。

学校内部机构包括决定学院发展重大事项的董事会(主要负责学院发展、行政服务和部分教学任务等工作,同时需要组织和落实董事会决议),由发展部、行政部、教务部、各学院、继续教育与专业培训部、支持中心等组成的行政和业务机构。此外，学校还从不同职能角度设立了几个委员会。如从学术角度研讨批准专业新课程计划及专业课程修改建议的学术委员会，为以市场为导向的专业课程计划或修改建议提供咨询意见的专业咨询委员会，专门负责对教师教学工作进行监督、指导、考核与评估的教学督导委员会，负责监督学校专业设置、课程结构与教学内容是否与国家经济发展相适应的顾问委员会。① 各机构共同负责学校发展和课程改革实施。

3. 企业

企业是高职教育最后的落脚点，也是高职院校教学成果最后的检验者。各类企业为新加坡高职院校提供了具有多年专业经验的师资，为在读学生提供了实习项目的场所。五所理工学院的董事会中就有相当多的成员来自各类企事业单位。因此，企业构成了高职院校治理的重要一环。企业可以将面临的实际困难与问题交由职业院校教师进行科研攻关，为其提供实际应用性极强的课题项目。实现技术突破的成本比企业自主研发成本要低很多。并且在学生参与实践教学期间，学校的课程与学习内容由学校和企业共同制定，使得学校能够针对企业需求培养人才，更好地实现"学有所就"。另外，董事会成员是来自政府、学校、企业的中高层管理人员，在监管学校运作的过程中能从不同角度建言献策，实现政府治理、企业治理与学校治理的多元统筹推进。

（四）治理机制

新加坡高职院校一般实行高级校长集体负责制。校长由董事会直接领导，董事会之下一般是高级校长负责领导的高级校长管理层，其中副高级校长领导岗位一般不能超过3个，中层领导机构一般不超过10个，行政管理部门和院系高级领导岗位中个别高级领导还同时可以兼任两种重要学术职务，比如在南洋理工学院的高级校长管理层中，主管支持学校经济发展的副高级校长同时可以兼任学校工程科学系教务主任。在各个院系内，副

---

① 王颖颖. 基于系统论的新加坡高职教育质量保障体系研究[J]. 高等职业教育（天津职业大学学报），2016, 25 (6): 17-20.

主任均必须是系内专业技术带头人，研究部或教研中心副总经理一般均为系内教研室的副主任。

学校行政董事会在宏观决策上有权监管学校行政制度管理领导层，在制定行政制度、制定重大行政决策、处理重要公共事务等方面有权提供意见和建议，并有权行使最终行政审批权。校长评议会领导的高级学校管理层与直属学校校长评议会共同负责指导、研究和组织实施直属学校的各项发展计划与管理任务，完成直属学校上级层面的日常学校行政事务监督管理。系统本部所属层面的公共行政事务由所属院系的公共行政卫生服务管理部统一负责。学校不再增设院系教务处。教务处的教学管理工作职能由各院系独立直接承担。

新加坡的高职院校管理采取内部纵向管理。校长对教学董事会主席负责，副校长和教学院系中心主任对教学校长经理负责，部门或教学中心主任经理对教学院系中心主任经理负责，教师对管理部门或教学中心主任经理教师负责。在横向合作上，各院校积极推行"无界化"合作管理，强调各学校行政管理部门之间、各院系之间、院系与学校行政管理部门之间必须实行无障碍交流合作，行政管理部门和学校教学技术单位的合作界限被彻底打破。为了顺利完成一个既定的技术计划工作任务或设计项目，各院系和各职能部门之间可以随时打破原有的工作界限通力合作，依据工作需要进行重新组合。这种横向上的协作与相互配合的工作机制使跨院校体系的联合应用成为可能。

（五）小结

新加坡职业教育的成功经验值得各国高职院校借鉴与学习。其最大的优势体现在能够充分吸收其他国家的优秀经验并且很好地化为己用，同时五所理工学院在几十年治理过程中形成的"教学工厂"理念和"双轨制"的职业教育模式，为我国"重分数轻实践"的教育困境提供了很好的借鉴。同时，多方共同参与的治理结构能更好地培养出符合社会需要、有着较强创新能力和动手能力的新时代人才。

在研究新加坡高职院校治理模式的过程中，我们发现，任何一所高职院校都必然经历一个从学习、模仿、内化到创新的过程,最后形成自己独有的治理模式。

第二节 国际高职院校治理的借鉴

一、在制度上的借鉴

(一)发达国家高职院校治理制度特点

1. 健全的法律法规保障

法律是制度建设的重要辅助。联合国教科文组织修订的《国际教育标准分类法》从初等教育到高等教育对教育进行了明确的划分。高等教育这一阶段分为 5A 和 5B 两种类型。5A 为面向理论知识的、学术性的或需要高技术的专业课程,即普通高等教育;5B 面向实际的、技术的或职业的特殊的专业课程,即高等职业教育。英国发布的《基础学位简章》公布了基础学位的目标和策略。德国在政府大力支持下已逐步建立起完善的职业教育法律保障体系,"颁布有联邦《职业教育法》、联邦《职业教育促进法》和《手工业条例》,此外还有《联邦德国职业学校总协定》、《青年劳动保护法》、《企业基本法》、《实训教师资格条例》以及各州的职业教育法和学校法等"①。美国政府发布了《美国联邦教育部国际战略(2012—2016 年)》,并提出促进美国高等教育国际化和改造社区学院职业与技术教育结构的目标。日本通过《高等专门学校设置基准》《教育振兴基本计划》等规定的系列措施不断适应高职教育发展需要,增强本国的国际竞争力。

2. 完善的学位制度

韩国《高等教育法》规定:专科大学对修完其规定的课程者授予专科学士学位。日本于 1991 年修改的《学校教育法》突出了学位的体制改革,

---

① 马静,刘辉. 德国高等职业教育多层次化发展:探究与启示[J]. 职教论坛,2011(12):89-93.

规定授予两年制短期大学和五年制初中起点的高等专门学校毕业生"短期大学士"或"准学士"学位。①

发达国家高职教育没有统一的入学考试制度,完成高中教育的学生将有资格入学。与此同时,发达国家高职教育的主要目标是人才培养和经济发展。

3. 办学制度灵活

(1) "2+2"携学分转学制。

美国社区学院与州内相关的本科大学一般均签订有协议。学生在社区学院毕业后拿到对应的学分,即可通过学校之间的学分转移协议,将学分转至四年制大学,继续进行大三、大四课程的学习,最终被授予学士学位,而毕业文凭上不会有"专升本"字样,"2+2"携学分转学制的学生将被授予与四年全在该本科院校学习的学生一样的文凭②。

(2) 严格的 GPA 限定。

美国社区学院与本科大学签订学分转移协议时,通常还会对每学分应该达到的 GPA(绩点)提出要求,从数量与质量两个方面,全面综合考评入学者。对于学生来说,GPA 既是学习的压力也是学习的动力,决定了自己从社区学院毕业后能够进入哪种类型的大学学习。③

(二) 对我国高职院校治理的启示

1. 建立健全混合所有制办学模式的相关法律法规

在高职教育发达的国家中,相关法律法规对院校治理发挥了巨大的作用。我国可以进一步完善相关的立法工作,做出一系列的明文规定,实现高职院校的发展有根据、有支撑、有保障。相关法律法规能对行政权力有所约束,控制行政权力对高职院校的过度干预,为高职院校提供良好的发展环境。相关法律法规也能重新配置资源,通过内在的规定对政府的政策

---

① 屠群峰. 国外高职教育学位制度的特点及启示 [J]. 职教论坛, 2010 (21): 90-92.
② 杨超, 赵燕. 高职教育学分制模式的国际经验研究: 以美国社区学院、澳大利亚 TAFE 学院和英国 BTEC 教育为例 [J]. 现代商贸工业, 2019 (31): 187-188.
③ 杨超, 赵燕. 高职教育学分制模式的国际经验研究: 以美国社区学院、澳大利亚 TAFE 学院和英国 BTEC 教育为例 [J]. 现代商贸工业, 2019 (31): 187-188.

起到指向作用，促进政策的公平、公开。同时，相关法律法规能督促原来的优质高职院校继续深化治理改革，走出故步自封的困局，更能让其他高职院校看到发展进步的希望，并产生治理与改革的动力。

国务院2019年发布的《国家职业教育改革实施方案》中提出，要建立多元化的办学模式，鼓励有条件的企业办好优质职业教育，同时支持股份制、混合所有制等职业学校和各类职业培训事业单位的发展。混合所有制办学模式目前仍存在许多问题，我国现行的《职业教育法》《民办教育促进法》《教育法》对此都未涉及，《公司法》《中华人民共和国合同法》等法律在程序方面也缺乏对混合所有制模式实施的规定。《国务院关于加快发展现代职业教育的决定》《高等职业教育创新发展行动计划（2015—2018年）》等文件在职业教育领域提出了对混合所有制学校的政策呼吁和支持，但在许多核心问题上的相关规定不明确，在法律和政策层面缺乏指导和保障措施，还不具备可操作性。地方政府部门和行业协会还没有形成促进学校与企业合作的平台。在混合所有制学校的办学过程中，没有相应的法律保障来解决企业对合作实体的可持续投资、学校和企业各自的权力和责任等关键性、实质性问题，支持企业深入参与人才培养实践的健全约束机制尚未形成，进而导致学校与企业合作的可持续发展和人才培养质量问题。

企业作为一个营利性组织，其首要目标是追求利益最大化。企业的利益无法得到法律保障，企业履行校企合作义务便失去了动力源泉，因此保障投资人获取合理回报是混合所有制办学发展的基础。目前我国教育的"公益性"使得投资主体的收益回报少之又少。虽然《民办教育促进法》中规定营利性民办学校的举办者可取得办学收益，但其中并未对混合所有制高职院校的投资主体的经济回报问题做出相应规定。实际上，投资主体的产权保护及产权收益均未得到法律层面的认可，这一直是高职院校混合所有制办学模式发展道路中的重大障碍。

发展高职院校混合所有制办学模式首先需要解决的问题是遵循"明法、补法、立法"的原则，建立健全系统、科学和可操作的法律法规体系。"明法"即废除混合所有制高职院校不适应或违背法律法规的规定,从而解决法律冲突;"补法"即补充混合所有制高职院校的法律地位、产权归属、治理机制以及资产管理等问题的相关法律,例如进一步完善《职业教育法》中涉及校企合作的相关规定和条文,制定混合所有制办学的具体实施办法;"立法"即制定和颁布与混合所有制办学有关的专门法律法规或者配套法律,以保障混合所有制高职院校的健康发展。美国的一些院校持有品牌和知识产权的"股份",企业投资资金或商品,双方根据协议形成治理结构,并商定收益百分比。企业还根据未来岗位需求,与校方共同制订人才培养方案和课程标准,通过共同预定的方式保证员工的素质,增强企业的核心竞争力。

2. 完善我国的学位制度

我国目前的职业学位体系存在着很大的断层,专科层次的高职教育还未实施学位制度,导致高职教育向上发展的空间受到限制,高层次应用型人才培养不顺,应用型人才培养结构无法适应经济社会转型升级的需要,因此,我国目前迫切需要建立专科层次高职教育学位制度。

1996年,我国颁布了《专业学位设置审批暂行办法》,实施了培养特定职业高层次专门人才的专业学位教育,设置了学士、硕士、博士三个层次,衔接了特定职业相关专业的专科职业教育,形成了面向社会的职业系统和培育各层次应用型人才的高等教育系统。但是,专业学位体系并未让专科层次的高职教育加入进来,职业教育学位体系并不完善。从2014年开始,为了建设现代职业教育体系,优化高等教育结构,促进应用型人才培养,我国相继出台了《现代职业教育体系建设规划(2014—2020年)》《高等职业教育创新发展行动计划(2015—2018年)》《国务院关于加快发展现代职业教育的决定》等政策文件,提出要探索与建立具有职业教育特点的学位制度,尤其是专科层次学位。①

随着我国职业教育从规模发展转变为内涵式发展,制度所带来的问题

---

① 贾欣. 英美职业教育学位制度实践及启示[J]. 教育与职业,2019(16):73-78.

日益明显。首先是高等职业教育拓展的空间受到限制。长期以来，高职院校及毕业生得不到应有的身份认同、待遇和权力，主要原因是高职教育学历文凭的升学功能有限。除通过有限的"专升本"机会接受更高层次的本科教育外，大多数具有良好职业能力和素养的优秀人才被阻断在专科层次。这使得高职教育无法向更高层次职业教育拓展。其次，高层次应用型人才的接续培养不顺畅。职业教育学位制度的不完善使高职院校毕业生无法继续攻读相同职业领域的专业学士学位。从应用型人才培养的角度看，专科层次的高职院校面向产业和岗位，培养了大量具有良好基本职业技能及素质的应用型技术人才，也是本科和更高层次应用型人才培养的主力军。高职教育学位制度的缺陷阻断了高职院校毕业生自低向高接续学习的道路，也必然影响到更高层次专业学位的人才培养。①

通过学习国际高职教育制度的经验，我国可以从以下几个方面完善高职教育的学位制度。第一，在现有的专业学位体系中增加专科层次的副学士学位，形成副学士、学士、硕士、博士这四个层级的职业教育学位体系，培养具有丰富的专业能力和较高的职业素养且具有实践创新能力的应用型专门人才，培养学生在职业岗位运用专业基础知识判断、分析和解决问题的能力。初级层次的应用型学位教育，既要保证教育服务于对应职业层次的人才，为社会经济发展输送必要的技术技能人才，又要着眼于人才的职业生涯发展，为人才沿着专业学位层级发展奠定基础。② 第二，设置服务于区域社会及经济发展的副学士学位点。评估时应考虑三方面要求：该专业学位教育要与区域社会和经济发展相匹配，满足相关产业的人才需求；该专业学位教育能够保障基础性应用型人才与高层次应用型人才的培养与学习的完美衔接；该专业学位教育能够保证副学士学位点的教学质量。当评估认定高职院校中专科层次的专业建设达到了相应的标准时，该高职院校便可以设置副学士学位点。③ 第三，建立高职院校与应用型本科院校的学位

---

① 贾欣. 英美职业教育学位制度实践及启示［J］. 教育与职业，2019（16）：73-78.
② 贾欣. 英美职业教育学位制度实践及启示［J］. 教育与职业，2019（16）：73-78.
③ 贾欣. 英美职业教育学位制度实践及启示［J］. 教育与职业，2019（16）：73-78.

衔接机制，保证学生获得副学士学位并通过相应考核后可以升入应用型本科院校继续深造学习。升学考核应该交予本科院校组织，以笔试和面试相结合的方式选拔具有良好迁移能力和基本学术知识的学生。

3. 注重实践性应用型教育

高职院校应注意不同类型人才的知识结构和能力要求，为不同类别及背景的学生提供多元化的课程，包括必修及选修课程。课程设置需要注重社会需求，紧密联系经济社会发展的需求，使学生毕业后即可直接上岗为社会服务。为了满足新时代社会发展需要，社会对高职教育寄予厚望。高职教育必须承担起培养高素质应用型人才的重任。这种高素质应用型人才是未来生产企业不可或缺的技术能手或工艺大师。但是，现实中大众化的高职教育与社会寄予的厚望还存在不小的距离。高职教育在人才培养的道路上还有很长的路要走。为了缩短距离，高职教育必须强化实践教学，与社会实践需求接轨，甚至将社会生产一线搬进校园、搬进课堂，或者将学生送入具备实景化的生产一线中实训实践。因此，高职教育人才培养的不二之选便是面向相关产业生产一线并且紧密结合企事业生产实践。目前高职院校的课程体系和培养模式与普通本科院校无太大的区别，只是按照专业所需的知识开展各自独立的课堂理论教学。并且因为理论教学课时过多，实践实训教学变成了简单的参观性实习。特别是一些工科类专业，实践实训环节十分缺乏，再加上高职院校学生基础薄弱，学习自主性不强，因而学生在学业上就会面临理论吃不透、实践动手能力欠缺的困境，无法符合社会对高职院校学生技术实践能力的要求。此外，高职院校教材也与培养目标不符。高职院校教材不该是简单的本科院校教材的简化版，而应该是专业知识的综合版。

高职院校应当把课程体系分解到不同的具体的专业课程内容里，分解、细化岗位能力要求，形成鲜明、清晰的知识结构，这样也有利于培养学生的实际应用能力。在教学过程中，基本原则是理论服务于实践，提高实践教学的比重，强调学生的实践能力和专业知识的应用能力。

（三）小结

近年来，我国的一些高职院校已经开始探索并实施高职教育学位制度。北京、上海、厦门等地的高职院校采用与境外学校联合办学的形式实施了副学士学位制度。湖北职业技术学院实施了"工士学位"制度。这些实践探索有利于促进高职院校提高人才培养质量、提高职业教育的社会认可度以及推动高职教育走向国际化发展。① 当然，由于国情的不同，我国的高职院校不可能完全照搬国外经验，在参考国外学分制教育模式的同时，更重要的是引进新的高职教育思想、理念和方法，进行本土性消化和吸收，创建出自己的办学模式。

二、在结构上的借鉴

高职院校承担着培养高素质技术技能人才的重任。高职院校治理能力建设是我国治理能力现代化的组成部分。增强高职院校治理能力有助于推动高素质人才队伍建设，完善专业—职业对口机制。高职教育与经济社会建设密不可分。优化高职院校治理结构是新形势下的重点工作。但是，高职院校在发展过程中也涌现了一些亟待解决的问题，如现阶段我国高职院校呈现出发展历史不长、经验欠缺，虽然治理结构已基本成形，但与社会高度匹配的现代高职教育制度仍未形成等问题。针对上述问题，我国高职院校面向国际，吸收和转化国际创新经验，构建与社会发展相适应的本土化的治理结构势在必行。

（一）发达国家高职院校治理结构的特点

1. 治理主体多元化

治理主体多元化是发达国家高职院校治理结构的重要特征。多元化的主体参与能促进治理的落实以及更全面的监管。发达国家的高职院校治理主体多元化取得了较好的效果，逐渐成为高职院校治理发展的趋势。如美国社区学院在联邦政府主导下与多方合作进行办学，地方政府、校企结合治理成为补充，联邦政府与企业连接起来成为合力结构。再如英国发达的

---

① 贾欣. 英美职业教育学位制度实践及启示 [J]. 教育与职业，2019（16）：73-78.

现代学徒制的背后，是以政府治理为主、教育培训机构为辅的治理结构。政府治理从高层次为现代学徒制提供服务与便利，同时，也为地方学徒制的具体施行设立规范。培训机构的治理对象是雇主与学徒之间的关系，而学徒制最关键的便是这二者间的关系，可见，培训机构在名义上是辅助治理，但也有不可替代的结构性作用。正是在政府与培训机构的"互动"下学徒培养得到了全方位的支撑，并为学徒制的发展提供了层层保障。治理主体的多元化是推动治理结构完善的必经之路，使单一治理转化成合力治理，进而确保治理达到效果。

2. 治理结构注重内外部协调性

英国、澳大利亚两国高职院校的治理都体现了政府主导与高职院校自身内部治理的结合。英国政府对现代学徒制进行宏观的管理和指导，而不具体管辖培训机构的事务。培训机构的治理是对政府治理的细化和创新。培训机构具有一定的自由度，从而充分调动了自身积极性，实现了内外部协调治理。不仅如此，英国学习与技能委员会还制定了学徒培训的战略发展目标，及时向民众发布培训相关项目的信息和实施进展，进而使治理更加透明化，提高了国家与地方学徒制治理的一致性、协调性。在政府的指导下，培训机构得到了更好的发展。澳大利亚对 TAFE（Technical and Further Education，技术和继续教育学院）的治理以联邦政府和州政府的联合为主。在此模式下，澳大利亚政府明确规定只有取得 TAFE 证书才能从事相关行业，对学生提出了硬性要求，与学院保持了一致性。

(二) 发达国家高职院校治理对我国高职院校治理的启示

1. 培养具有中国特色的高职院校党政领导模式

美国、英国、澳大利亚等国对高职院校的治理都突出了政府的作用。对于中国而言，党对教育事业发展发挥着重要的作用，使我国的高职院校形成了一套带有自身特色的治理模式，具体来说，即党委书记领导的党组织、校长带领的行政部门共同治理的模式。在这样一种治理模式下，党组织主要在政治层面，针对意识形态等方面进行治理，校长带领的行政部门则负责处理专业性的行政事务。

我们不可忽略政府在治理过程中的作用。政府的宏观调控和顶层设计对高职院校及其配套模式有着重要的调节作用。在处理学生与教育机构之间的关系上，政府具有导向性。从我国实际出发，政府可探索具有中国特色的管理方式，将人才的职业规划与现实社会连接起来。可以仿照英国将信息透明化，向公众及时公开，避免人才选择障碍，使人才资源得到充分利用。政府发挥自身的作用不能只靠行政手段，更要重视法律手段，通过法律，为治理提供依据，确保治理的有效性，规避泛行政化。目前，我国正推进"双高"建设。政府可以在契合我国国情的基础上，借鉴美国或其他国家的高职院校的治理经验，不断优化高层管理机制模式，重点发展一批一批示范性高职院校，循序渐进，稳步转变管理方式，提高高职院校现代化治理水平，推动高职院校以及职业教育体系和职业教育社会地位朝着更加有建设性的方向发展。

2. 规范高职院校内部及外部治理

高职院校是治理的主体，美国、英国、澳大利亚等国的实践证明，高职院校与普通高等院校的作用并不冲突，二者可以互补，融合发展。并且高职院校自身具有自主性，能在基本原则范围内自主管理。下一阶段，我国可以进一步突出高职院校的地位，为高职院校提供发展空间，着力提高高职院校自身治理水平。我国高职院校的内部治理集中于高职院校治理结构中权力的分配。权力的分配事关高职院校自身的长远发展。我国高职院校当前的治理结构是党委领导下的校长负责制。在这一结构下，党委是学校的政治核心。对比其他国家高职院校的治理模式，我国高职院校的这一治理结构有着独特的优势，关键在于权力的合理配置和协调分工，比如如何有效确保党委、教职工代表大会的权力得到规范运行等。我国可在法律、制度层面上进行具体规定，不断完善治理结构的权力分配机制。

高职院校的外部治理表现于高职院校与政府及社会的关系上。美国、英国、澳大利亚三国政府与高职院校之间既有管理与被管理的关系，也有合作的关系，存在张力①。我国可以变通政府对高职院校的治理，变管理为合作，提高对高职院校的信任度。但合作并不是一种放任。合作之前要设立合作前提。如英国政府只会与官方认可、符合规定的培训机构进行合作，合作前的工作是一种筛选。这种模式能调动高职院校自身建设的积极性和主动性，从而提高治理效能。在高职院校和社会的关系中，高职院校与企业和职业教育评定机构有着密切的联系。在这三者的关系中，高职院校是纽带，串联了另外二者的联系。校企合作是美国、英国、澳大利亚高职院校治理的共同特点。无论在资金投入上，还是在技术支持上，企业都是不可忽视的主体。企业虽然没有直接参与学校治理，但是对治理的效果具有一定的影响。现阶段我国高职院校在积极加强校企合作的同时，要注重合作质量，不能盲目引资、胡乱建设。职业教育评定机构相当于智库。高职院校可以从评定机构中获取数据，利用大数据进行利弊权衡，运用现有评定机构资源，综合分析治理结构，提高自身治理水平。

（三）小结

我国高职院校的治理结构虽然存在诸多问题，但并不代表无计可施。围绕教育现代化的目标，政府、社会、高职院校要协同治理，实现治理体系和治理能力现代化。高职院校要依托实际情况，大力推进章程建设，使自身治理有章可循。同时，要结合社会需要，创新人才培养模式，推动多元化职业教育发展，增强人才的可应用性、可服务性，建立开放的内部治理结构，面向社会，应用国际视野来分析客观问题，吸收和借鉴有益经验来快速提升治理水平。高职院校要加强党对教育的全面领导，全面落实党的方针政策，在党的领导下，发挥自身治理作用，从而使职业教育遵循国家大政方针的方向发展。② 治理需要多方的参与。社会是治理有无效果的"试金石"。社会民众的认可度能反映问题。高职院校并非普通高校，具有

---

① 韩刚，周振刚. 高职院校治理能力提升的变革创新研究［J］. 哈尔滨职业技术学院学报，2017（2）：14-16.

② 杨晓君. 基于章程的高职院校内部治理结构改革［J］. 黎明职业大学学报，2020（2）：69-71，75.

职业特性，对社会的依赖性较强，从社会可以观测治理的效果。我国高职院校仍具有广阔的发展空间和内在潜能，需要与国家、社会共同推动治理结构的变革，创新模式，发展出具有本土特色的高职院校治理结构，完善职业教育体系，为经济社会提供人才保障，促进国家整体现代化事业的顺利进行。

第六章
高职院校治理的体系构建

治理体系在一定程度上内含了治理能力的基本诉求。以人本治理理念、多元共治理念、良法善治理念为指导，建立"党委领导、校长负责、教授治学、民主管理"的治理结构，围绕质量治理、文化治理、专业治理、教师治理等核心要素和关键内容，构建高职院校治理体系，是推进高职院校治理现代化的重要支点。

第一节　高职院校治理的理念

理念是人理智的信念和追求。康德说过，一个理念无非是一种在经验中无法遇见的完美性概念。这话包含三层意思：一是理念是与经验相关的概念，它是基于经验的；二是理念是"在经验中无法遇见的"，它是超越经验的；三是理念是由经验提炼出的完美性概念。理念是人们对某一事物或现象的理性认识、理想追求及对其所形成的观念体系。它是对教育进行发展与改革的指导思想或深层次的理论基础。理念是在教育观念基础上形成的信念，是指导教育实践的精神路向。它是一面旗帜，一个行动的纲领，一种未来的目标。高职院校的治理理念是其核心价值、办学思想和学校精神的综合体现。理念的价值和意义在于理念具有目标定位、思想导航、凝心聚力、指导实践、行动依据的效用。教育理念是指导教育行为的思想观念和精神追求。高职院校治理必须在现代治理理念的指导和引领下，才能取得良好的治理效果。因而在治理的梯度结构和理念的重要程度上，高职院校治理首先必须重视治理理念问题。

一、人本治理理念

以人为本的所谓"本"，原指根，即根本，表示把人放在根本的位置上考虑各种问题，显示出一种基本立场和价值取向。以人为本就是把人当作主体、本质和目的，包括三层内涵。其一，它是一种对人在社会历史发展中的主体作用与目的地位的肯定。其二，它是一种立足解放人、为了人并实现人的现代化的价值取向。这一取向要求处理好四种关系：人与自然的关系、人与社会的关系、人与人的关系及人与自身的关系。其三，它是一种思维方式，要求在分析、思考和解决一切问题时，确立起人（或人性化）的尺度，实行人性化服务。张应强教授指出：教育是"属人"的而不是"唯物"的，是"人性"的而不是"人力"的教育；实现高等教育现代化观念的根本转变，就是要走出"工具理性"和实利主义的迷误，把人作为现代化的主体和主题，把造就现代化的人——具有主体意识、批判精神和创新能力的实践主体作为高等教育现代化的根本目标。① 陈彬教授认为：人的现代化是大学治理现代化的主体、主题和目的；离开了人的现代化，大学就成为一台没有了灵魂的机器，尽管不停运转，但永远回不了家；师生中心理念，是人本理念的具体体现，也是大学治理现代化的终极目的。② 我们认为高职院校治理是由人的、为人的和立人的，必须贯彻以人为本的理念，即坚持以学生和教师为中心，把学生和教师当成学校合法性存在的逻辑前提，坚持教书育人与立德树人的有机统一，服务学生与教师的发展进步，为他们的成长和发展提供高质量的平台和契机。

二、多元共治理念

治理是多元主体基于一定的行动规则，通过相互博弈、相互调适、共同参与合作形成的多样化的公共事务管理制度和组织模式。治理强调多元

---

① 张应强. 高等教育现代化的反思与建构［M］. 哈尔滨：黑龙江教育出版社，2000：7.
② 陈彬. 良法与善治：中国大学治理现代化探究［M］. 武汉：华中师范大学出版社，2018：110.

主体、民主参与、对话协商的共治,而不是单一主体、单向影响、单边管理,所以多元共治是治理的核心理念。高职院校治理必须遵循多元共治理念,才能取得良好的治理绩效。这是因为共治是跨界整合治理。第一,高职教育是跨界整合的类型教育。高职教育跨越教育与产业之界、行业与学校之界、学校与企业之界、工作与学习之界、理论与实践之界等。这恰与治理共治的本质相契合。高职院校治理只有整合所有跨界主体的力量,实现共同治理,才能取得整合共治的理想效果。第二,共治是利益互惠治理。共治是需要利益纽带维系的。它是影响利益产生和被产生的利益所影响的一群人共同参与治理行动的结果。如果共治不能产生利益互惠,而是造成利益失衡,甚至利益独享,共治体系就会难以维系而崩解。第三,共治是合作博弈治理。共治强调合作治理、协同治理,但合作中必然存在矛盾,也就会有博弈。博弈论是指治理主体基于直接相互作用的环境条件,依靠所掌握的信息,选择各自的策略,以实现利益最大化和风险最小化的过程。① 博弈有合作博弈和非合作博弈两种。合作博弈又称正和博弈,即在博弈结束后,博弈双方收益都有所增加,或者至少一方收益增加而另一方不减少。非合作博弈即没有合作关系的博弈,它是竞争性的,甚至对抗性的。比如零和博弈就是非合作博弈的一种,是一方受益而另一方损失的博弈,即博弈各方的收益和损失相加的和为零的博弈。高职教育共治的博弈是一种合作博弈,追求的是合作的整体收益大于每个成员不合作时的收益之和,能够增加双方的利益乃至整个社会的收益。第四,共治是资源共享治理。资源依赖理论认为,任何组织都不可能持有自身赖以生存和发展所需要的全部资源,实现自我供给下的生存与发展。比如从校企双主体治理看,对职业教育而言,企业有教育方面的局限,学校有职业方面的局限,而这样的局限是自身无法克服和超越的局限。校企双方必须通过合作治理才能相互弥补,实现共享治理。第五,共治是多赢共荣治理。基于关系契约理论

---

① 齐再前. 基于博弈论高等职业教育校企合作长效机制研究 [M]. 北京:科学出版社,2016:76.

理论与实践：高职院校治理现代化研究

的多元共治是一种多赢共荣的治理。政府通过治理推进整个国家教育事业的发展和进步；学校通过治理提高技术技能人才培养质量；企业通过治理获得合规适用的人才；行业通过治理帮助学校和企业发展，将变得更加繁荣而富有竞争力。

三、良法善治理念

治理不是任性而治和随意而理的行为，它应是有法律、制度等约束的良法善治。当然这些法律、制度等不是单一主体订立的，而是多元利益主体共同协商、一致认同的，是多元利益主体共同意志和治理取向的体现。良法善治是一个发展过程。从无法而治到依法而治再到良法善治，这是高职院校治理现代化的逻辑和必然趋势。良法善治的约束效力是确立高职院校治理的法律依据，维护高职院校的自治权力，规范高职院校的办学行为，规制高职院校权力的运行，保障高职院校师生的权力。良法善治重要的实现形式是制度创新。制度创新要求治理主体必须具备制度能力。陈彬教授认为，所谓制度能力，就是治理主体在制度设计、供给和实施等方面的能力。制度能力是衡量高职院校治理体系和治理能力现代化水平的核心标志。美国学者福山认为，制度能力不足的国家是软弱无能的国家，制度能力缺失的国家是治理失败的国家。学校亦然。所以高职院校作为治理现代化实施的关键主体，必须有更强的制度改进力、执行力和协调力等，这样才能优化制度设计，改善制度供给，增强制度执行能力，提高制度绩效，实现良法善治，并向着治理现代化迈进。

除了上述论及的三个治理理念外，立德树人、公平正义、平等协商、民主参与、开放包容、权力制衡等理念也都是高职院校治理的重要理念。另外在治理实践中，一些专家学者提出的治理理念也很有参考价值，如张良教授提出的"七坚持""九注重"治理理念：坚持党的领导，坚持中国特色，坚持以人为本，坚持科学发展，坚持改革创新，坚持依法治教，坚持统筹推进；注重立德树人，注重因材施教，注重全面发展，注重知行合一，注重终身学习，注重融合发展，注重共建共享，注重多元共治，注重互利多赢。有必要用先进的现代治理理念武装高职院校各治理主体的头脑，推进各治理主体治理理念的现代化。这些在治理实践中衍生和创构的好的理念，值得借鉴和吸收。

第二节　高职院校治理的结构

高职院校（主要指公办高职院校）治理结构是现代高职院校制度在治理层面形成的结构，它通过高职院校各利益相关者之间的权力配置和制度安排，实现彼此权力的分权制衡，以达到公正与效率契合的状态。高职院校治理结构包括外部治理结构和内部治理结构两种。外部治理结构主要指高职院校与政府之间的权力分配与制度安排。内部治理结构主要指高职院校内部利益相关者之间的权力分配与制度设计。高职院校治理结构以其权力合理配置与运行为核心。其权力包括政治权力、行政权力、学术权力和民主监督权力等多个方面。建立"党委领导、校长负责、教授治学、民主管理"的现代大学治理结构，实现各类权力的均衡配置，是我国现代高职院校治理现代化建设的迫切需要。

一、党委领导

党委领导是高职院校权力配置中的政治权力的表现。党委领导即学校党委对学校工作全面领导，是坚持和完善党委领导下的校长负责制，切实履行高校党委从严治党政治责任，坚持社会主义办学方向的重要保证。党委领导是高职院校治理结构中领导体制的重要组成部分。

（一）党委领导的含义

高职院校党委既是政治核心，又是领导核心。党委领导是新形势下加强和改善党对高职院校领导的有效形式。其含义体现在三个方面。第一，从党委地位看，党委是学校的领导核心、政治核心，是学校的最高领导集体。任何组织和个人都不能凌驾于学校党委之上。第二，从党委的职责看，其工作重点放在研究和决定学校的重大方针、政策问题上，重中之重是围绕党和学校的中心工作，加强党的建设和思想政治工作。第三，从领导方式看，党委领导主要是指政治领导、思想领导和组织领导。政治领导是指贯彻执行党的路线、方针、政策，坚持社会主义办学方向，对学校重大问题进行决策。思想领导是指依靠强有力的思想政治工作，宣传马列主义、毛泽东思想、邓小平理论、"三个代表"重要思想、科学发展观，用习近平新时代中国特色社会主义思想武装师生头脑。组织领导是指加强党的组织建设，坚持党管干部原则，发挥基层党组织战斗堡垒作用和党员先锋模范作用，带领和组织师生完成党和学校的各项任务。

（二）党委的职责范围

高职院校党委作为学校的领导核心，履行党章等规定的各项职责，把握学校发展方向，决定学校重大问题，监督重大决议执行，支持校长依法独立负责地行使职权，保证以人才培养为中心的各项任务完成。中共中央办公厅印发的《关于坚持和完善普通高等学校党委领导下的校长负责制的实施意见》（以下简称《实施意见》）从坚持社会主义办学方向，讨论决定重大事项和基本管理制度，坚持党管干部，坚持党管人才，领导学校思想政治工作和德育工作，加强学校文化建设，加强对基层党组织的领导，领导党的纪律检查工作，领导学校工会、共青团、学生会等群众组织和教职工代表大会，讨论决定其他事关师生员工切身利益的重要事项等方面，对党委的主要职责范围予以了明确。

（三）党委领导的特征

1. 党委领导是"把方向"

习近平总书记将增强党"把方向"的能力和定力作为坚持党对一切工作的领导的重要方面之一，并多次强调，高校要坚持社会主义办学方向。因此，高职院校党委履行"把方向"的主体责任就是把握社会主义办学方向。我国《高等教育法》《高等学校章程制定暂行办法》《中国共产党普通高等学校基层组织工作条例》等规定了高校党委要坚持社会主义办学方向。

2. 党委领导是"保落实"

习近平总书记要求高校党委履行"保落实"的主体责任，落实立德树人根本任务。他曾强调："我们的教育必须把培养社会主义建设者和接班人作为根本任务。"这两个根本任务相互贯通,前者是后者的本质要求,后者是前者的具体目标。《教育法》《中国共产党普通高等学校基层组织工作条例》《实施意见》《中国共产党支部工作条例(试行)》等都对立德树人提出了具体规定。

3. 党委领导是管大局

高职院校党委管大局,就是管学校改革发展稳定大局。管大局需要做出重大决策,我们可以将管大局和做决策统称为高校党委承担的重大使命。我国《高等教育法》第三十九条规定,党委讨论决定学校的改革、发展和基本管理制度等重大事项。《中国共产党普通高等学校基层组织工作条例》第十条规定,党委讨论决定学校改革发展稳定以及教学、科研、行政管理中的重大事项。《实施意见》规定,党委讨论决定事关学校改革发展稳定及教学、科研、行政管理中的重大事项和基本管理制度。

二、校长负责

校长负责是高职院校权力配置中的行政权力的表现。党委领导下的校长负责制是一个不可分割的有机整体。

(一)校长负责的含义

校长负责是党委领导下的校长负责制的简称,是高职院校治理结构中领导机制的重要组成部分。它包含三个方面的含义。第一,从学校地位看,校长在党委领导下全面主持学校行政工作,是学校的最高行政首长。学校是面向社会自主办学的法人实体,校长便是学校的法定代表人。第二,从主要职责看,校长要全面贯彻党的教育方针,坚持把德育放在学校工作的首位,执行党委的决定,在其职责范围内积极主动、独立负责地做好教学、科研和行政管理工作,结合各项业务做好思想政治工作,统一组织实施党委集体讨论的学校重要工作。第三,从负责对象看,校长要对党委负责,在党委领导下工作,执行党委的集体决定;要对师生员工负责,服务的对象是师生员工;要对社会负责,校长作为学校的法定代表人,对社会负责是不言而喻的。在以上三个方面中,对党委负责是最直接、最重要的。在党委领导下的校长负责制这一领导体制下,学校的决策权在党委;反之,学校工作出现大的失误，党委首先要承担领导责任。

(二) 校长的职责范围

校长作为学校的法定代表人，在学校党委领导下，贯彻党的教育方针，组织实施学校党委有关决议，行使《高等教育法》等规定的各项职权，全面负责教学、科研、行政管理工作。《实施意见》从组织拟订和实施规划、制度、改革措施和办学资源配置方案，组织拟订和实施学校内部组织机构的设置方案，组织拟订和实施学校人才发展规划、重要人才政策和重大人才工程计划，组织拟订和实施学校重大基本建设、年度经费预算等方案，组织开展教学活动和科学研究，组织开展思想品德教育，做好学校安全稳定和后勤保障工作，组织开展学校对外交流与合作，向党委报告重大决议执行情况、向教职工代表大会报告工作，履行法律法规和学校章程规定的其他职权十个方面，对校长的具体职责范围予以了明确。

(三) 校长负责的机制构建

1. 党委领导与校长负责是有机整体

党委领导和校长负责是不可分割的有机整体。党委作为领导核心，按照民主集中制原则，实施集体领导。党委领导是对学校各方面工作的全面领导，要做到把方向、管大局、抓大事、做决策、用干部、保落实，并支持校长依法独立负责地行使职权。党委领导是集体领导，校长负责是在党委领导下实行行政首长负责制。根据《实施意见》规定的党委、校长的职责范围和任务要求，党委统一领导高校工作，加强对党建、思想政治工作等办学、治校、育人各方面工作的全面领导，支持校长依法按规定积极独立负责地开展工作；校长执行、落实党委决策部署，认真负责地做好教学、科研和行政管理工作。

2. 认真执行民主集中制原则

《实施意见》对高校（包括高职院校）集体领导和个人分工负责的管理权限、党委（常委会）会议和校长办公会议议事规则做出了原则性和操作性很强的规定，要求坚持集体领导和个人分工负责相结合，重大事项集体研究决定，防止出现个人或少数人专断问题，同时要求班子成员认真执行

第六章　高职院校治理的体系构建

集体决定，按分工积极主动工作，防止出现议而不决、决而不行、推诿扯皮、不负责任的问题。高职院校要严格遵守"集体领导、民主集中、个别酝酿、会议决定"的原则要求，进行正确的民主和正确的集中，防止和杜绝劣质民主、过度集中等问题，严格执行民主集中制原则，不断加强领导班子全方位建设，提高科学决策、民主决策、依法决策水平。

3. 完善议事决策和协调运行工作机制

高职院校要保障党委领导下的校长负责制具体执行落实，根据《实施意见》要求，加强议事决策工作机制建设。要健全党委统一领导，党政分工合作、协调运行的工作机制，对党委（常委会）会议、校长办公会议等各自不同的决策范围、召开周期、出席人数、表决方式、督办机制等加以明确规定并严格执行。要全面梳理党政班子会议制度和议事规则，与《实施意见》规定要求相抵触的要立即废止，与学校实际不相适应的要修订完善，配套制度不健全的要抓紧研究建立。要抓住"三重一大"（重大事项决策、重要人事任免、重大项目安排、大额资金使用）决策制度的构建和执行这一重点，严格规范地制定并执行"三重一大"决策制度。

三、教授治学

教授治学是指高职院校教授凭借学术权力治理学术事务和参与学校管理，是现代大学制度的重要内容之一。《国家中长期教育改革和发展规划纲要（2010—2020年）》指出，要探索教授治学的有效途径，充分发挥教授在教学、学术研究和学校管理中的作用。

（一）教授治学的含义

教授治学是时代发展的产物，其内涵日益丰富。

教授治学是指教授在学术权力的限度内进行的实践管理活动，主要覆盖教学、专业（学科）、学术和学风四个方面的治学客体。"治教学"是学校培养人才的根本途径，是教授职责本质体现，能发挥教授在课程设置、培养方案制订和教学探索创新方面的主导作用，突显教授在学校管理体系中的主人翁地位。"治专业（学科）"，是指教授在专业设置、专业建设和评价等方面做出的决策。在"双高"建设背景下，教授在专业建设中的话语权和决策权将会更受关注和保障。"治学术"是学校治理的核心内容。学术的繁荣程度代表一所学校的办学水平和科研能力。"治学风"是指治学术风气。学术风气是教授治学的营养土壤。教授在人才培养和传授知识过程中，引导学生注重学术道德规范，以自身学术魅力感染学生。

除上述治学内容外，教授还应在涉及学术性的管理事务中拥有决策权。例如教师聘任的事务中不仅有学术水平和科研能力的评判，还有与人事编制、薪资福利等有关的事务。在一些专业性较强的问题处理上，由于管理人员缺乏相关知识，教授参与不可或缺。因此，教授治学含义的拓展和延伸为教授发挥自身优势提供了便利。

（二）教授治学的平台

教授治学的实施及其作用的发挥需要一定载体或平台。学术委员会便是实施教授治学的最佳平台。学术委员会的健全和完善是一个学校内部学术治理体系完善的关键一环，是体现学术治理能力的象征。学术委员会是在党委领导下开展学术咨询、评议、评审和评定的学术组织，主要审议学校的专业建设、科学研究、队伍建设和人才培养等有关工作中的重要学术事项，为学校建设提供学术参考意见。其具体职责范围如下：一是研究国内外科学发展趋势和学校专业发展现状，咨询和审议学校的专业建设、科学研究、队伍建设和人才培养等有关工作中的重要学术事项；二是指导和组织学术活动，推动学术交流，活跃学术氛围，弘扬科学精神；三是对各相应学术组织进行业务指导；四是评定校内科学研究成果奖，参与评定院内教学成果奖，评议和向外推荐申报奖励的教学和科学研究成果；五是根据工作需要，评议拟引进的优秀人才，评议和向校外推荐学校的优秀人才，评议学校拟聘请的高层次专业技术人员；六是根据工作需要，对申报国家级教学、科研基金的申请人的学术水平和科研能力进行评审和鉴定；七是对涉嫌违反学术道德的事件进行调查认定，并提出处理意见；八是对涉及重要学术问题的其他事项进行论证和咨询，并提出建设性意见，仲裁学校内部学术方面的争议。

（三）教授治学的运行

学术委员会是高职院校最高学术机构，是完善高职院校学术治理体系的核心组织，是实施教授治学最重要的组织形式。教授治学和学术委员会建设相辅相成、相互促进，前者是后者的根本目的，后者是前者的重要实现途径。要推进教授治学，必须健全学术委员会的运行机制。

1. 健全学术委员会会议制度

学术委员会是教授集思广益、利用集体力量行使权力、最大限度提高工作效率的机构。其职责主要表现在两个方面，一是学术管理，二是学术审评。会议制度为教授个体融入集体提供了重要机会，亦为学术委员会成员提供了良好互动的平台。因此，学术委员会应首先健全和完善会议章程。会议制度必须明确学术委员会及其下属委员会的职能、角色，以及每一位成员的产生和罢免办法，确保学术委员会成员从学术人员中选拔产生，并规定任期年限，严防外行渗入，禁止行政干预，保证学术委员会的权威性和独立性。学术委员会必须独立开展工作，不能成为学校任何行政机构的附庸。

2. 突出学术委员会决策职能

学术委员会不是简单地进行审议、评定和咨询等表象工作，主要针对学校学术事务，行使对教学和科研涉及的学术事务的决策权和管理权。学术委员会的成员必须是各学科的带头人，集体决策采取少数服从多数的原则。学术委员会在做决策时，需执行实名票决制。学术委员会应积极倡导每一位成员牢记学术精神的神圣职责，排除外在因素干扰，勇于发言、善于表达，将自己真实的观点和态度呈现给学术委员会，为学术委员会做出公正、合理、高效的决策提供智力支持。

3. 建立以学术权力为主导的运行机制

学术权力主导是学校发展的要求，也是教授治学的有力支撑。高职院校必须提升学术权力的地位，建立起以学术权力为主导的管理机制。在处理学术事务的问题上，要坚持学术权力主导决策、行政权力执行和保障的管理机制，让行政权力更好地为学术权力服务，实现学术权力主导的管理模式，最大限度保证学术权力的有效运行。坚持学术权力主导的运行模式，并不是否定或排斥行政权力。行政权力和学术权力的存在都是为了实现学校发展目标。因此，学术权力主导的运行模式应秉承"双赢"理念，让行政权力为学术权力的良好运行提供有力支持。

四、民主管理

民主管理是高职院校权力配置中的重要权力之一，是指高职院校成员（教职工和学生）依照国家法律和学校规章，通过多种方式和身份直接或间接参与学校管理事务的一种权力。民主管理作为一种利益表达和协调机制，能沟通、整合和协调学校成员个体以及不同群体的利益要求，其目的是依法保障教职工或学生参与民主管理和监督，维护师生的合法权益，增强师生民主意识，促进高职院校决策的科学化、民主化，更好地促进高职院校的和谐发展。

（一）民主管理的含义

民主管理是相对于绝对服从、绝对权威的管理而言的。即管理者在"民主、公平、公开"的原则下，科学地将管理思想进行传播，协调各组织行为达到管理目的的一种管理方法。因此，民主管理既符合人们的心理要求或"以人为本"的管理思想，也是管理者所追求的。它是一种管理艺术，能唤醒人的主体意识，弘扬人的主体精神，发挥人的主体能力。因此，民主管理又是一种群众参与下的、多数人管理多数人的管理。民主管理是高职院校民主政治建设的重要内容，是管理民主化与治理多元化的体现，是制约权力滥用的重要途径。《高等教育法》《教师法》等均明确了高校通过教职工代表大会等组织形式保障教职工参与民主管理、民主决策和民主监督的权力。各学校依据章程亦对学生行使民主权利和参与学校民主管理给予了明确规定。

（二）民主管理组织形式

要想实现高职院校行政权力与学术权力的共生和谐，就需要有一个双方都认可且能相互交流协商的平台，而代表最广大教职工和学生利益的教职工代表大会、学生代表大会正好满足了这一需要。

1. 教职工代表大会

教职工代表大会是高职院校治理体系中的重要组成部分，是全体教职工在党委领导下行使民主权利，参与学校民主管理和监督的重要形式。教职工代表大会依法行使以下职权：对校长工作报告、学校发展规划等重大问题的听取审议权，对与教职工相关的基本规章制度的审议通过权，对有关教职工的集体福利事项的讨论决定权，对学校各级领导干部的民主评议权。教职工代表大会是教职工和学校之间的纽带与桥梁，不仅保障教职工充分行使各项民主权利，同时也使学校的重大决定得到广大教职工的认可。

2. 学生代表大会

学生代表大会是全体学生行使民主权利和参与学校民主管理的基本形式。学生代表大会行使以下职权：审议学生代表大会章程及修改草案；审议上一届学生代表大会工作报告；讨论学校与学生权利有关的重大改革方案和重要规章制度；收集和处理学生代表大会代表关于学校工作的意见和建议；讨论和决定应当由学生代表大会决议的其他重大事项。学生代表大会委员会由学生代表大会选举产生。学生代表大会闭会期间，由学生代表大会委员会主持其日常工作。学生代表大会及学生代表大会委员会的组成、工作程序等按照相关规定执行。

（三）民主管理的落实

高职院校要正确认识教职工代表大会在高职院校治理结构中的地位和作用，进一步完善教职工代表大会具体工作制度，明确教职工代表大会工作机构内部管理制度，重点完善教职工代表大会代表选举和日常工作程序，积极探索教职工代表大会代表旁听学校重大决策性会议的相关制度，加快教职工代表大会自身建设步伐，充分发挥其民主管理、民主监督作用。同时，要高度重视和发挥以学生为主体的学生代表大会制度的作用，充分调动学生参与学校管理与建设的积极性与主动性。

第三节　高职院校治理的内容

内容是与形式相对的一个哲学范畴。内容是指事物一切内在要素的总和，形式则是这些内在要素的结构和组织方式。高职院校治理的内容涉及办学的方方面面。这里选择影响职业教育高质量发展的核心要素和关键内容的质量治理、文化治理、专业治理、教师治理四个方面予以展开，以抛砖引玉。

一、质量治理

我们正步入中国特色社会主义发展的新时代。新的时代必将深刻重塑高职教育当下及未来发展格局。对质量的研究和追问将成为新时代高职教育聚焦的主题和主流趋势。在这样的背景下，对质量的治理将成为高职院校发展的不二选择。

（一）高职院校质量治理的内涵

质量治理，从表面上看只是职业教育的"点"上的治理或微观的治理。其实不然。它是职业教育的目标治理，是关乎职业教育人才培养和发展全局的治理。质量，在经济学视域下，是指产品或工作的优劣程度。而教育质量，主要是指教育水平的高低和效果优劣程度①，是以人才培养质量为核心的。因而我们主张把高职教育质量定义为人才培养的过程及培养出的人才符合社会期望的程度。这种质量是以人才培养目标——培养高素质、高技能人才为衡量准则，判定高职教育在多大程度上实现了这一目标。高职教育质量目标的实现不是一种孤立的行为、活动，它必须依靠生态环境系统的支持和质量治理才能奏效。职业教育质量治理，即围绕提高职业教育水平，由多元主体共同参与的一系列治理行为和活动的过程。

（二）高职院校质量治理的脉络梳理

质量是职业教育办学的永恒追求。高职院校质量治理是一个过程。过程是由过去、现在、未来，发生、发展和走向构成的一个连续的经过和历程。就治理的内容来看，每一时期、每一阶段质量治理的内涵和重点都因职业教育发展阶段和历史条件的不同而不同。就治理的目标来看，高职院

---

① 张健. 关于职业教育质量定义及标准的思考［J］. 河南教育（职成教），2018（11）：12-13.

校质量治理永远在路上,是一个永无止境的提升和完善的过程。考察我国高职教育质量治理的历程,可以清晰地看到这样一条脉络。

一是以扩容发展为主基调的前质量治理期(1980—1998年)。这是治理的准备期,是治理发生的根由。当高职教育尚不存在,或零星散发式存在时,高职教育质量治理只是虚幻的、无法做实的命题,是无源之水、无本之木。这时的首要任务就是大力发展高职教育,为高职教育提供治理的对象、创生治理的机会和条件。这一阶段以职教界公认的1980年产生的金陵职业大学为标志,一直持续到1998年。

二是以高职院校井喷爆发为奇迹的质量治理生成期(1999—2006年)。高职院校井喷爆发是由两个政策文件引起的。1999年1月13日,国务院批转了教育部制定的《面向21世纪教育振兴行动计划》,提出了"对于学历高等职业教育,除对现有高等专科学校、职业大学和独立设置的成人高校进行改革、改组和改制,并选择部分符合条件的中专改办(简称'三改一补')发展高等职业教育之外,部分本科院校可以设立高等职业技术学院"。2000年1月,国务院办公厅下发《国务院办公厅关于国务院授权省、自治区、直辖市人民政府审批设立高等职业学校有关问题的通知》,把高职院校的审批权限直接下放给省级人民政府。这两个政策文件的出台,制造了世界高职教育发展史上的奇迹。从1999年到2008年,我国高职院校从474所增至1 184所,毛入学率由1999年的10.5%猛增至23.3%。这奠定了高职教育在我国高等教育中的"半壁江山"的地位。

三是以内涵优化转型为旨归的质量治理期(2007—2018)。当大量院校因放低审批门槛而搭上高职教育这趟发展快车时,当我们因中国高职教育发展的速率而沾沾自喜时,低质量扩容的风险如影随形。高职教育的生态负荷过大,资源被大量稀释、办学条件严重滞后、师资严重匮乏、育人质量无法保证等问题随之暴露。为此,教育部2006年出台的《教育部关于全面提高高等职业教育教学质量的若干意见》(教高〔2006〕16号)要求要"适当控制高等职业院校招生增长幅度,相对稳定招生规模,切实把工作重点放在提高质量上"。这就释放出强烈信号,即高职教育应当由补偿性增长向适应性增长转变，由外延式发展向内涵式发展转变，由增量式发展向提质式发展转变。它标志着高职教育以 2006 年为时间节点，已由重扩容的前数量时期，发展到重内涵的转型切换期和质量治理期。在这一时期，提升质量、培育特色、优化发展成为高职教育发展的主旋律和主基调。与此同时，2006 年 11 月，教育部、财政部颁发了《教育部、财政部关于实施国家示范性高等职业院校建设计划 加快高等职业教育改革与发展的意见》。该建设计划的实施步骤是：2006 年启动第一批 30 所左右示范院校的项目建设，2007 年启动第二批 40 所左右示范院校的项目建设，2008 年启动第三批 30 所左右示范院校的项目建设。2010 年 11 月，教育部、财政部又下发了《教育部 财政部关于进一步推进"国家示范性高等职业院校建设计划"实施工作的通知》，启动了为期 3 年的 100 所骨干高职院校立项建设。上述两个有关国家示范性高等职业院校建设的文件与教高〔2006〕16 号文件是配套的质量治理的政策文件，前者针对转型治理，后者针对示范治理。

四是以提质培优增值赋能为目标的后质量治理期（2019 至今）。2019 年 3 月，教育部、财政部发布了《教育部 财政部关于实施中国特色高水平高职学校和专业建设计划的实施意见》。该计划简称"双高计划"，目的是在国家"强起来"的新阶段和职业教育新变局背景下，进一步做优、做强职业教育，提升其社会地位和影响力，提高其育人质量和效应，增强其服务社会的贡献力。2020 年 9 月，教育部等九部门印发了《职业教育提质培优行动计划（2020—2023 年）》，进一步要求"实施职业教育治理能力提升行动"，"完善多元共治的质量保证机制，推进职业教育高质量发展"，通过建设达及"职业学校办学水平、人才培养质量和就业质量整体提升，职业教育的吸引力和社会认可度大幅提高，有效支撑地方经济社会发展和国家重大战略"的质量治理目标。十九届五中全会通过的《中共中央关于制定国民经济和社会发展第十四个五年规划和二〇三五年远景目标的建议》更是明确了"建设高质量教育体系"的政策导向和重点要求。可见，教育质量治理已成为国家层面达及或实现现代化的一种手段与方略，成为构建新的发展格局，以高质量的质量供给、人才供给支撑经济社会发展转方式、调结构、促升级、惠民生的需要。

（三）高职院校质量治理的内容

高职院校质量治理应当以问题为导向锁定治理内容。这样的治理才是有目标性、针对性和实效性的。当下职业教育面临的问题或者说亟待治理的内容是多方面的，概括起来有以下几点。

一是质量治理观念尚待转变。职业教育质量治理的演进路径是"做大—做强—做优"。"做大"已然成为现实，"做强""做优"尚在推进之中。问题在于，许多院校并没有意识到（或是不愿承认）自身的质量低下，需要不断改进和提升。这就使职业教育质量治理陷入迷误中。不仅如此，面对职业教育办学质量存在的问题，一些院校总是喜欢向外找原因、找理由，不当归因，而不是向内找问题、找差距，补短纠偏。如"校热企冷"一说就是这种典型的护短推责的表现。这样的观念如不转变，质量治理将举步维艰。

二是质量共治机制尚待完善。质量治理是一项整体的系统工程，依赖国家对教育的善治，依赖政府、行业、企业、学校等利益相关者的共同努力，但是，这样的共治机制刚刚上路，远未达及成熟和完善之境，因此，质量共治的完善还有很长的路要走。尤其是深化产教融合、校企合作，虽然倡导、践行多年，但离应然的目标和效果还有很大差距，如职业教育产教融合、校企合作中存在着"五没"问题：没高度（理论不高）——"矮"，即理论支撑缺乏问题；没长度（长效难求）——"短"，即长效机制缺乏问题；没广度（宽度不够）——"窄"，即覆盖不广问题；没深度（延伸不济）——"浅"，即深化不够问题；没效度（效果不佳）——"穷"，即效度低下问题。① 这些问题倘若不能通过质量治理加以解决，职业教育的人才培养质量提升乃至办学特色彰显就依然只是"画饼"和"望梅"。

三是质量治理效果尚待增强。高职院校是以培养人才为目标的，因而质量治理的终极效果应当体现在人才培养质量的提高上。当下高职教育质量治理效果虽然取得了一定成效，但还不理想，仍有待增强。具体表现在：

---

① 张健. 校企合作"五度"问题及其解决方略［J］. 中国职业技术教育，2016（33）：82-86.

教师、教材、教法("三教")改革才刚刚破题,还很不深入;人才培养质量与产业和企业的适切度、匹配度不高;学生的技术技能素养迟滞于新产业、新业态、新技术、新工艺的发展,与之不相适应,知识技能向具体操作构思和产品构型转变的能力相对贫弱。

(四)高职院校质量治理的方法

方法,顾名思义,是人们做事的方略、法则或办法。职业教育质量治理应当以提高人才培养质量为根本目标,以达成这一目标的方法为有效手段,实施教学综合治理、校企合作治理、困境突破治理。

1."三教"改革的综合质量治理

2019年6月,《教育部关于职业院校专业人才培养方案制订与实施工作的指导意见》首次提出要"深化教师、教材、教法改革"。教师、教材、教法是教育的三大基本核心要素,构成自足的施教系统,分别解决"谁来教""教什么""如何教"的问题。"三教"改革是围绕教学实施的这三大核心要素实施的一种综合治理。"三教"之中,教师是主体,教材是载体,教法是导体。"三教"改革是三要素协同作用的综合质量治理,目的是提高教书育人的质量、质地和质性,办成人民满意的教育。"三教"改革质量治理的主体是教师。教师是接受社会委托对学生身心施加影响、教书育人的人。教师是三要素中最活跃的治理要素,具有主体性、能动性和创生性。他们与教材和教法之间构成一种驾驭关系。教学活动的开展需要他们根据教学对象——学生的认知水平和学习需要处理教材,运用方法来彰显教师的主体作用和教学智慧,为学生传道、赋能、授知。教材是课程脚本,是依据课程标准编制的、优化反映课程内容的教学用书,是课程标准的具体化和文本化形式。无论对教师的"教",还是对学生的"学"而言,教材都是知识和文化的载体。"一部优秀的教材是知识之'舟'、能力之'桥'、心灵洗礼之'池'。"[①] 它是教师传授知识的基本依据,也是学生获取知识的基本

---

① 马成荣. 高职院校高质量发展之"五型"设计[J]. 中国职业技术教育, 2020(15): 16-22.

途径。教法是指教学方法,是联系教师和教材,并实现教学过程完形的中介和纽带。"事必有法,然后可成,师舍是则无以教,弟子舍是则无以学。"(《四书集注·孟子集注》)教法是手段和工具层面的东西,是"三教"的逻辑中介和质量提升的实现环节。

在"三教"改革质量治理中,教师要自主治理、本位治理。要提升自己的师德修养,增强教学能力,在实践历练中把自身的知识、能力、品格、思想等提升到厚重、精术、高尚、智慧的程度,并遵循学习、思考、践行、感悟、创新的内在规律,把自己打造成"四有"好老师,实现"普师—良师—名师"的"三级跳"。教材要协同治理。针对当下的教材存在着过时陈旧、抄袭复制、混乱低劣等诸多问题,国家、教育主管部门、出版者、编写者等要下大力气协同治理,要本着对教育、学生和出版市场高度负责的态度,严把资质关、内容质量关、出版审查关,坚决杜绝那些胡编乱凑、质量低劣的教材面世,从根上对教材加以治理,负文责、出精品,真正净化、优化教材生态,提高教材质量。教法要创新治理。教师要灵活实施项目教学、案例教学、情境教学、模块化教学,广泛运用启发式、探究式、讨论式、参与式教学方法,推动课堂教学革命与改革创新,提高人才培养质量。总之,每一要素的治理都成功了,合起来就完成了系统治理、综合治理,"三教"改革就会取得 1+1>2 的治理成效。

2. 产教融合、校企合作的类型质量治理

职业教育是不同于普通教育的类型教育,其质量治理目标迥异于普通教育的升学导向的、提升人的认知水平的目标。职业教育是就业导向的、能力本位的教育。陈彬教授指出,治理是利益相关主体围绕一定的主题,采取共同对话或有效协商的有效手段解决问题的动态过程。职业教育是政府、行业、企业、学校多元主体并存的一种共治结构,其中,政府是关键性主体,行业是指导性主体,学校是根本性主体,企业是实质性主体。① 从

---

① 张健. 职业教育:政行企校合作治理的结构分析与改进对策[J]. 中国职业技术教育,2018(6):39-43.

各主体与办学联系的紧密程度看，政府、行业与办学的联系是相对松散的，而企业与学校是紧密型的办学关系，所以才有校企"双主体"之说。对职业教育而言，企业有教育方面的局限，学校有职业方面的局限，而这样的局限是企业、学校自身无法克服和超越的，必须通过合作才能弥补。所以合作是职业教育的特色保证和不二选择，是职业教育治理的重要基础。职业教育的跨界属性和整合本质也决定了它的治理逻辑，即必须走产教融合、校企合作之路。2014年发布的《现代职业教育体系建设规划（2014—2020年）》早就明确要"完善校企合作的现代职业院校治理结构"。可见，产教融合、校企合作的质量治理既符合治理之道，又彰显本质特色，是本真的、应然的治理。

产教融合、校企合作的质量治理需要做到以下三点。一是主体共治，合力共担学校质量治理的使命。《国务院办公厅关于深化产教融合的若干意见》指出："将产教融合……融入经济转型升级各环节，贯穿人才开发全过程，形成政府企业学校行业社会协同推进的工作格局。"这样的格局就是责任共担、主体共治的应然的理想格局。每一主体都有其他主体不可替代的职能和使命，如政府统筹治理、行业指导治理、企业合作治理、学校主导治理。每一主体都不可或缺，若放弃自身主体责任和作为，就会造成治理主体缺位，治理结构残缺，治理体系缺环，就难以保证深度融合和治理成效。二是资源互补，为学校质量治理创生条件。资源依赖理论认为，任何组织都不可能持有自身赖以生存和发展所需要的全部资源，实现自我供给下的生存与发展。多元主体治理、校企合作可以充分释放人才、资本、信息、技术等创新要素和资源要素的活力，化解资源短缺困境，实现优势互补、资源共享和育人质量提升。三是脱虚向实，充分发挥企业参与质量治理的功能。《国务院办公厅关于深化产教融合的若干意见》要求："支持引导企业深度参与职业学校、高等学校教育教学改革，多种方式参与学校专业规划、教材开发、教学设计、课程设置、实习实训，促进企业需求融入人才培养环节。"这是国务院文件明确要求企业深度参与职业教育治理和人才培养的具体规定，有利于职业教育质量治理脱虚向实，改变长期以来虚浮不实的合作局面，真正实现深度融合治理。

3. 突破困境的创新治理

问题就是以我们原有的知识、经验不能解释、理解和说明的内容，因而问题就是思想的资源和推动力，也就是我们心灵的财富。① 职业教育质量治理存在不少问题。在当下职业教育爬坡过坎"提质培优、增值赋能"的新发展期，要推动职业教育高质量发展，践行新的发展理念，建构新的发展格局，实现质量有效治理，就不能不解决掣肘职业教育发展的各种难点、堵点、惑点、痛点问题，比如职业教育吸引力不强、认可度不高的问题，专业设置与产业结构和企业需求脱节的问题，人才培养素养偏低的问题，技术技能培养质量与企业人才需求有落差的问题等。这些问题归根到底都是职业教育办学质量不高的问题。治理这些质量问题，必须以办人民满意的教育为根本目标，以提高质量为主基调，以创新驱动为突破口，实现职业教育突破困境的创新治理。就当下职业教育推进的改革来看，"双高计划"全面启动，"三教"改革稳步推进，"三全"育人不断深入，产教融合全面发力，这些都体现着改革创新的追求，也是质量治理的有效举措。再如新近出现的产业学院也是一种创新突破，如中山职业技术学院与古镇合作成立的古镇灯饰学院、沙溪纺织服装学院等。陈新民教授认为，产业学院是高校与行业中重点企业根据各自的资源优势，以企业的生产链、技术链与服务链为教学、科研和服务对象，开展人才培养、科学研究与社会服务的应用型专业学院。教育部职成司陈子季司长评说，产业学院是职业教育产教融合的新型组织形态，是新载体、新抓手，其培养出来的毕业生真正契合行业产业需求。产业学校可以有效促进教育链、人才链与产业链、创新链的有机衔接，推进人力资源供给侧结构性改革，有效解决教育人才培养和产业需求"两张皮"问题。针对人才能力和素养偏低的问题，高职院校要针对职教学生的学习特点、行为习惯、思维模式等，以立德树人为根本，建立体现职教特色的德育体系和工作机制，提升学生的素养、品行

---

① 肖川. 教育的智慧与真情［M］. 长沙：岳麓书社，2005：109.

和人格。在能力培养上，要以提升教师"双师"素质为先导，以强化教材的科学性、先进性为基础，以改进教学方法为重点，系统推进职业教育的课程改革创新，提升技术技能人才培养质量。

4. 教学质量要素集成的系统治理

教学质量的提升是质量治理的终极目标。实现这一目标要从维度要素和生成要素的系统治理入手。质量维度要素包括决策指挥、质量生成、资源建设、支持服务、监督控制几个方面；质量生成要素包括学校、专业、课程、教师、学生几个方面。教学质量治理要从以下几个方面着手：一要以人才培养状态数据采集与管理平台为支撑，以目标链、制度链、标准链、实施链、条件链和信息链为纽带，强化各层级管理系统间的质量依存关系，实现教学质量治理的全覆盖、网络化，不断完善教学质量监控体系，适时修订教学质量评价标准，不断提高学校、教师、学生、用人单位等利益相关方在人才培养质量监控工作中的参与度，形成学校主导、多方参与的人才培养质量监控与评价体系。二要建设集专业、课程、师资、学生等各类信息于一体的数据中心，优化基础共享数据，消除数据孤岛，实现数据动态化管理，搭建校本人才培养状态数据采集与管理平台，健全信息采集责任制，完善人才培养状态数据的质量监控、分析反馈机制和预警功能，建设质量管理与监控网站，加强日常管理和教学质量实时监控，为质量诊断与改进提供参考。三要借鉴先进的质量管理理念和国外先进的教育理念，实施全面质量治理，以学生、家长、企业和政府需求为导向，建立和完善以学习者职业素养和技术技能水平为核心的人才培养质量标准体系和制度体系，强化事前质量建标、事中实时监控、事后诊断改进，构建持续、闭环的自我诊断与改进工作模式，创新内部质量保证自主发展机制，充分发挥质量治理的预警功能和激励作用，不断优化各层面需求所对应标准的观测值、预警值及与学院发展相适应的标准链，形成管理制度与工作流程紧密结合的内部质量治理机制，全面增强质量意识，促进全员、全过程、全方位育人，不断提升质量治理的文化内涵。

总之，职业教育质量治理是一项系统工程，必须通过"三教"改革治

第六章 高职院校治理的体系构建

理、校企合作治理、文化育人治理、困境突破治理、教学质量治理等综合施治,将"大有可为"的质量提升期待转变为"大有作为"的质量治理成效。

二、文化治理

(一) 高职院校文化治理的意涵

文化是一个民族的精神和灵魂,是心灵的根本取向。美国人类学家克拉克洪罗列过如下文化界定:一个民族生活方式的总和;个人从群体那里得到的社会遗产;一种思维、情感和信仰的方式;一种对行为的抽象;对人类学家而言,是一种关于一群人的实际行为方式的理论;一个汇集了学识的宝库;一种对行为进行规范性调控的机制;一套调整外界环境及他人关系的技术;一种历史的积淀物。① 克拉克洪对文化的界定是,文化由外显的和内隐的行为模式构成,这种行为模式通过象征符号获致和传递;文化代表了人类群体的显著成就,包括他们在人造器物中的体现。文化体系一方面可看作是活动的产物,另一方面则是进一步活动的决定因素。② 我国学者王洪才对文化意涵的界定为,文化是一个社会共同体的价值观和行为方式构成的总体。文化是社会共同体以一定的价值观念为核心建构起来的行为方式的总和。③ 文化是人类或一个民族的世界观、人生观、价值观、思维方式、行为方式等所构成的最深层的软件系统。张曙光认为,文化是人类创获且能够世代递交的物质和精神财富。④ 文化是人类在改造世界同时也改造人自身的对象性活动中所展示的、体现出来的人的本质力量及成果。⑤

文化是人类一路走来最大的建树和财富,也必将是人类一路走去终极缠绕的归宿和趋势。它是与人类相伴相生、撕掳不开的永恒系结。在这个意义上,教育尤其是职业教育离不开文化治理。文化治理是以文化为手段

---

① 祁进玉. 文化研究导论 [M]. 北京:学苑出版社,2013:6.
② 祁进玉. 文化研究导论 [M]. 北京:学苑出版社,2013:6.
③ 王洪才. 大众高等教育论:高等教育大众化的文化—个性向度研究 [M]. 广州:广东教育出版社,2004:54.
④ 张曙光. 生存哲学:走向本真的存在 [M]. 昆明:云南人民出版社,2001:319.
⑤ 郭凤志. 德育文化论 [M]. 北京:中国社会科学出版社,2008:7.

育人——以文化人,同时又是以文化为目的——育文化人的社会活动。教育就是赋予人文化并使之社会化的过程。职业教育作为教育的一种类型,当然必须遵循文化育人的共性逻辑和普适取向,在改革创新的路上行稳致远、拾级而上,向着文化育人的方向和境界转型。这是职业教育创"双高"、争"一流",打造中国特色、世界水平职业教育的应然要求和不二之选。

(二)高职院校文化治理的原则

原则是原理和规则之意,它是高职教育文化治理的依据。一是以人为本的原则。高职院校要注重师生人格塑造和个性培养,体现师生精神追求,树立文化建设为师生成长服务的理念,用贴近实际、贴近生活、贴近师生的校园文化培育人、愉悦人、塑造人和发展人,促进师生全面发展。要突出文化滋养心灵、涵育德行、引领风尚的作用,通过文化的熏陶、文明风尚的感染、优良环境的陶冶,使人得到思想引导、性格培养、意志磨炼、品格定型和精神升华,促进师生形成良好的行为规范、提升健康的文化品位、追求高尚的精神境界。二是协调统一的原则。高职院校要掌握好协调统一的原则尺度,把校园文化作为一个具有一定组织结构和机能的整体来加以考察和研究,做到学校发展规划和校园基本建设总体规划的统一,体现物质要素与精神要素的统一,人文景观与自然景观的统一,文化的教育性、服务性与艺术性、陶冶性的统一,充分利用资源与保持生态环境平衡的统一。三是传承创新的原则。文化的传承与创新是高职院校的办学职能之一。文化治理当然要秉承和遵循这一原则。高职院校要传承优秀的民族精神和学校文化精髓、做到深入挖掘学校传统,把握文化的动态性、发展性特点,创新思维,与时俱进,弘扬时代主旋律,体现发展主题,培育时代精神,持续推进文化建设,实现继承历史与创新未来的统一。

(三)高职院校文化治理的内容

高职院校文化治理的内容可以从学校教育的文化类别、职业教育的文化特色与文化的应然结构几个维度去确认。从普遍认同的学校教育的文化类别来看,它是由理念文化、制度文化、环境文化和活动文化等构成的一种综合文化。从职业教育的文化特色来看,它是一种跨界整合文化,有自己哲学的"魂"。它是一种"产教融合、校企合作、工学结合、知行合一"的中国特色文化,有自己育人的"道"。它是一种有自主创新的育人模式的文化,有自己方法的"术"。从文化的应然结构看,它是一种合作的共利文化,有自己类型的"根"。

1. 学校育人的综合文化

理念文化,亦称精神文化。任何教育理念都是具有价值负载的,都是价值选择和价值追求的结果。理念文化是对思想的凝练概括而形成的一种精神符号,是学校文化治理的思想指引和精神导航,对办学具有形而上的统驭和指导作用。所以理念是一所学校存在的最根本、最重要的理由,是学校一切活动的指南。比如我们常说的学校的校训、校风、教风、学风等,就属于理念文化。环境文化,亦可称为物质文化。如果说精神文化是学校文化的"软件系统",环境文化就是学校文化的"硬件系统";如果说精神文化是学校文化内在的"精气神",环境文化就是校园文化外在的"筋骨肉"。环境文化是为育人所创设的、作用于人的外在的环境和实体系统,起着教化、濡染、熏陶人的作用。制度文化是学校制定的一系列规范管理人的行为的规章制度。活动文化是学校组织的各种提升学生素养的丰富多彩的活动,如文化节、艺术节、技能节等。

2. 跨界整合的特色文化

职业教育跨界整合的本质决定了高职院校的文化不是单纯的校园文化,而是在治理体系下与行业、企业文化整合的产物。行业文化是行业价值观、行业属性凝聚而成的行业规范和应当秉持的精神态度、价值取向的总和。企业文化是企业的经营理念、核心价值观和行为规范的总和。企业文化是企业的生命基因,是当代企业管理之魂。它是以人的素质提高为核心,以培育企业经营哲学、价值评判和选择、企业精神等核心理念为主要内容和引导方式的管理理念和管理方式。① 高职院校的治理文化应该是这些多元异

---

① 余祖光. 产业文化育人:理论探索与教育实践 [M]. 北京:高等教育出版社,2016:76.

质文化的整合。

3. 模式建构的创新文化

文化治理需要有相应的治理模式和方法。《现代汉语词典》（第7版）对"模式"的解释是"某种事物的标准形式或使人可以照着做的标准样式"。我们认为，模式是认识和实践之间、经验与理论之间架构的一种方法机制，是理论的凝缩和简约化的形式，是在一定的教育思想和教育理论指导下建立起来的较为稳定的教学活动的结构框架和活动程序。它是一种适切的方法设计，一种优化的程式规范，一种教学思想的载体，一种育人的智慧策略。模式建构是高职院校文化治理内容的重要方面。没有模式这一方法中介的连线和搭桥，治理理念和治理行为之间就会因缺乏逻辑链接而成为断裂的无法实施的"两张皮"，文化治理也就无从实现。

4. 跟进时代的网络文化

高职院校要关注学生喜闻乐见的网络文化，注重网络文化内容建设，用科学的、文明的、健康的内容占领网络阵地，以生动活泼的形式弘扬主旋律，加强对校园文化的数字化媒体展示，构建网络文化体系，着力打造具有传播力、感召力、公信力、影响力的新型主流栏目，建设一批网络文化精品项目，提升网络文化辐射力和知名度。

（四）高职院校文化治理的方法

1. 理念、环境、制度、活动文化育人的综合治理

教育部原部长袁贵仁曾指出："所谓教书育人、管理育人、服务育人、环境育人，说到底都是文化育人。"可见"文化育人"是高层级的、统摄性的、具有综合治理效应的育人方式。理念、环境、制度、活动四者共同构成一种文化育人治理结构的"四梁八柱"，任一环节或要素的缺失或者弱化，都将造成整体治理效果的失衡与倾颇。换言之，校园文化育人如果没有多维度的逻辑协同，就很难取得整体效果和治理的高质量。所以，校园文化作为一个具有一定组织结构和机能的整体，其治理一定要做到整体联动，四维并举，即提升理念文化建设，完善制度文化建设，丰富活动文化建设，优化环境文化建设。只有这样综合施治，才能取得理想的治理效果。

2. 行业文化、企业文化、学校文化的整合治理

职业教育跨界整合的本质决定了它的文化治理是整合态、共治性的文化治理。理想的职业教育育人文化应当是企业文化与学校文化融为一体的文化。学校如果是行业性质的高职院校，还应当以行业为背景、产业为依托，其文化建设应当彰显行业风范，对接行业理念，传承鲜明的行业文化特色。也就是说，职业教育的文化治理应当考虑在人才培养过程中融入产业文化、引入企业文化、再造学校文化，形成一种整合态的育人文化。这样的文化治理才是真正的共治视域下生成的理想态和类型化的职业教育文化治理。

3. 职业文化、工匠文化、技能文化的共生治理

职业文化、工匠文化、技能文化与职业实践紧密相关，是职业规范、职业道德、职业精神、职业操守、质量观念、敬业精神等的总和。职业文化是不同职业的从业人员所应遵从的该职业的职业规范和行为准则。职业文化是一种致用文化，它与职业教育的职业性、实践性高度相关。工匠文化是以工匠精神为内核的一种文化。这种文化是一种在设计上追求独具匠心，在质量上追求精益求精，在技艺上追求尽善尽美的职业态度和品质。李克强总理曾说："质量之魂，存于匠心。要大力弘扬工匠精神，厚植工匠文化，恪尽职业操守，崇尚精益求精，培育众多'中国工匠'。"技能文化是工艺的、技术的、制作的文化。它是学生动手实操层面的文化，是显性的技术素养和制作智慧。2020年11月8日，时任教育部部长陈宝生在职教活动周全国启动仪式暨全国职业院校技能大赛改革试点赛开幕式讲话中提出职业教育的"五入"要求，其中"融入"文化要求"增加文化中的技能含量，在全社会建设技能文化，弘扬劳动光荣、技能宝贵、创造伟大的时代风尚"，足见技能文化之重要。职业文化、工匠文化、技能文化是一个层面的平行文化，在育人过程中各有侧重，当然也有交叉。它们共同作用于职业教育的文化育人，对人才培养的文化治理具有举足轻重的作用，因而必须同样受到重视，共生治理，使多样性文化成为奠定学生职业素养、工匠精神和职业技能的立身之本、生存之基。

三、专业治理

(一) 高职院校专业治理的含义

研究专业治理,首先要明确什么是专业。一种观点认为,专业是根据社会分工或职业分类形成的学业门类,即专业是学业的划分,如物理专业、数学专业、中文专业。另一种观点认为,专业是课程的一种组织形式,课程的不同组合构成专业,即专业是课程的集合。专业治理就是在专业建设过程中,围绕专业建设的目标、追求的效能,科学地组织、协调、使用建设主体内部和外部所能提供的人力、物力、财力和其他资源,使专业建设工作持续、稳定、高效地进行的活动。专业治理是有意识、有目的的活动,它服务并服从于组织目标,更好地对接行业和企业,服务产业的发展,最终从根本上提高高职院校整体办学水平。因此,从价值上来看,专业治理有助于高职院校构建适应产业发展需求的专业调整机制,同时,有助于高职院校提高教育教学质量,提高人才培养水平,实现由外延式发展向内涵式发展的转变。

(二) 高职院校专业治理的原则

高职院校专业治理要坚持以下原则:

一要坚持动态调整原则。治理必须保持充分的弹性,以适应各种可能的变化,实现动态治理。职业教育为社会服务的性质决定了高职院校的专业结构必须适应区域经济结构的要求,但高职院校的专业结构绝不能仅照搬社会经济门类结构。高职院校只有通过科学的调研与论证,才有可能获得具有高信度的专业结构调整依据。因此,专业治理要坚持市场导向的动态调整原则。市场需求是设置专业的前提。高职院校在专业结构调整之初就应该组织专门力量做好社会调查研究工作,如区域经济发展总体状况、产业结构、岗位需求、区域内相同专业设置及发展状况等的调查研究,掌握真实资料,为专业结构调整奠定基础。在此基础上组织校内专家、科研院所研究者以及毕业生,特别是来自企业或行业的专家,认真分析市场需求的各种信号,去伪存真、去粗取精地诊断、筛选、凝练,做好专业结构调整。然而,专业结构的调整并不是一劳永逸的事。高职院校要建立动态调整机制,坚持动态治理原则,根据产业发展、市场需求、人才质量适时对专业进行调整。

二要坚持服务产业原则。高职院校要按照学院自身的人才培养方向和能力及专业定位与产业需求相结合的要求，深入调研相关产业，密切关注产业人才市场需求变化，立足自身，始终依据学院的办学定位和人才培养目标开设专业，优化专业结构。依托行业、企业，根据行业优势和合作企业需求来建设专业。通过校企共同制订人才培养方案、共同开发课程体系、共建实习实训基地、共培师资队伍、共同培养学生等方式推进专业建设和治理，走产教融合、校企合作的发展之路。

三要坚持多元参与原则。专业治理活动的各级各类人员都是治理的主体。只有充分调动他们的参与度和贡献度，才能使专业治理达到预期的效果。因此，高职院校要始终坚持多元参与的原则，让专业建设过程中的各方都切实地参与进来。产教融合、校企合作是"双高"建设的主线。高职院校在专业治理过程中要充分调动行业、企业的积极性和参与度，充分利用行业、企业优势资源，创新合作路径，与行业、企业共建资源，明确权责；要准确把握资源建设标准，既满足学校教学需求，又满足企业生产经营需求；要让教育行政部门参与到专业治理的过程管理中，充分发挥教育行政部门的指导职能；要增进与兄弟院校的交流，学习兄弟院校先进、成熟的经验和做法；要调动学校教师和学生的主观能动性，让他们充分地参与到专业治理中，承担各自的责任，做出相应的贡献。

四要坚持持续发展原则。持续发展是一个永恒的目标。高职院校专业治理是一个动态的过程。随着国家和区域经济的发展、产业结构的调整、技术的升级转化、市场对人才需求的变化等，专业的动态调整不可避免。在专业治理的过程中，高职院校要牢固树立质量和效益意识，坚持持续改善的目标，坚持梯度推进、动态发展，加强过程监控，持续发展，全面提升专业建设的整体水平。

（三）高职院校专业治理的路径

1. 建立专业治理领导组织机构

专业治理要在政府主导、行业指导、企业参与下进行。高职院校应成立政府、行业和企业参与的专业治理领导组织机构，在该机构下设指导委员会、专业治理工作小组、监察与审计小组。

2. 建立健全产教融合、校企合作运行机制

高职院校要促进学校与企业的交流与合作，定期开展专业治理、产业发展和人才需求研讨，根据产业需求职业岗位群对高端技术技能人才的需求变化，适时调整专业结构与规模；要促进办学形式多样化、办学主体多元化，增强办学活力，提高办学效益；要成立专业治理指导委员会，聘请行业、企业专家为企业专业带头人，确定校内专家教授为校内专业带头人，实行专业双带头人制，联合行业、企业专家共同制订人才培养方案，及时将新技术、新工艺、新材料融入课程体系和教学内容。

3. 建立健全专业治理联盟和教学改革成果推广应用机制

高职院校要联合区域内职业院校及相关企业，成立相关专业治理联盟，加强在专业人才培养方案、课程体系与教学内容、教学条件等方面的一体化设计与建设，针对教育教学热点、难点问题进行集体攻坚克难；要依托行业指导委员会、协会等行业组织，定期举办相关专业治理交流会，牵头制订各专业人才培养方案；要定期发布专业教学改革和协同创新成果，带动其他专业或联盟成员学校的专业发展，提升联盟成员学校专业服务产业发展水平，形成教学改革成果推广应用机制。

专业治理应当注意以下几个关键点。一是专业要建在师资匹配的支撑点上。教师是教育的第一生产力和"硬核"资源，专业设置必须考虑这一核心要素。无论开设什么专业、开设什么课程，最终都要落实到教师的教学上。倘若教师数量不达标，专业带头人和团队建设不到位，师资匹配度太低，专业设置和建设就无从谈起。二是专业要建在校企合作的共赢点上。《教育部等六部门关于印发〈职业学校校企合作促进法〉的通知》明确指出："产教融合、校企合作是职业教育的基本办学模式，是办好职业教育的关键所在。"这也是职业教育最重要的类型特色。专业治理必须走融合、合作之路。这是专业治理赖以成功的底层逻辑、特色逻辑。而要想合作治理成功，就必须找到专业建设的共赢点。没有共赢，就没有合作，也就没有

专业建设的成功和出彩。专业只有建在共赢点上，合作才能深化，建设才能成功。三是专业要建在条件保障的资源点上。办学校或建专业是要有条件保障和资源加持的。高职院校如果连基本的办学条件、资源保障都不具备，又不去创造条件和合作共享，就盲目设置和建设专业，必然会因设备短缺、资源匮乏、条件不成熟、竞争力缺乏而失败。四是专业要建在企业用人的兴奋点上。职业教育对于社会经济发展最大的助力就是为社会、为企业提供技术技能人才，将人力资源转化为人力资本，将人口红利转化为人才红利。高职院校要了解企业需要，倾听企业呼声，接纳企业建议，与企业共建专业；要充分利用企业在专业设置上融入市场、"冷暖自知"、熟知需要的优势和特长，与企业联动，保证专业的方向性和有效性；要与企业合作，保证专业和人才的适用性和针对性；要与企业互动，保证专业的实践性和应用性；要与企业共荣，保证专业的就业性和优效性。

四、教师治理

（一）教师治理的时代特征

《国家职业教育改革实施方案》提出"探索组建高水平、结构化教师教学创新团队，教师分工协作进行模块化教学"。具有挑战性的教育教学改革和创新性任务，需要团队协作方能完成。所以，教师治理必须重视教师团队建设及其作用的发挥。

教师治理的时代特征集中体现在对"团队性"的关注上，关键在于学习社群的打造和作用发挥。学习社群是教师专业发展的营地，也是高水平、结构化教师教学创新团队的基础。学习社群是在具有共同愿景和价值共享的组织中，为了完成某种使命，以学习方式形成的共同体，不受科层管理的限制，也没有精英团队的任务与压力。学习社群基于知识共享、彼此学习，打破知识所有者之间的壁垒，将不同专业背景、经验、学识、技能的个体信息聚集在一起，实现知识的自由流动；基于分工合作、协同创新，协作完成人才培养方案修订、课程标准研制、教学流程重构、教学资源建设与应用、教材建设及学习管理与评价，开展课程项目建设和教学改革研究。

高职院校要充分发挥学习社群的作用,关键在于机制的创新。一是建立校企协同机制,充分利用校企合作平台,促进学校教师与企业技术人员的相互学习、优势互补、资源共享。在教学资源建设中,企业技术人员提供实际生产案例,教师再将其转化为教学案例。二是优化考评机制,不限定课堂教学组织形态探索实践,支持每位教师形成特色教学风格,让不同风格的教师展现各自的优势特色,不断碰撞出新的火花,让组织更加开放而有活力。三是形成并落实定期教研机制,组织相邻领域、跨领域的教研组,课前相互审阅、评议课程标准,课中观摩教学组织,课后沟通优势与不足,开展经验反思;确保理论课与实训课教师之间的常态化沟通,实现理论与实践课程环节的融会贯通,营造相互促进、共同成长的协同教学新生态。

(二) 教师治理的高职特色

当前,"双师素质"已成为高职教师的主要衡量标准和基本要求。2016年10月,教育部、财政部联合印发了《教育部 财政部关于实施职业院校教师素质提高计划(2017—2020年)的意见》,强调通过示范引领、创新机制、重点推进、以点带面,加快建成一支师德高尚、素质优良、技艺精湛、结构合理、专兼结合的高素质专业化的"双师型"教师队伍。2017年12月,《国务院办公厅关于深化产教融合的若干意见》强调校企合作共建"双师型"教师培养培训基地。2019年1月,国务院颁布的《国家职业教育改革实施方案》(简称"职教20条")明确指出"多措并举打造'双师型'教师队伍"。同年9月,教育部等四部门联合印发《深化新时代职业教育"双师型"教师队伍建设改革实施方案》,详细制定了"双师型"教师建设的12个具体要求。由此可见,国家很重视对"双师素质"教师的培养。所谓"双师素质"即专业素质和职业能力并重、理论和实践相得益彰。具体而言,专业素质一方面是所教专业的专业素质,包括具有良好的专业理论基础、了解专业的发展方向、具备基于专业知识逻辑解决专业问题的能力;另一方面是教育教学层面的专业素质,包括具有扎实的教育教学理论知识、熟知本专业学生应掌握知识的内容与程度、能基于学习和成长规律分析学情。职业能力一方面是所教专业的实践能力,包括能熟练进行技术技能实践操作、拥有企业生产现场的实际工作经验、能切实解决生产一线的实际问题;另一方面是教育教学实践能力,包括能优选教育教学方法进行有特色的课堂设计、能将企业的岗位能力要求分解成教学要点、能指导实践教学并与学生实现良好交流。

教师治理的高职特色集中体现在对"双师素质"的关注上,关键在于对师资培训的强化和优化。师资培训是引领和促进教师"双师素质"提升的重要途径。不同于认证类培训,师资培训不是一次性的资质培养,而是一项需要长期规划的工程。不仅要关注即时性的培训过程和结果,还要关注可持续发展的培训机制建设。尤其在当前高职教师综合素质欠佳、培训实效不高的情况下,亟须找准培训的定位,有的放矢进行改革。在培训目标上,要由知识层面的提升,向知识、能力与精神层面的全方位提升转变。教师的职业生涯发展与终身学习,既要通过技术性培训发展专业理论与实践上的硬实力,也要注重文化性培训对于教学理念与职业精神上的提升。针对目前高职教师普遍存在的短板,开展信息化教学能力、科研创新能力、团队凝聚力和共生意识培养等相关培训非常重要。做好这样的培训有如下几点要求:第一,在培训设计理念上,由供给导向向需求导向转变。高职院校在设计培训项目时,要提前做好培训需求分析,调研送培单位的现实情况和主要目标、受训教师在专业领域和教学工作中遇到的问题和困惑,以培训对象的需求为依据确定培训方向,发散培训内容。第二,在培训方式上,由传统的理论、经验传授向"做中学"转变。高职院校一直强调学生的"做中学",但因受时间、条件等限制,在教师培训方面并未采用这一方式。对此,要做好更全面的统筹谋划,为教师提供任务和实践的机会,采用"提前布置任务—参培教师完成任务—培训专家点评和指导"的方式让教师在实践中领悟理论,从而更好地完善实践。培训要遵循双向互动而不是单向传输的原则,在经验交流中找到理论与实践融合的方法。第三,完善校企协同"双师型"教师培养。教育与产业的密切结合、学校与企业的协同联动是职业教育的本质特征和内在要求。教师治理同样离不开协同

理论与实践：高职院校治理现代化研究

联动。这就要求高职院校不断加强教师社会实践基地建设，完善教师企业挂职或实践历练的制度，使他们成为名副其实的"双师素质"教师。同时，高职院校要进一步拓展教师引进渠道，为企业技术人员、能工巧匠提供成为教师的机会，完善学校的专兼职教师队伍的建设和治理，实现在产教融合、校企合作模式下"双师型"教师队伍建设的改进和突破。

（三）教师治理的人性逻辑

"职业倦怠"是多数职业都会面临的高频关键词。教师作为一个费脑又操心的职业，更是职业倦怠的高发群体。究其原因：一方面，基于高职教育内容的特殊性和扩招后生源的多元性，相较于普通高校教师，高职教师不仅要完成专业理论教学，还要做好实践技能培养，并着力增强教学吸引力和课堂管理艺术，但高职教师的薪酬待遇总体不高，高职教师难免有付出与收获不成正比之感。另一方面，学生在基础教育阶段没能养成良好的学习习惯，学习和自控能力较差，学习的主动性、积极性、自觉性不高，致使课堂教学效果和学生的学业成就难达预期，教师的职业成就感也偏低。

高职院校教师治理中教师的职业倦怠须遵从人性逻辑加以施治。治理的关键在于教师内生动力的激活。首先，最有力的激活方式并不是给予评优、证书、职称、报酬等简单的激励，而是让教师从心理上感受到职业的价值和意义，从而产生认同感。其次，由于每个教师都有属于自己的认知方式、经验习惯和教学风格，高职院校要尊重个体特征和差异性价值，鼓励教师进行教学创新，通过创新提升教学水平和人才培养质量，使教师在教学过程中获得成就感。再次，高职院校要鼓励教师积极参与科研、提升自我，从研究中汲取专业成长的动能，克服职业倦怠和内卷退化，提高自己的理论水平和研究水平，进而提升教学水平，成为有理想信念、有道德情操、有扎实学识、有仁爱之心的好教师。

第七章 高职院校治理能力建设

"双高计划"的开启成为高职院校进入全新发展时期的标志。全球化带动新技术竞争的加剧。新时期高职院校的新发展对高职院校全面提升治理水平提出了新要求。治理能力现代化建设成为高职院校全面提升治理水平的关键。

第一节 高职院校治理能力现代化的意义

发展高职教育对于实现中国特色社会主义现代化具有重要意义。要想发展好高职教育，就必须要着眼于治理能力建设，从制度层面和现实层面实现高职院校治理能力现代化。

一、服务国家治理现代化的必然路向

中共十九届四中全会表决通过的《中共中央关于坚持和完善中国特色社会主义制度 推进国家治理体系和治理能力现代化若干重大问题的决定》阐释了坚持和完善中国特色社会主义制度、推进国家治理体系和治理能力现代化的重大意义和总体要求。

具体到国家治理现代化路径的问题上，习近平总书记曾指出，"推进国家治理体系和治理能力现代化，要大力培育和弘扬社会主义核心价值体系和核心价值观"[①]。国家治理现代化的推进离不开社会主义核心价值观的引

[①] 大力弘扬社会主义核心价值观：四论学习贯彻习近平在省部级专题研讨班重要讲话[N]. 人民日报，2014-02-22.

导。社会主义核心价值观以中华优秀传统文化为土壤，通过强大的文化滋养力量为国家治理现代化的形成与发展输送了充沛的精神养料和丰富的文化基因。社会主义核心价值观充分明确了中国特色社会主义的价值特性。所以，国家要想提高治理水平，应当将这种价值特性通过理论学习、文化教导以及实践论证等方式贯穿国家治理活动的各个方面。①

高职院校承担了培育我国技术人才的重要任务，对我国经济发展有重大影响。高职院校要推进治理能力现代化，发挥制度的力量，提高我国技术人才培养的水平与质量。同时，高职院校不仅仅为学生提供技术教育，更需要对学生进行思想教育，引导学生树立正确的人生观与价值观。高职教育的职能性质与多样性决定了高职院校必须完善治理体系，培养有技术、有理想的技术人才。增强高职院校治理能力有助于完善当前我国教育体系建设。

二、推进治理体系现代化的价值旨归

中共十九届四中全会指出，要坚持马克思主义在意识形态领域指导地位的根本制度，坚持以社会主义核心价值观引领文化建设制度，健全人民文化权益保障制度，完善坚持正确导向的舆论引导工作机制，建立健全把社会效益放在首位、社会效益和经济效益相统一的文化创作生产体制机制。

提高高职院校治理水平、实现高职院校治理现代化是推进治理体系现代化的价值旨归。推进治理体系现代化是在坚持公平正义前提下，通过制度改革、制度赋能和制度再造等途径，实现社会发展，从而促进人民生活水平的提高。高职院校要提高治理水平，使更多主体参与学校的管理与监督，通过有效的意见聚合机制和全方位的监督，改变当前高职院校工作中流于形式的情况，有效发挥马克思主义的指导地位，用社会主义核心价值观有效引领校园文化建设，使社会主义核心价值观真正地深入人心。推进高职院校治理现代化，除了需要校内各治理主体的参与外，还需要社会各主体的参与。在这一互动的过程中，高职院校可以通过"院校—社会"反

---

① 董俊麟. 国家治理现代化的路径研究［J］. 法制与社会，2021（4）：92-93.

馈机制，消除社会的有关偏见，从而解决高职院校发展过程中的资金、人力资源和学生资源等问题，提高办学水平。随着外部治理主体的引入，高职院校运作将进一步透明化。在有效的社会监督下，社会力量也将进一步参与学校运作，倒逼高职院校回归教育初心。

三、实现自身高质量发展的现实需要

教育部等九部门印发的《职业教育提质培优行动计划（2020—2023年）》强调，要把高职教育作为"优化高等教育结构和培养大国工匠、能工巧匠的重要方式"，"扎实推进中国特色高水平高职院校和专业建设计划，加强绩效考核与评价，建成一批高技能人才培养培训基地和技术技能创新平台"。自2019年全国56所高职院校入选高水平学校和141所高职院校入选高水平专业群以来，各入选院校已经开始启动建设，而在建设初始，各入选院校有必要厘清国家开展"双高计划"的初衷，明确建设预期与思路，将"双高计划"的实施打造成中国高职发展的一面旗帜。①

我国经济已经由高速增长阶段转向高质量发展阶段。这意味着我国必须转变发展方式，变过去高投入、高消耗、高污染和低产出的发展模式为低投入、低消耗、低排放和高产出的发展模式。很显然，我们要实现"两个一百年"的奋斗目标，就要把发展的动力逐步转变到科技进步和创新驱动上来。科技进步、创新驱动的主体是人才，其中高素质技能应用型人才起着至关重要的作用。②

政策激励和现实要求明确了高职院校必须走高质量发展之路。在政策激励方面，"双高计划"的出台和实施，从政策方面激励了高职院校高质量发展。"双高计划"将竞争机制引入高职院校发展过程中。高职院校要不断提高自身办学水平，创办有特色的教学模式，走高质量的发展道路，才可能在竞争中取得优势。在现实要求方面，高职院校以培养高水平的技术人

---

① 李思阳，罗冲，孔庆新. 双高院校高质量发展的内涵与路径选择［J］. 职教论坛，2021（3）：150-153.

② 孔鹏，范颖. 略论"新常态"背景下发展高职教育的重要性［J］. 长江论坛，2015（5）：93-96.

才为目的。目前我国对高水平技术人才的要求已经从以前的熟练掌握技能转变为善于创新。随着这一现实要求的转变,高职院校的人才培养方式也必须转变,必须从以前的流水线式培养方式向个性化培养方式转变。这一转变要求高职院校必须从传统的集约化发展向高质量发展转变。

第二节　高职院校治理能力现代化的内涵与特征

一、高职院校治理能力现代化的内涵

治理这一概念最早起源于西方国家。针对20世纪90年代西方国家社会资源配置的市场失灵和国家失效问题,治理理念迅速成为西方人文社会学科研究的重点,并进而成为各国政治决策极其重要的理论参考依据。① 在中国语境下,治理指的是协调不同主体间关系的制度安排,但是治理也是一个复合概念,包括不同的领域和层级,并嵌入在不同文化背景中。不同领域、层级和文化背景有不同的治理规律。治理驱动作为治理概念的延伸,其定义与内涵在不同的情境下有所不同。② 在治理的视域下,高职院校治理能力并不是由治理概念所决定的,而是由高职院校的定义和治理能力的定义相衔接而得出的。高职院校的定义较为广泛,但是高职院校在目标、组织形式和组织归属上有高度的统一性,所以我们可以将高职院校定义为由政府或者市场经济主体单独或者混合举办,以培养应用型技术人才为目标的一种教育形式,其归属于高等教育体系之内。治理能力则是指治理系统中,多元治理主体相互协作,实现治理目标的能力。根据上述两个概念,通过概念的衔接和组合,高职院校治理能力是指在遵守有关治理制度的前提下,高职院校通过一定的治理机制,协调内部与外部治理主体的关系,

---

① 何得桂,公晓昱. 行政推动向内源发展:农村产业扶贫的长效机制［J］. 开发研究,2020 (4):50-56.
② 杨开峰,邢小宇,刘卿斐,等. 我国治理研究的反思(2007—2018):概念、理论与方法［J］. 行政论坛,2021 (1):119-128+2.

发挥内部与外部治理主体的治理优势，从而实现治理目标的能力。

现代化是一个"集大成"的过程，具体表现为"心灵、技巧、管理妙、环境好"的严整多层的集成过程。随着现代化的发生，社会各个方面都随之发生变化，核心是高度发达的工业化和人的现代化。资本主义与社会主义是现代化的两种模式，它们具有共同的基础，即工业化。但是在特殊的语境下，现代化的具体含义有所不同。在社会科学领域，现代化指的是在现有旧事物的基础上，通过改革等手段，旧事物通过对自身的"扬弃"，不断放弃落后消极的因素，发扬和吸收一切积极先进的因素，不断进化发展成适应时代要求的新事物。高职院校治理能力现代化则强调治理能力与现实情况的适应程度，即根据变化的实际情况，通过一定的反馈与改进机制，调整有关的宏观与微观治理制度安排，使治理制度与治理情况相适应，在此基础上，进一步协调内部与外部治理主体的关系，在多维、多层次治理机制作用下，充分发挥内部与外部治理的治理优势，建立可循环、可自我调整和适应性强的高职院校治理系统，更好地实现治理目标。

二、高职院校治理能力现代化的特征

高职院校治理能力包括治理主体、治理关系、治理作用机制和治理系统运转四个方面。从目前高职院校治理的实际情况来看，高职院校治理能力普遍较弱，集中表现为治理主体较为单一、治理关系较简单、治理作用机制运行效率低下和治理系统运转缺乏内生动力四大问题。故高职院校治理能力现代化的特征应该包括治理主体广泛、治理主体内外关系建构、多重网络单层次的作用机制和治理系统内生可持续运转四大方面。

（一）治理主体广泛

治理强调多元主体参与。传统的高职院校治理强调学校内部治理主体，如学校党委、有关职能部门、教师和学生等主体参与治理。这里强调的高职院校治理多元主体仅仅为高职院校内部治理主体，是一种狭义上的多元主体。高职院校治理现代化在治理主体上应更多强调广义上的多元主体，要求高职院校突破与社会其他主体的隔阂，嵌入社会网络中，把与高职院校发生关系的主体都视为有关治理主体。在这一背景下，高职院校治理主体不仅仅局限于学校内部老师、学生与后勤人员等群体，市场与社会中一切积极有关因素，如企业等都可以是治理主体。

（二）治理主体内外关系建构

传统的高职院校治理由于主体构成简单，其运行逻辑较为简单，加之身份的天然限制，故通过一定的制度安排，就形成较为简单的治理关系。但是高职院校治理现代化打破了传统高职院校治理限制，主体不再局限于系统内部，高职院校组织外部主体被引入，传统的治理关系已经不再适用于该治理主体的构成。然而，这不意味着该治理系统中内外部治理主体无关系或者有复杂关系。这些主体以高职院校为界限，进行一定的关系建构，通过一定关系的耦合，形成内外系统的治理主体关系。具体而言，高职院校在一定的规章制度的安排下，对传统关系进行微调，使治理主体间关系基本不变，但是内部治理主体与外部治理主体产生横向关系。例如，学校管理机构可以通过购买公共服务的方式，与市场有关企业发生联系。在这一过程中，治理系统内部的后勤保障人员虽然在管理关系上无变化，但是其与企业发生了从属关系。

（三）多重网络单层次的作用机制

高职院校治理由于主体和主体间关系明确，加上传统行政科层制的影响，治理活动以传统的纵向传递的作用机制为主，即治理活动的开展只能依靠行政组织架构向上进行信息反馈，再通过行政组织架构向下进行信息反馈。该作用机制是单线式的一重网络多层次的作用机制。高职院校治理现代化由于主体的多样性与主体治理关系的网络化与层级化，治理活动的作用机制不仅仅依靠传统的行政组织架构，治理信息的传递、治理活动的触发等不局限于传统内部行政网络，社会网络与市场网络也在一定程度上承担了行政网络的有关职能，使作用机制多重化。由于传统治理关系的解体与重构，部分层级不再产生关系，作用机制中的层级被压缩，呈现扁平化特征，由此形成多线式的多重网络单层次的作用机制。

（四）治理系统内生可持续运转

高职院校治理现代化虽然突破了传统高职院校治理主体内部的局限，

但是并不意味着传统高职院校治理内部系统的全面瓦解,反而在一定程度上强化了高职院校治理系统的内部性。但是这种内部性必须建立在高职院校内部可以与外部系统良性互动的基础上。同时在无重大改变的情况下,治理系统内部可以按照一定的作用逻辑,有效、可持续地运转。治理系统内部有效、可持续的运转就意味着系统内部可以产生一定动力,推动系统运转,甚至产生改造系统的动力,推动系统内部进化发展。这一过程则是治理系统内生发展。

第三节 高职院校治理能力现代化的功能与指标

一、高职院校治理能力现代化的功能

在国家相关政策中,治理能力现代化与治理体系现代化相辅相成。高职院校治理能力现代化同样如此,其建设与高职院校治理体系息息相关。根据治理理论,治理是使相互冲突或不同的利益得以调和并且采取联合行动的持续的过程,治理体系则是在这一过程中各个治理主体的权力结构安排与实施方式。高职院校治理体系与治理能力是结构与功能的关系。英国社会学家安东尼·吉登斯曾强调结构对功能发挥的重要作用:"规则和资源的不同组合会形成不同的结构,其中,规则作为结构中相对稳定的部分有制约作用,而资源作为能量是积极变动的,故而导致结构既有制约性又有能动性。"① 可以说,高职院校的治理体系是治理能力的载体,治理能力则是治理体系运转的关键,二者只有相互匹配才能产生效果。高职院校治理能力现代化离不开治理体系现代化。高职院校只有实现治理体系现代化,其制度规则与运转机制才能促进治理能力现代化。

高职院校为了实现治理目标,要在现代化治理体系中发挥治理能力。

---

① 甘晖. 基于大学治理能力现代化的大学治理体系构建[J]. 高等教育研究,2015,36(7):36-41.

其治理能力现代化需要具备以下四个功能。首先，明白什么是高职院校现代化治理体系中的制度规则，即理解制度规则；其次，在充分理解高职院校现代化治理体系中的制度规则的基础上，建立运转机制，以促进制度规则的运转；再次，在高职院校现代化治理体系中的制度规则的运转过程中，根据实际情况不断推陈出新，即与时俱进地创新；最后，在高职院校现代化治理体系中的制度规则的创新运转过程中，对出现的问题进行调节。因此，高职院校治理能力现代化只有具备理解、运转、创新与调节四个功能，才能保证现代化治理体系这一结构的完整。

二、高职院校治理能力现代化的指标

科学专业的评价指标体系在对高职院校治理的评估中非常重要，对高职院校治理的未来发展方向与体系的构建起着不可或缺的诊断、指导作用。但是，当前很多高职院校对于自身的评价来自个别化、独立化的操作，很难形成系统化的指标。从这个角度来看，专业化的评价体系就显得尤为重要。基于高职院校治理能力现代化的特征，评价高职院校治理能力现代化的指标应该包括治理主体参与水平、治理关系建构水平、治理机制运行水平和内部治理内生动力水平四个主要方面。

（一）治理主体参与水平

1. 治理主体数量

参与有关治理的主体数量多寡与治理主体参与水平有着直接联系。参与有关治理的主体数量指的是在有关治理流程中参与必要流程治理的必要参与治理主体的数量，涉及主体是否全部参加。

2. 治理主体参与效果

治理主体参与效果在一定程度上反映了治理主体参与水平的高低。是否就有关问题积极反馈意见、是否与其他主体开展有关协调活动、是否在治理体系内参与治理和治理问题解决的绩效比高低等都能衡量治理主体参与效果。

3. 治理主体制度保障

治理主体参与治理、发挥有关治理作用必须以一定的制度进行保障。

制度在宏观层次上是指法律法规等，在微观层次上是指具体组织的组织规则。高职院校治理主体制度保障指标在宏观层次上包括国家和地方有关治理法律法规是否完善，有关治理法律法规是否成体系和有关规章的执行绩效比高低等；在微观层次上包括学校有关治理规章是否健全，是否执行上级有关规章和有关规章的执行绩效比高低等。

（二）治理关系建构水平

1. 内外部治理主体联系程度

现代化治理不仅需要内部治理主体参与，也需要外部治理主体参与。内外部治理主体联系程度指的是内外部治理主体以系统为界线产生联系的程度。在高职院校治理能力现代化上，内外治理主体是否产生治理关系、内外治理主体关系是否完善和内外治理主体是否正确等都可以衡量内外部治理主体联系程度。

2. 治理主体关系网络化程度

内外部治理主体产生联系后，治理内系统被嵌入治理大系统中，治理内系统不再是孤立的存在。同时，治理内系统不同主体产生不同联系后，治理主体联系逐渐多元化，内外部治理系统间产生治理网络。在高职院校治理能力现代化上，治理网络连接主体的数量、治理网络联系的复杂程度和治理网络联系的维度等都可以衡量治理主体关系网络化程度。

3. 治理主体关系清晰程度

在宏观层面上，治理主体产生关系，进而产生关系网络，完成治理关系的框架建构；在微观层面上，治理主体关系清晰程度衡量治理关系实际效用。在高职院校治理能力现代化上，不同治理主体产生的关系强弱、治理主体产生关系是否正常和治理主体关系是否有效作用等都可以衡量治理主体关系清晰程度。

（三）治理机制运行水平

1. 治理机制运行流畅程度

治理必须依靠一定的治理机制才能发挥作用。治理机制运行流畅程度决定了治理活动开展的效度。在高职院校治理能力现代化上，高职院校治理信息流通时间、高职院校治理信息流通路径数量和高职院校治理信息量等都可以衡量治理机制运行流畅程度。

2. 治理机制运行快速程度

治理速度取决于治理机制的传导速度,而治理机制运行快速程度决定了治理活动开展的传导速度。在高职院校治理能力现代化上,高职院校治理信息流通时间与信息流通数量的比值、多次高职院校治理信息流通时间差与多次高职院校治理信息流通数量差的比值等都可以衡量治理机制运行快速程度。

3. 治理机制运行保障程度

治理的开展需要各方面的保障,而治理机制运行更需要各方面的保障,这样才能提高治理机制运行流畅程度和快速程度。在高职院校治理能力现代化上,高职院校治理机制物质保障情况、高职院校治理制度保障情况、高职院校治理机制人力资源保障情况和高职院校治理机制组织保障情况等都可以衡量治理机制运行保障程度。

(四) 内部治理内生动力水平

1. 内部治理与外部治理联系程度

内部治理系统必须建立在一定的外部治理系统的基础上,但是这不意味着外部治理系统与内部治理系统关系越强越好。过高或者过低的与外部系统的联系程度都不利于内部治理系统内生发展。在高职院校治理能力现代化上,高职院校内部治理是否独立、高职院校治理主导权是否丧失和高职院校内部治理系统与外部治理系统交换机制是否流畅等都可以衡量内部治理与外部治理联系程度。

2. 内部治理动力强弱程度

内部治理动力强弱表现在内部治理驱动力是否有效带动内部治理系统运转、内部治理是否可以内生运转等方面。在高职院校治理能力现代化上,高职院校内部治理是否存在驱动力、高职院校内部治理驱动力是否强劲和高职院校内部治理驱动力是否稳定等都可以衡量内部治理动力强弱程度。

3. 内部治理可持续运行程度

内部治理是否可持续运行反映了内生治理的成功与否。在高职院校治理能力现代化上,高职院校内部治理动力是否持久、高职院校内部治理信息是否流通顺畅和高职院校内部治理作用机制是否有效发生等都可以衡量内部治理可持续运行程度。

第四节 高职院校治理能力现代化的策略与路径

一、高职院校治理能力现代化的策略

在"双高计划"建设中增强高职院校的治理能力是围绕其治理内容和治理结构开展的。因此,高职院校要围绕"双高计划"建设的"引领改革,支撑发展,中国特色,世界水平"的总体要求,具体从治理理念、治理结构和治理效能三个方面入手,不断增强治理能力。

(一)更新治理理念,树立善治为本治理理念

善治是高职院校治理的最高级状态,它追求的是学校利益最大化的管理理念。作为重要的管理方式,它也是社会主义核心价值观在社会管理中的体现,注重民主、法治和效率的结合与融入。因此,在开展"双高计划"建设中高职院校增强治理能力的重点是以善治为管理理念,促使学校治理达到以下四种状态:首先,坚持治理法治性,坚持依法办事,坚定不移地贯彻执行国家法律法规等的要求,构建学校自身的章程,把学校章程作为依法治校的根本依据。其次,坚持治理的民主性,把民主集中制作为政治前提,充分发挥学校党代会、职代会和工会在重大事件建言建议中的重要作用。再次,坚持治理的包容性,对个体差异给予充分尊重,坚持有奖有罚、奖罚并举、以奖为主的治理方式,充分调动学校各方主体的积极性。最后,坚持治理的整体性,始终坚持从学校长远发展、全体师生整体利益出发,对各方利益主体加以协调,坚持学生为根本、教师为基础、校友为保障的治理理念,全力构建高职院校的长远发展利益共同体。

（二）优化治理结构，构建特色校本治理框架

我国高职院校原有的治理结构和治理方式基本上都是以普通高校为"样板"建立起来的，不仅具备了职业教育的形态，同时也具备了高等教育的"内核"。但是，高职院校开展"双高计划"建设更多需要根据自己的高职教育办学特色和办学定位，对治理结构进行优化，建立与自身发展相匹配的治理新架构，构建治理新结构，突出高职院校治理新特色。

第一，构建高职院校治理新结构。党委领导、校长负责、教授治学和民主管理是我国高等教育治理体系的四大支柱。高职院校要在党委领导和校长负责的治理体制中，形成以党委书记和校长为首的领导班子精于治理、学术委员会精于治学、行政工作人员精于服务的氛围，建立和健全学校的基本治理结构，为学校治理结构现代化和治理能力持续增强提供支持与保障。总之，高职院校在开展"双高计划"建设中增强自身的治理能力需要坚持党委领导下的校长负责制度，加强对各方利益的协调，强化和突出党委统揽全局的重要作用。

第二，突出高职院校治理新特色。高职院校在开展"双高计划"建设中，要重视和加强与外部企业的合作，积极构建校企合作模式，突出职业教育特色性。为了优化高职院校发展外部环境，提升自身的治理效能，高职院校可以适当聘请外部企业管理人员到学校授课和担任管理人员。同时，财政拨款是高职院校主要办学资金来源，因此在资金使用上，高职院校可以借助政府部门的监督管理，不断提升自身的资金使用绩效，加强资金管理。总之，高职院校在开展"双高计划"建设过程中增强自身管理能力必须要接受社会监督，优化自身的治理结构，确保核心治理结构的优化和完整。

（三）激发治理效能，推动治理能力全面增强

人是执行管理理念和管理方式的最终主体。在"双高计划"建设中，对高职院校治理结构的完善需要有高素质的管理人才队伍对先进的治理理念和管理机制加以贯彻和执行。增强高职院校的治理能力从根本上来说是增强高职院校管理人才队伍的管理意识和管理能力。在"双高计划"建设

中，高职院校要增强治理能力，就要加强领导班子和全体管理人员的管理服务能力。

第一，要加强领导班子建设。高职院校要发挥领导班子在学校改革发展中的核心作用，特别是要根据社会主义高等职业教育的要求，从开拓创新、勤勉清廉、服务示范、学习研究和忠诚担当等方面，对学校领导班子的治理水平加以提升。

第二，要加强中层领导的治理能力和治理水平建设。中层领导干部在高职院校治理中发挥着承上启下的作用。高职院校要重点加强对中层领导干部的学习创新能力、管理服务能力、大局服务意识的培养，打造一支勇于担当、敢于创新、作风优良、能力突出的中层领导干部队伍。

第三，要注重服务队伍专业化建设。在开展"双高计划"建设中，高职院校要从提高学校治理水平的高度，培养一支办事有力、忠于职守的管理服务人员队伍，把治理能力增强的各项要求落实在实际管理和服务工作中。

二、高职院校治理能力现代化的路径

推进高职院校治理能力现代化、实现高职院校治理体系现代化具有重要的意义与价值。在治理的全过程中，治理思想为治理活动提供价值指导，治理体系为治理活动提供体系保障，治理制度为治理活动提供推进力，治理人员则构成治理的基础。推进高职院校治理能力现代化应该从治理思想、治理体系、治理制度、治理人员和治理手段着手，通过一系列的改革措施，推进治理思想、治理体系、治理制度、治理人员以及治理手段现代化。

（一）推进治理思想现代化

推进治理思想现代化能为高职院校治理能力现代化提供正确的思想指导。首先，高职院校必须坚持以马克思列宁主义、毛泽东思想、邓小平理论、"三个代表"重要思想、科学发展观、习近平新时代中国特色社会主义思想为指导，增强"四个意识"，坚定"四个自信"，做到"两个维护"，坚持党的领导、人民当家作主、依法治国有机统一，坚持解放思想、实事求是，坚持改革创新。其次，高职院校必须将传统的管理思想转变为治理思想，推进高职院校治理，实现高职院校治理现代化。同时，行政部门等权威主体必须改变以管理思想推进治理活动的理念，树立治理思想，以治理思想推进治理活动，学生和企业等非权威主体则必须改变消极参与的治理思想，树立积极参与的治理思想，通过治理活动，合理地表达自己的治理需求。

（二）推进治理体系现代化

推进治理体系现代化能为高职院校治理能力现代化提供体系保障。首先，高职院校必须建立和明晰各治理主体间的关系，推进建立和明晰内部治理系统和外部治理系统间的有关联系，为治理活动的开展提供有效路径。其次，高职院校必须建立多重单层次的作用机制，改变传统治理活动仅仅依靠行政系统传递治理活动信息、发生治理行为和传导治理影响的范式，通过广泛地建立治理主体间的联系，增加治理信息传递、治理行为发生和治理影响传导的路径，形成多重的治理作用机制，同时压缩治理系统中的治理层级，使治理系统摆脱传统科层制等级体系范式的影响，取消不必要的治理层级，使治理系统结构向扁平化结构迈进。

（三）推进治理制度现代化

推进治理制度现代化可以为高职院校治理能力现代化提供制度保障，有助于高职院校治理能力现代化可持续进行。首先，中央要出台有关法律法规，建立和完善有关扶持、发展和促进高职院校治理能力现代化的法律法规，从国家层面上提供宏观法律制度保障；地方各层级政府必须按照中央的有关要求，在自己的职能范围内，充分发挥法律法规等治理工具的作用，为高职院校提供较为具体的法律保障；高职院校则必须在遵守国家和地方的有关法律法规的前提下，通过合法合适的形式，建立和完善学校内部有关治理规章，具体执行国家和地方的治理要求，提供具体的治理制度保障。其次，高职院校要建立责任明确的治理物质保障制度。治理活动的开展离不开物质保障。在实际的治理过程中，物质保障的责任划分不明确会导致治理活动难以有效开展。所以，高职院校要建立责任明确的治理物质保障制度，根据法律法规的要求，明确物质保障责任，完善物质保障制度，确保有关治理活动有效开展。再次，高职院校要建立治理权责明确的治理制度。要根据有关法律法规的规定，明确各行政层级和其他治理主体的治理权力与责任，达到权力大小与责任大小相匹配的要求，避免治理主体过度干预和消极参与。

（四）推进治理人员现代化

高职院校治理活动必须有具体的治理人员参与，才可以使治理真正发挥成效。推进治理人员现代化是解决治理难题的"最后一公里"的关键。首先，高职院校要推进治理人员意识现代化。高职院校行政人员要改变传统管理意识，树立协调共理、高效协商的治理意识；其他高职院校治理主体要改变消极参与治理的意识，树立积极参与治理的意识。其次，高职院校要推进治理人员技能现代化。传统的高职院校治理往往靠集中座谈会等形式和网络治理平台收集治理意见。这两种形式要求参与治理的人员要有较高的文字表达和网络使用技能，但是部分治理主体受到自身治理技能水平的影响，难以参与这两种形式的治理活动。所以高职院校治理要提高治理主体的文字表达和网络使用技能水平，同时培养治理主体的其他治理技能，实现治理人员技能现代化。再次，高职院校要推进治理人员思维现代化。传统的高职院校治理人员是以风险防范的思维推进治理活动，使治理的创造性和高效性难以有效发挥，所以高职院校治理人员要改变治理思维，使治理思维由风险防范为主的思维转变为风险防范和价值创造并重的思维。

（五）推进治理手段现代化

推进治理手段现代化有利于提高高职院校治理活动的效率，从而使高职院校治理取得更好的治理效果。首先，传统的高职院校治理电子化和信息化程度往往较低，严重影响了治理信息传递的速度，导致治理活动需要浪费大量的人力资源，治理效率比较低，所以高职院校亟须推进治理手段现代化，普及电子化和信息化工具在治理活动中的运用，加快治理信息传递速度，增大治理信息容量，及时反馈治理影响。其次，在传统的高职院校治理中，拥有权威的治理主体偏好采取强制性手段来实现治理目标，但是由于有关治理主体的利益未能被重视，治理风险会不断累积。所以，高职院校应该注重强制性和自愿性手段混合并用，充分重视有关治理主体的利益诉求，化解治理风险。再次，从国家和地方层面上看，政府往往采用规制性政策工具来促进高职院校治理的发展，忽视了社会化和自愿性政策工具的使用。政府应该改变重复使用单一政策工具的政策模式，针对不同的治理问题，分类别精准匹配和采用不同的政策工具，同时形成规制性政策工具、社会化政策工具和自愿性政策工具互补的政策模式。

第八章
高职院校治理的实践案例

本章以长沙航空职业技术学院和山东海事职业学院为例，通过对治理结构、实现路径、实践成效的分析，综合考量两所高职院校的现代化治理能力，总结、提炼高职院校治理实践的成功经验，以期为高职院校治理结构改革实践提供一定的参考和依据。

第一节 长沙航空职业技术学院

近年来，长沙航空职业技术学院以治理能力建设为抓手，通过加强作风建设、优化治理结构、增强治理能力，打造航空特色品牌，推动了学院内涵式发展。

一、案例概况

长沙航空职业技术学院隶属空军装备部，是一所军队主办管理、军地共建共享的高等职业技术学院。学院实行党委统一领导下的主官分工负责制，对干部及人事选拔与任免有着独立自主的人事权。初步制定了符合现代职业教育要求、体现学院办学特色的章程。建立了以专业群建设为核心的学院内部管理架构，成立了覆盖航空产业链的四个专业二级学院和一个士官学院。成立了学术委员会，统筹行使专业建设、课程建设、学术科研等学术事务的审议、评估和咨询等职权。成立了四大专业群建设指导委员会，指导专业建设、课程建设和人才培养。学院民主决策、监督与执行体

理论与实践：高职院校治理现代化研究

系健全，工会、共青团、学生会等群众组织健全，党员代表大会、教职工代表大会会制度常态化，党委会、院长办公会、党政联席会制度常态化。学院成功入围湖南省平安高校建设项目。

二、治理结构

（一）以学院章程为统领，健全凸显军队特色和学院办学特点的治理结构

一是加快推进学院章程建设，确保办学有章可依。长沙航空职业技术学院加快推进学院章程建设步伐，以核准的章程为依据，加大章程的宣传贯彻力度，贯彻落实章程的各项规定，正确处理行政与学术、学校与二级学院、学校与教师、学校与学生、学校与社会的关系，真正建立起"党委统一领导、主官分工负责、教授专家治学、民主监督管理、行业企业参与"的现代高职院校治理结构，切实做到依法治校，依章办事。

二是坚持党委领导下的主官分工负责制。长沙航空职业技术学院坚持党员代表大会制度，定期召开党代会；坚持党委领导核心地位，建立健全党委统一领导、党政分工合作、协调运行的工作机制，合理确定领导班子成员分工，明确工作职责，理顺党委集体领导和党政主官分工负责之间的关系，保证院长依法行使职权。

三是完善以学术委员会为核心的学术治理体系。长沙航空职业技术学院不断完善学术委员会章程，健全以学术委员会为核心的学术管理体系与组织架构，让学术委员会统筹行使学术事务的审议、评估和咨询等职权，发挥其在专业建设、课程建设、学术评价、学术发展和学风建设等方面的重要作用，尊重并支持学术委员会在其职责范围内独立行使职权，并为学术委员会正常开展工作提供必要的条件保障。

四是加强以教代会为重点的民主管理权建设。长沙航空职业技术学院定期研究工会、共青团、学生会等群众组织工作中的重大问题，支持其依照国家法律法规和各自的章程独立开展工作。进一步完善教职工代表大会具体工作制度，定期召开教职工代表大会，充分发挥教职工代表大会民主管理学校的职能，让教职工知校情、参校政、议校事、督校务。高度重视

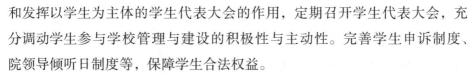

和发挥以学生为主体的学生代表大会的作用,定期召开学生代表大会,充分调动学生参与学校管理与建设的积极性与主动性。完善学生申诉制度、院领导倾听日制度等,保障学生合法权益。

五是创新行业、企业有效参与治理的形式。长沙航空职业技术学院围绕学院四大专业群建设,强力推进"一二一建设工程",即拓宽一个平台,组建两个职教集团,探索共建一个混合制二级学院。拓宽"军、政、行、企、校"五方联动的航空职业教育与技术协同创新中心战略平台。联合空军航空装备修理工厂组建空军航空装备修理职教集团,联合湖南机场集团、中国航发南方工业有限公司等组建湖南航空职教集团,探索建立基于产权制度和利益共享机制的集团治理结构。以湖南华星通用航空有限公司为依托,成立一个混合制二级学院,设立行业、企业代表参加的理事会,建立校企共同治理的办学机制,将行业、企业有效参与学院治理真正落到实处。

(二)以专业群建设为核心,健全顺畅、高效、和谐的内部运行机制和执行体系

一是进一步完善行政决策机制。长沙航空职业技术学院坚持民主集中制,严格遵守重大决策集体讨论制度,健全党委议事、院长办公会议事和党政联席议事规则,对"三重一大"问题严格按规定的程序和原则进行表决;建立"三重一大"问题决策前的审议咨询制度,充分发挥专家团队的审议、咨询功能;建立教职工代表大会代表旁听学校重大决策性会议的相关制度,全面提高决策科学化、民主化水平。

二是健全责权利明晰的内部管理和执行体系。根据专业群建设需要,长沙航空职业技术学院按扁平化组织模式对专业建设、教学运行、科研培训、服务保障等常规管理事务进行整合,调整机构设置。以学院章程为基础,理顺和完善教学、学生、后勤、安全、科研和人事、财务、资产等方面的管理制度、标准,建立健全相应的工作规程,形成规范、科学的以专业群建设为核心的学院内部管理体系。实行学院与二级学院两级管理,进一步下放管理权限、下移管理重心,充分赋予二级学院在专业建设、师资队伍建设、人才培养、社会服务、内部分配等方面的自主权。建立和完善

二级学院目标管理考核办法，激发二级学院发展活力。

三是健全教学质量诊断与改进机制。长沙航空职业技术学院成立由学院和企业专家组成的教学质量诊断与改进专家指导委员会。构建以"学校、二级学院、教研室三级监控"为核心的"三全"（全员、全过程、全方位）内部教学质量监控与质量保证体系，建立健全常态化、周期性的教学工作诊断与改进制度。依据行业、企业人才需求，建立诊断指标体系，设计诊断项目。建立和完善反映人才培养工作状态的数据管理系统，及时掌握和分析人才培养工作状态。加强教学质量数据采集与管理队伍、专家诊断队伍以及通过诊断结果进行相应改进的教学管理队伍建设。规范"问题入手—反思和剖析—诊断与改进"的工作程序，围绕人才培养工作要素进行自我诊断，制定相应改进措施，将多维度、多层面教学质量自主诊断与改进工作落到实处。建立教学质量诊断与改进工作信息公告制度，依法依规发布社会关注的人才培养核心数据，适时公开教学质量诊断与改进的方案、标准、程序以及结论等。

四是加强监督体系建设。长沙航空职业技术学院加强对重要岗位、重点部位、重大事项、关键环节的监督。健全以"学校、二级学院、教研室三级监控"为核心的教学质量监控体系，将对教学质量的监控贯穿教学管理全过程，促进教学质量监控体系和教学管理体系良性互动、循环发展。进一步完善党务公开、校务公开制度，充分利用校园网、公告栏等及时将学校改革新举措、学校重大决策、教师职称评聘情况及上级部署的各项任务等向全体师生公布。建立健全办学信息向社会公开制度，发布年度人才培养质量报告和办学工作报告，使学院教育和管理工作及时接受广大师生、家长和社会的监督。建好、用好教育阳光服务平台，为师生及社会公众提供优质便捷的服务。

五是构建平安和谐校园。长沙航空职业技术学院发扬军队优良传统，用政治统领安全，把安全稳定作为首要思想政治工作来抓。结合学院对接航空产业的办学特色，牢固树立"质量关乎生命"的航空安全理念，将质量安全教育贯穿到学院人才培养、管理与服务的全过程，增强师生的安全意识和安全素养。建立校园应急指挥中心，建设校园数字化视频监控平台。保持信息报送渠道畅通，建立并完善舆情处置和突发事件应急管理制度，完善各类安全预案，开展经常性演练，确保校园平安和谐。

（三）以实施四大计划为重点，力争在关键领域改革与建设方面取得重大进展

一是实施人事分配制度改革计划。长沙航空职业技术学院围绕专业群建设，深化人事分配制度改革，深入推进"定岗、定编、定员"，实行人员按岗位分类管理，真正实现由传统身份管理向岗位管理转变。根据专业群建设发展实际，完善以岗位任职考核为主要内容的各类人员绩效考核办法，推行以贡献为导向、优绩优酬、重点向"双师素质"教师倾斜的内部分配方案，对在履行岗位职责、教学、科研工作和社会服务等方面取得突出贡献的人员给予重奖，鼓励教师全身心投入教学、科研和社会服务工作。

二是实施专任教师"走出去"计划。长沙航空职业技术学院鼓励专任教师走出去，主动参与社会服务。出台《教师参与社会服务工作管理办法》，全面规范学院社会服务工作。完善《教师教学工作考核办法》，将教师参与社会服务作为教学工作考核的重要内容。完善《教师教学工作量计算办法》，将教师参与社会服务的工作量计入教学工作量。完善《教师职称评定办法》，将教师参与社会服务的能力、水平以及取得的成果作为职称评定的重要指标，充分调动教师参与社会服务的积极性，让教师主动参与社会服务成为一种新常态。

三是实施校企共同治理办学机制建设计划。长沙航空职业技术学院依托"一二一建设工程"，进一步深化校企合作领域，完善协同创新中心平台，在校企合作共建职教集团和混合制学院的基础上，按照"不求所有，但求所用"的原则，继续共建股份合作制大师工作室，引进企业高级专业技术人才、高技能人才，促使他们以技术、技能等要素参与工作室建设，并在教师团队建设、人才培养和应用技术开发与推广等方面发挥重要作用。进一步完善校企共同治理的办学机制，实现行业、企业参与学院治理取得新成果，形成新经验。

四是实施文化育人创新行动计划。长沙航空职业技术学院坚持立德树人，积极培育和践行社会主义核心价值观，扎实推进文化育人创新行动计划。认真落实干部作风是第一民生，自上而下地开展干部作风建设。积极倡导全院师生践行"四个始终"，即始终不忘航院情怀，始终牢记使命和责任，始终保持奋发有为的精神状态，始终坚守真抓实干的工作作风；积极倡导全院师生努力争做"四有航院人"（"四有"即有植根于内心的修养，有无须提醒的自觉，有以约束为前提的自由，有为别人着想的善良）。积极培育独具特色的"三敬"航修精神和"零无"职业素养，即教育全院师生培养"敬仰航空，敬重装备，敬畏生命"的航修精神和"零缺陷，无差错"的职业素养。让全院师生增强对学院建设发展各项事业的认同感，加强学院建设发展各项工作的执行力。

三、实现路径

（一）优化办学机制

一是加强理事会建设。长沙航空职业技术学院依据学院章程，进一步加强理事会建设，充分发挥航空职业教育与技术协同创新中心平台作用，加强与政府、行业、企业的战略合作，深化合作领域，优化理事会组织架构和运行机制，发挥理事会在强化社会参与、扩大决策民主、争取办学资源等方面的作用。

二是创新办学模式。长沙航空职业技术学院深化产教融合、校企合作，探索建立1~2个混合制二级学院（产业学院），完善管理运行机制，打造企校利益共同体。通过湖南省飞机维修工程技术研究中心、大师工作室等的建设，探索跨专业教学科研创新团队建设模式和管理机制。

三是优化外部治理环境。长沙航空职业技术学院充分依托学院担任的全国、省内各协会、学会等的社会职务，创设良好外部发展环境，汇聚改革建设合力。建立校友互动平台，展示校友风采，共享校友资源。组建校友会，颁布校友会章程，完善校友服务工作机制，充分调动整合校友资源，促进学院与校友之间的合作交流，实现母校与校友互为助力、共同发展。

(二) 完善内部治理结构

一是建立依法治校制度体系。长沙航空职业技术学院大力推进依法治校、依章办学。建立健全章程落实机制，加强章程学习与宣传，完善教育教学、队伍建设、学生管理、国际合作等重点改革领域的管理制度，构建以章程为统领的制度体系。完善依法治校工作机制，规范招生、教育教学管理、经费使用等办学活动。以优秀等级通过湖南省高校综治考评，建成湖南省平安高校。争创湖南省依法治校示范学校、湖南省现代大学制度建设先进高校。

二是完善决策机制与管理体制。长沙航空职业技术学院建立健全党委统一领导、党政分工合作、协调运行的工作机制，完善党委与行政议事决策制度。优化内部管理机构，进一步厘清校、院两级管理职责，推动管理重心下移，落实二级学院自主权，完善二级学院目标考评管理与绩效考评体系，激发二级学院发展活力。

三是加强学术组织建设。长沙航空职业技术学院健全以学术委员会为核心的校、院两级学术管理体系与组织架构，完善学术委员会运行机制，充分发挥教授专家在学术评价、专业建设、学术资源配置等学术事务中的重要作用，落实专家治校。加强专业群建设指导委员会、教材建设委员会的建设，促进专业建设和教育教学改革。

四是加强民主监督和管理。长沙航空职业技术学院继续推进教职工代表大会规范化、标准化建设，健全全院师生参与民主监督和管理的工作机制。坚持信息公开，完善家长开放日、院领导倾听日等制度，通过多途径、多渠道听取师生意见和建议，及时通报学院重大决策及实施情况。

(三) 持续推进内部质量保证体系建设

一是完善学院内部质量保证机制。长沙航空职业技术学院适时修订各层面制度，进一步完善各部门及各岗位工作职责、工作标准，优化工作流程。适时修订学院发展规划及其他子规划，完善与学院建设发展相适应的目标体系。不断优化各层面需求所对应标准的观测值、预警值及与学院发展相适切的标准链，形成相互独立、相互关联的网状质量标准体系。不断完善部门及个人考核激励制度，增强质量自主意识，形成常态化的质量保证与改进机制。

二是完善基于大数据的决策机制。长沙航空职业技术学院进一步完善数据采集相关制度，健全数据采集机制，依托大数据中心，实现多终端、多渠道数据实时采集。进一步推进学院管理手段信息化、工作流程规范化、治理能力现代化。加强数据分析、数据预警等在管理决策中的应用，加强决策科学性。

三是完善质量监控评价体系。不断完善教学质量监控体系，适时修订教学质量评价标准，不断提高学校、教师、学生、用人单位等利益相关方在人才培养质量监控工作中的参与度，形成学校主导、多方参与的人才培养质量监控与评价体系。

（四）健全校企合作长效机制

一是加强平台建设。长沙航空职业技术学院强化航空职业教育与技术协同创新中心人才培养和科技开发两个工作委员会的支点作用，以"协同创新中心"理事单位战略合作为统领，以校企合作项目为支撑，充分发挥空军航空修理系统教育培训中心、航空工业行指委飞行器维修技术专业教学指导委员会、民航147/145/66、民用无人机驾驶员培训机构和考点、湖南省通用航空协会等合作平台的联动效应。根据各专业群及群内专业建设发展需要，联合行业、企业共建省级行业职业教育教学指导委员会，进一步拓展产教融合校企合作平台，丰富校企合作内容，增强服务产业发展能力。深入推进"协同创新中心"实体化运作，创新集团化办学模式，激发企业参与职教内生动力，将"协同创新中心"建成国家示范性职业教育集团。

二是完善运行机制。长沙航空职业技术学院完善"协同创新中心"组织机构和管理制度，优化人才培养、科技开发两个工作委员会的工作机制，完善"协同创新中心"工作委员会管理制度、"协同创新中心"资源共享实施办法等，促进资源共建共享。制订校企合作五年发展规划，系统谋划学院校企合作工作，不断完善"军、政、行、企、校"五方联动的校企合作

第八章 高职院校治理的实践案例

长效机制。通过企业走访调研、定期交流、召开年会、举办论坛、发布信息等多种形式,共同推进校企在人才培养、科技创新、社会服务、就业创业、文化传承等领域的深度合作。

(五)推进校企协同育人

一是完善校企育人模式。长沙航空职业技术学院深化"工学六合"人才培养模式改革,积极探索订单培养、定向培养、现代学徒制(企业新型学徒)等多样化培养形式,形成"一厂一式"校企协同育人模式。拓展订单人才培养,组建"上飞""川航"等20个订单班。进一步优化专业教学标准、军政素质标准、日常管理标准和质量评估标准等,构建定向士官培养标准体系,完善定向士官人才培养模式,定向培养规模超过50%。总结学院"3482"现代学徒制试点经验,全面推广中国特色现代学徒制人才培养模式,覆盖学院所有专业群,组建"中国航发""德国DHL"等现代学徒班20个。服务航空产业转型升级需要,探索面向企业转岗员工和新聘用员工的新型学徒人才培养模式,组建"航空工业贵飞""中国航发南方"等企业新型学徒班。

二是共建共享教育资源。长沙航空职业技术学院坚持"共建、共享、共赢",加强教育资源建设,引入行业、企业新技术、新工艺、新规范等产业先进元素,联合企业和航空院校建好飞行器维修技术、飞行器制造技术和空中乘务国家专业教学资源库,共同申报建设飞机电子设备维修国家专业教学资源库。进一步夯实企业真实生产环境的任务式培养基础,与企业深度合作,新建、改扩建一批产教融合实训基地,将"航空制造与维修技术技能人才培养公共实训基地"建设成集教学、培训、技术开发及创新四大功能于一体、辐射全国的高水平、专业化产教融合实训基地,为社会、企业和院校提供服务。

三是协同推进就业、创业。长沙航空职业技术学院联合航空业领先企业共同建设省级"蓝鹰众创空间"、大学生创新创业孵化基地和创新创业实践教育基地,深化校企就业创业合作,联合开展创业项目培育与孵化,协同推进"大众创业、万众创新",增强学生就业、创业能力,助力航空产业技术创新、富饶美丽幸福新湖南建设，力争成为全国校企深度共建创业孵化器项目，入围国家级众创空间建设单位。

（六）构建校企合作命运共同体

一是拓展合作领域。长沙航空职业技术学院依托学院校企合作平台，进一步巩固、深化与国内航空业领先企业的合作，积极拓展与德国汉莎、新加坡科技宇航等国际领先航空业企业的合作。充分发挥校企在党建、思想政治教育方面的优势，落实立德树人根本要求，与企业共建德育实践基地，联合开展德育教育。总结与企业联合扶贫工作经验，积极参与企业扶贫项目，打造"扶贫扶智扶志"有机结合、产教联合推进的精准扶贫模式，助力乡村振兴。联合军队装备修理企业、航空军工企业、国防科技大学等单位打造军队技术士官培训基地。与企业共建职业技能等级认定机构，助力企业技能人才队伍建设。与企业共建企业大学——海鹰学院，打造"育人+培训"平台，推进校企深度融合。联合企业打造航空技术技能人才国际培训基地，服务"一带一路"倡议和航空企业"走出去"。

二是深化合作项目。长沙航空职业技术学院立足学院高水平专业群，服务国家大飞机战略，探索与航空业领先企业组建产业学院或混合所有制二级学院，共同开展复合材料无损检测、飞行器制造等专业订单、现代学徒制人才培养，联合开发"1+X"职业技能等级证书标准，制定服务"大飞机"技术技能人才培养的培训标准、课程和教材，参与开发C919、CR929飞机适航维修培训体系，为构建国际民航"C标准"做出积极贡献。依托湖南省通航协会，携手湖南省内通航领先企业共建湖南通航产业学院和湖南通航发展研究中心，制定通航标准，开展通航培训，提供决策支持，服务湖南通航产业人才队伍建设和技术创新，提升引领湖南通航产业发展。依托学院科技创新平台，与企业联合开展技术攻关，增强服务中小微企业技术研发和产品升级的能力，积极协助合作企业申报产教融合型企业，让企业切实享受到政府提供的各类激励政策，厚植企业承担职业教育责任的环境，促进校企命运共同体形成。

四、实践成效

长沙航空职业技术学院在高职院校治理方面取得了一定的成效。党委集体领导下的主官分工负责制进一步落实,学术委员会统筹行使学术事务的职权进一步规范,教职工代表大会、学生代表大会民主管理、监督作用进一步发挥,行业、企业参与学院治理进一步制度化,学院形成了符合章程要求、凸显军队特色和学院办学特点的治理结构;群众参与、专家咨询和集体决策相结合的决策机制得以健全,教学质量诊断与改进机制不断健全和优化,以专业群建设为核心的学院内部管理体系进一步优化,办学活力进一步释放;各监督主体形成监督整体合力,湖南省平安高校创建卓有成效。学院扎实推进文化育人创新行动,深化人事分配制度改革,形成了向"双师素质"教师倾斜的内部绩效分配方案和行业、企业有效参与的治理结构两个标志性成果。全面实行人员按岗位分类管理,完善以岗位任职考核为主要内容的各类人员绩效考核办法,形成了与学院"双师素质"教师分级培养、认定与管理体系相配套,以贡献为导向,优绩优酬,重点向"双师素质"教师倾斜的内部绩效分配方案,为其他高职学院人事分配制度改革提供了借鉴。围绕专业群建设,强力推进"一二一建设工程",建立了一个混合制二级学院,实施校企合作共建大师工作室。建立了基于产权制度和利益共享机制的校企共同治理结构,成为行业、企业参与高职院校治理的成功典范。建成了对接航空全产业链的校企合作平台,形成"军、政、行、企、校"五方联动的产教融合长效机制,使校企合作命运共同体初步形成。进一步理顺办学机制和管理体制,进一步完善内部质量保证体系,使全院师生质量意识明显增强。

五、案例点评

完善治理体系,推进治理能力现代化,是深化高等教育综合改革,推动高等教育现代化的迫切需要,更是高校建立现代大学制度的必由之路。新时期,新发展。长沙航空职业技术学院以文化建设为引领,筑牢治理根基;以作风建设为抓手,转变治理理念;以创新驱动为抓手,优化治理结构;以精细管理为重点,增强治理能力;积极探索"以文化育人为引领,以作风建设为抓手,全面推进治理能力建设"的长效之路,为高职院校治理能力建设提供了重要经验。一是以文化建设为引领,将航空文化、湖湘文化、军队文化、企业文化和学校文化融为一体,形成校园文化家的理念模式,推进理念文化、制度文化、环境文化、行为文化建设,构建具有浓郁军队和航空特色的文化育人体系,树立文化建设是治理能力建设核心的理念,坚持以文化人,以文育人,充分发挥了文化育人的功能。二是以作风建设为抓手,提出"干部作风是第一民生"等口号,号召全院师生践行"四个始终"、争做"四有文化人",培育独具特色的"三敬"航修精神和"零无"职业素养,打造了一支特别能吃苦、特别能战斗、特别能奉献的干部队伍,形成了一支特别爱岗敬业、特别肯干能干、特别心怀航院的教职工队伍,营造了一种特别上下一心、特别风清气正、特别团结和谐的工作氛围。三是以创新驱动为抓手,以章程为统领,完善制度体系,在内部治理方面,大刀阔斧调整专业结构,搭建多个平台深化产教融合、校企合作,优化人才培养模式,形成了一个军队定向士官培养,军队装备修理和航空工业、中国航发制造与维修、民用通用航空服务与管理的"三个三分之一"的人才培养格局。四是以精细管理为重点,在教学方面,在实训现场推行6S管理,在实训过程中参照民航维修的模式,实施了工卡管理,对接民航现场管理的标准和要求,让学生养成了良好的职业习惯。

  长沙航空职业技术学院在完善治理体系、推进治理能力现代化方面取得了一定的成绩,但仍有未完成的目标,需要继续推进和深化改革。一是要努力构建开放共享新格局。要吸引优秀航空企业、院校加入"协同创新中心",以更加开放、更加包容的发展理念共同实现航空产业新突破;服务国家航空产业"走出去",积极配合航空企业海外项目实施,在项目建设、技术服务、援外培训、境外培训基地建设等方面发挥积极作用;加强与国内外先进企业、院校的交流与合作,充分发挥资源集聚优势,切实推进与行业、企业在人才培养、员工培训、专业建设、师资队伍建设、实习实训基地建设、科技开发与服务等领域的全面合作,努力构建开放共享新格局。二是要扎实推进人才兴业战略。人才是发展壮大航空产业的首要资源。加大人才的培养和引进力度,全面激发人才创业创新动力和活力,是实现航空产业新突破的关键。长沙航空职业技术学院要完善专业随产业发展动态调整机制,促进人才培养与航空产业发展、创新创业需求紧密对接;推动职业院校教师和企业技术人才双向交流,聘请行业、企业优秀人才到学院授课、参与教改,完善专业教师到行业、企业挂职锻炼制度;建好校内外实习实训基地、创新创业基地,与相关单位联合举办各类科技创新、创意竞赛;根据产业发展需求和行业、企业需要,增强员工培训服务能力,开发培训项目,拓展培训领域,形成校企多元主体合力汇聚的局面,打造航空产业紧缺型专业技术人才培训基地;积极探索、实践校企协同育人新机制,建成一支专业齐全、技艺精湛的技术技能人才队伍,培养一批大国工匠,为航空产业新发展提供人才支撑和智力支持。三是要积极推动军民融合发展。《关于经济建设和国防建设融合发展的意见》要求,到2020年,基本形成军民深度融合发展的基础领域资源共享体系、中国特色先进国防科技工业体系、军民科技协同创新体系、军事人才培养体系、军队保障社会化体系、国防动员体系。《"十三五"国家战略性新兴产业发展规划》将航空产业等新兴领域作为军民深度融合发展的着力点。长沙航空职业技术学院必须不负使命,主动作为,搭建军民对接的桥梁,加大资源共享平台、信息发布平台、技术交流平台和科技成果转化平台建设,构建线上线下军民融合服务体系;以军工项目为抓手,与企业联合创新,共同培育军民两用复合型人才,同时与部队、士官培养院校共同探索士官人才培养新机制、新模式、新方法,通过航空职业教育向部队输送更多满足军队需要的专业技术士官;集合一批专家,培育一批高科技"种子",共同论证新兴技术领域军民融合项目,开展项目研究与开发;通过军转民、民参军项目,推进航空产业军民融合协同发展、深度发展。四是要推动协同创新向更高层次、更深领域发展,创新激励机制。当前,校企合作不容乐观,关键是校企双方没有找到共同点和兴奋点,企业没有在合作中得到实惠。长沙航空职业技术学院要按照"学校与企业共同进步、经济与社会协调发展"的要求,建立利益与风险共担的机制,做到责权清晰、奖惩合理;通过上级拨款、社会捐赠和服务收益等，在"协同创新中心"内部设立"创新基金"和"技术创新奖"，对取得突出成绩的单位和个人进行奖励，激发协同创新积极性，创新人才使用机制；以项目为纽带，构建"不求所有，但求所用"的人才弹性管理机制。在校企合作中，学校可根据需要聘请企业、科研院所的技术专家、能工巧匠到校担任兼职教师；企业可聘请科研院所和学校教师担任培训师；教师与企业技术人员可依托项目共同开展技术研发、科技创新、工艺革新等，实现人力资源的合理配置与共享，创新技术成果转化机制。技术成果只有转化为现实生产力，才能显示其经济价值和社会价值。目前，不少科研成果还待在保密柜里，没有转化为现实生产力。要推进协同创新，增强自主创新能力，就必须创新成果转化机制。长沙航空职业技术学院可通过申请创新基金、自行投资、合作开发、专利转让、技术入股等形式，将技术研究成果转化应用到企业生产和生活实际中，帮助企业提高生产效率，创造经济价值，推动协同创新向更高层次、更深领域发展。

第二节　山东海事职业学院

山东海事职业学院是2011年潍坊市政府投入536万元财政资金并联合三家企业3.6亿元社会资本，创办的"民办高校、混合体制、事业单位"高职院校，系全国职业教育混合所有制办学研究联盟第一发起单位、名誉理事长单位和秘书长单位。

一、学校混合所有制办学现代治理实践的概况

（一）主要经验与创新

1."上位"治理：基于混合体制的现代政校治理体系创新与实践

地方政府与社会资本合作的混合所有制办学体制必须做到的是民事主体关系与行政法律关系的辩证统一。这为政府宏观管理与学校自主办学的合一、政府权益与社会资本权益的合一、社会效益与经济效益的合一、规范办学与创新发展的合一打下了坚实的法理基础和社会认知基础。目前，潍坊市委、市政府（含潍坊市教育局、中共潍坊市委高校工作委员会）对山东海事职业学院的宏观层面管理仅限如下方面：① 按属地管理的原则，领导、指导学校党建工作；② 研究、通过学校重大改革事项，指导推进学校混合所有制办学体制机制改革；③ 审核、批准学校董事会章程、监事会规则、学校章程；④ 指导组建学校董事会、监事会；⑤ 派驻政府董事代表，享有重大事项"一票否决权"，以公有资产为据，牢牢把控学校社会主义办学方向；⑥ 具有校长人选的考察、推荐权；⑦ 其他教育教学业务性指导。其他方面均由学校依法依规自主管理。

2."中位"治理：基于产权结构的现代法人治理体系创新与实践

在山东省教育厅、潍坊市人民政府认可的"民办高校、混合体制、事业单位"办学体制下，山东海事职业学院参考公办高校"党委领导下的校长负责制"和民办高校"董事会领导下的校长负责制"，遵循现代治理的权力主体多元化、权力性质协商性、权力来源契约性、权力运行平行性等特点，基于学校多元办学的产权结构，以理清管理界面为重点，探索创新了"党委领导、董事会决策、监事会监督、校长负责、专家办学、教授治学"的治理体制。

（1）党委主要聚焦政治、组织、意识形态三个方面，全面加强党的领导和建设。目前党委书记由山东省委教育工委选派，主持学院党委工作；3名校行政班子成员与党委委员交叉兼职，其中1名为副书记。

（2）董事会工作主要体现在办学发展方面，尊重出资方的权益，一般性问题在董事会框架中解决。《山东海事职业学院董事会章程》明确指出，"董事会是学院的决策机构，按照相互尊重、相互谅解、积极协商、民主决策的原则处理日常工作事宜"。其权利："① 制定、修改、解释董事会章程；② 审议董事的变更事项；③ 提出院长拟聘人选，经市教育局审查并报省教育厅核准；④ 聘任和解聘院长（解聘院长需事先告知省、市教育主管部门）；⑤ 审议并批准院长提名的副院长及财务主管；⑥ 审议批准院长提报的学院职能部门和业务单位的设置与撤销意见；⑦ 审议和制定学院的总体发展规划，批准年度工作计划；⑧审议院长年度工作报告，对学院工作提出建议和意见；⑨审议和批准学院年度办学经费的预决算，批准重大开支项目，对学院经费的使用进行监督、检查和审计；⑩按国家相关要求，决定学院教职工的编制定额和工资标准；⑪讨论决定其他必须由董事会做出决定的重要事项。"其义务："①多渠道筹措资金，为学院发展提供必要的资金保障；②协调学院各种对外关系，为学院发展创造良好的外部环境；③拓宽学院办学渠道；④履行其他应尽的义务。"董事长由控股方企业代表担任。

（3）监事会侧重对资产的管理，做到一年一次审计，保障国有资产保值、增值。《山东海事职业学院监事会规则（试行）》明确了监事会的权利和义务："①根据需要可以列席学院董事会会议和相关行政会议，对董事会决策有质询权，对学院重大事项的决定和处理有建议权；②对董事会决定的学院发展改革规划、重大项目建设、干部人事政策、薪酬制度改革等重大事项的贯彻执行进行监督；③一般情况下每个年度对学院财务工作进行一次检查审计，对重点建设项目可以进行专项审计；④对学院董事会和学院行政领导班子按《董事会章程》和《学院章程》领导治理学校以及履行职责情况进行监督；⑤发现有违反法律、法规，损害学院和教职工利益的情况时，有权要求当事人予以纠正，并向上级主管部门提出处理建议。"

（4）校长负责、专家办学指的是落实法人治理结构，实行校长负责制。《山东海事职业学院章程》明确指出："学校校长由市教育局推荐并报市政府、省教育厅审核同意，董事会聘任，聘期为三年，可连聘连任。校长行使下列职权：①负责学校日常管理工作，执行董事会决议；②组织拟订学校发展规划、学科专业建设规划和师资队伍建设规划；③组织制定学校规章制度和年度（学期）工作计划并组织实施；④组织教育、教学、科学研究活动，保证教育教学质量；⑤提名副校长及财务主管人选，并报董事会审核批准；提请董事会设置、撤销学校职能部门和业务单位；⑥聘任或解聘教师及其他工作人员，实施奖励或处分；⑦拟订学校年度财务预算，经董事会批准后组织实施；⑧对学校发展的重大事项提出建议和意见；⑨保

第八章 高职院校治理的实践案例

护和管理校产,维护学校及师生的合法权益;⑩ 对董事会的工作提出意见和建议;⑪ 代表学校开展对外交流、合作办学、科研开发等方面的工作;⑫ 校长应当享有的其他权利。"

(5) 教授治学重在治"学"。治学的主要内涵是指治学科、治学术、治学风和治教学。实施教授治学的目的在于实现从行政本位向学术本位的转变,让教师真正成为学校的主人。但除了学科、学术、学风和教学之外,办学方向的把握、国家政策的落实、办学经费的筹集、党务政务的运转、社会服务的提供,等等,这些都超出了治学的范围。教授的本业和专长就是治学,因此,实施教授治学绝不能偏离这一根本方向,不能将教授治学扩大到教授治校,否则会导致教授事务缠身、精力分散,不能安下心来搞学术。教授治学应做到学术权力与行政权力相对分离。对于学校的科学发展而言,教授治学、学术权力的相对独立运转是核心,但并非全部。学校的科学发展是一个系统工程,需要协调各种关系,考虑各方面利益,而教授只是在治学方面行使权力,这样就可能使学术权力与学校整体发展产生某种程度上的矛盾,需要行政权力在适当的时候发挥宏观调控的作用。学术权力与行政权力完全分离是不现实的,也是不可能的。在学校中,行政权力中有学术的成分,学术权力中也有行政的内容,两者只能相对独立。行政权力适当介入学术权力,也有利于学校的科学发展。

3. "下位"治理:基于产权属性的现代内部治理体系创新与实践

产权属性是一个单位实施干部人事制度改革的法理基础和文化认同基础。山东海事职业学院办学资产的公有属性和私有属性为现代学校内部治理体系的构建提供了广阔空间。

(1) 身份混合的人事管理。山东海事职业学院整体实行职员制、聘任制,对部分教师按企业规则缴纳社会保险金;对骨干教师,以学校事业单位为平台,落实事业编制教师社会保障待遇;对校企合作实行混合所有制改革的二级学院的部分优秀企业师资,实行身份管理、企业实施岗位管理。

(2) 能进能出的员工管理。山东海事职业学院保证教师"进口"与"出口"畅通,自主聘任和辞退。受学历限制的技能大师,该校按技能教学实践教师的身份引进；不适应教学岗位、严重违规违纪者，该校依法依规辞退。

（3）能升能降的岗位管理。干部全部去行政化，不受行政级别羁绊。山东海事职业学院按能力和素质选聘干部，做到干部能上能下。

（4）能高能低的薪酬管理。奖励绩效工资达70%，且山东海事职业学院做到年年有异、月月有差、天天有别，实行能者多劳、优劳优酬，按业绩和贡献兑现待遇，极大地激发了广大教职工干事创业的积极性。

（5）评聘分离的职称管理。对职称与岗位不符者，山东海事职业学院不落实相应的职称待遇。

（二）主要问题及原因

1. 外部环境：政策配套迟迟没有到位

（1）混合所有制的办学属性或类型尚未获得国家认可。2014年，《国务院关于加快发展现代职业教育的决定》明确规定："创新民办职业教育办学模式，积极支持各类办学主体通过独资、合资、合作等多种形式举办民办职业教育；探索发展股份制、混合所有制职业院校，允许以资本、知识、技术、管理等要素参与办学并享有相应权利。"2016年，《国务院关于鼓励社会力量兴办教育促进民办教育健康发展的若干意见》明确提到："探索举办混合所有制职业院校，允许以资本、知识、技术、管理等要素参与办学并享有相应权利。"2017年，《国务院办公厅关于深化产教融合的若干意见》明确提到："鼓励有条件的地区探索推进职业学校股份制、混合所有制改革，允许企业以资本、技术、管理等要素依法参与办学并享有相应权利。"2019年，《国务院关于印发国家职业教育改革实施方案的通知》明确提出，"支持和规范社会力量兴办职业教育培训，鼓励发展股份制、混合所有制等职业院校和各类职业培训机构"，为混合所有制办学体制的创新指明了方向。但上述文件仅仅是宏观方面的政策，国家在微观层面并没有制定相应的具体配套政策，致使山东海事职业学院办学身份处于尴尬境地，在招生方面的办学性质标签只能是"民办"，地方政府在大框架下也只能按民办学校进行管理。

（2）民办院校非营利性办学的政策红利尚未释放。《国务院关于鼓励社会力量兴办教育促进民办教育健康发展的若干意见》明确提到："国家积极鼓励和大力支持社会力量举办非营利性民办学校。各级人民政府要完善制度政策，在政府补贴、政府购买服务、基金奖励、捐资激励、土地划拨、税费减免等方面对非营利性民办学校给予扶持。"山东海事职业学院积极申报非营利性学校，尚未得到认定，最为关键的是非营利性民办高校应有的人均培养经费和骨干教师事业编制待遇支持资金至今没有到位。

（3）事业单位带来的紧箍咒式的尴尬。2018年，山东海事职业学院基于混合所有制办学体制改革的逻辑，遵循《事业单位、社会团体及企业等组织利用国有资产举办事业单位设立登记办法（试行）》精神，将学校由民办非企业法人变更为事业单位法人，而政府相关部门就参照全额拨款的事业单位（一类）进行管理，束缚了学校办学活力的发挥。譬如，《事业单位国有资产管理暂行办法》规定："事业单位利用国有资产对外投资、出租、出借和担保等应当进行必要的可行性论证，并提出申请，经主管部门审核同意后，报同级财政部门审批。"在实际操作中，审批艰难。该校以事业单位的身份注册培训公司就遭到工商部门的拒绝。

2. 内部运行：体制机制优势没有得到充分发挥

（1）内部运行尚缺规范。山东海事职业学院以原船员培训机构为建校基础，管理基础薄弱，加之新招聘人员大部分为青年教师，干部储备和培养不足，导致管理中的"肠梗阻"现象时有发生。

（2）师资队伍稳定性不足。由于学校属于民办性质，虽然骨干教师事业编制待遇得以落实，但事业编制并没有落实到教师个人头上。部分教师考取了公办院校事业编制，进而选择离职。

二、学院混合所有制办学现代治理实践的历程

（一）初创时期（2011—2014年）

2011年前后，潍坊市整合三家同质化企业教育资源筹建股份制高职学院。鉴于长期竞争关系，三家企业要求平均股权，并期望潍坊市人民政府实质性参与办学。在建校初期，潍坊市人民政府以加快职业教育办学体制

改革为引领，依据1993年中共中央、国务院发布的《中国教育改革和发展纲要》中的"改变政府包揽办学的格局，逐步建立以政府办学为主体、社会各界共同办学的体制"、2005年国务院发布的《国务院关于大力发展职业教育的决定》中的"探索以公有制为主导、产权明晰、多种所有制并存的办学体制"、2007年国务院政府工作报告中的"深化职业教育管理体制改革，建立行业、企业、学校共同参与的机制，推行工学结合、校企合作的办学模式"等文件精神，以政府会议纪要的形式明确"市政府出资拥有1%股份，并担任董事和独立董事"，三家企业各持股33%，由此确立政府与社会资本股份制办学体制。2012年，教育部、山东省人民政府签署《关于支持黄河三角洲高效生态经济区和山东半岛蓝色经济区发展战略共建潍坊国家职业教育创新发展试验区的协议》，约定在职业教育发展的重点领域和关键环节进行改革创新试验，着力解决企业参与职业教育积极性不高、校企合作实效性不强的问题。山东海事职业学院成为试验区办学体制改革、校企合作深化的试点院校。2013年，潍坊市人民政府下发《关于进一步加快发展民办教育的意见》，要求鼓励发展混合制民办教育，积极探索国有资本、集体资本和非公有资本以多种形式举办混合制民办教育的办学模式。该校混合所有制办学模式得到潍坊市政府的重要政策支持。

回顾这段历史，山东海事职业学院并没有充分认识和发现混合所有制办学规律，仅仅以民办股份制学校的身份进行运作。该校三年变更了三个校区，三年在校生不足1 000人，政府注入的财政资金事实上起到了"兜底"保障作用。解决生存问题是当时的重要议题，学校谈不上治理等深层次问题。

（二）发展时期（2014—2018年）

2014年，国务院下发《国务院关于加快发展现代职业教育的决定》，首次提出"探索发展股份制、混合所有制职业院校"。山东海事职业学院混合所有制改革进入实质性阶段。同年，该校搬迁到现校区，彻底稳定下来，完成资产评估，组建新的董事会，夯实了混合所有制办学的基础。2016年，该校被认定为山东省职业院校混合所有制改革的唯一办学实践单位，"开展

第八章 高职院校治理的实践案例

职业教育混合所有制试点,支持各类企业和境外机构兴办、参股、合办职业教育"被写入潍坊市政府年度工作报告,该校办学体制改革获得政府大力支持。2018年,该校由民办非企业单位变更为事业法人单位,职业院校混合所有制改革项目获国家级二等奖、山东省职业教育教学成果特等奖,标志着办学体制改革得到教育部和山东省教育厅的认可。同年,该校发起组建了全国职业教育混合所有制办学研究联盟,成为首任理事长和常任秘书长单位,改革经验在全国被推广。

在这一时期,山东海事职业学院办学体制的生机与活力逐步得到彰显,招生规模逐年倍增,该校也借此厘清了改革与发展的思路:秉承"政府引导、企业主体、市场运作、利益共享"的办学理念,以产权改革和体制创新为重点,把握"办学资产产权化、治理结构现代化、办学效益共享化"三个内涵,强调"公有资本公益性和社会资本市场性相统一、民事主体关系和行政法律关系相统一、公办院校资源优势和民办院校机制优势相统一、资本管理与经营管理相分离"四个辩证关系,用动态性的股权变更机制吸纳公有资本和社会资本出资完善基础办学条件,用产权式校企合作吸纳企业共建二级学院、公共实训基地及相关专业,完成了学校第一轮"弯道超越"计划。由此,该校探索形成了"一个平台、两类资本、三驾马车、四套机制、五项原则"的混合所有制办学"山海模式":搭建"一个平台"——开放式、融合性、共享型的高职院校产教融合平台;汇聚"两类资本"——政府资本和企业社会资本;健全"三驾马车"——董事会、监事会和办学管理团队,使之相对独立、相互支撑;完善"四套机制"——资本管理、人事管理、教学管理和质量监控,使之有序运行;秉承"五项原则"——坚持资本保值增值,坚持多方利益共享,坚持协商共治办学,坚持依法依规运营,坚持创新驱动发展。在此基础上,基本完善了以地方政府与企业社会资本股份制合作办学、动态性股权变更、校企共建混合所有制二级学院为重点的"多元主体办学机制",以现代化的法人治理结构、市场化的内部运行机制、社会化的办学生态为重点的"现代法人治理机制",以"对接产业"的人才培养导向、"校企共同体"式的专业建设、

"混双师"的师资队伍建设、"耦合式"的学历教育和行业培训体系建设为重点的"校企协同育人机制",实现了两类资本、管理、师资、课程、文化的深度融合,系统、科学、全面地探索和实践了职业院校混合所有制办学体制、运营机制。

此阶段既是山东海事职业学院办学规模大力扩张时期,也是治理制度及体系建设初步形成时期。基于新型办学体制初期探索的特殊历史阶段,该校在治理理论和实践上并没有彻底摆脱传统公办高校、民办高校办学体制的"羁绊",试图在与传统公办高校、民办高校的比较中找到自身的存在价值和意义,主要的逻辑"盲点"是如何摆正党委和董事会之间的关系,如何发挥混合所有制办学体制机制优势,走上规范治理、活力十足、业绩优异的办学发展道路。

(三)完善时期(2019—2020年)

2019年,山东海事职业学院办学规模突破万人大关,该校转入内涵式发展阶段;"推进职业教育创新发展示范区建设,探索混合所有制办学模式"被写入中共潍坊市委《关于进一步深化改革开放加快制度创新的实施意见》,该校混合所有制改革成为地方制度创新的典型。2020年,"出台指导意见,深化职业院校混合所有制改革"被列入《教育部 山东省人民政府关于整省推进提质培优建设职业教育创新发展高地的意见》中的"山东省工作任务清单";同年,"大力支持山东海事职业学院'十四五'期间升格为本科层次职业技术大学""出台支持混合制办学改革意见,鼓励通过独资、合资、入股等形式举办或参办职业院校,明确管理体制、准入退出、产权归属、收益分配、成果转化等重大问题,拓宽社会资本进入职业教育领域通道。不断深化山东海事职业学院、山东畜牧兽医职业学院混合制办学改革"被写入《潍坊市人民政府 山东省教育厅共建山东省职业教育创新发展示范区实施方案》;同年,以山东海事职业学院改革经验为主要蓝本、该校提供技术支持的《关于推进职业院校混合所有制办学的指导意见(试行)》由山东省教育厅等14部门联合印发,随后,教育部办公厅予以转发。山东海事职业学院混合所有制改革得到了全国职业院校越来越多的关注。

在这一时期，山东海事职业学院在分析、总结全国职业教育混合所有制办学研究联盟会员单位案例经验的基础上，借鉴全国办学体制改革专家的优秀理论成果，对原有的办学体制及内部治理体系进行了彻底反思，也彻底从公办、民办学校的办学体制机制的藩篱中脱离出来，实现了脱胎换骨般的美丽蜕变，提炼出了"民办高校、混合体制、事业单位"办学体制和"党委领导、董事会决策、监事会监督、校长负责、专家办学、教授治学"治理体制，在上、中、下三个层面分别建立和完善了基于混合体制的现代政校治理体系、基于产权结构的现代法人治理体系、基于产权属性的现代内部治理体系。

三、混合所有制院校现代治理实践的反思

（一）理论反思

1. 混合所有制院校现代治理的法理基础

产权是所有制的核心，也是混合所有制院校现代治理的法理基础。混合所有制院校与单一产权乃至单一属性产权的学校相比更有优势。罗纳德·科斯是西方产权理论的最早提出者。该理论具体阐明了交易成本的概念、含义及特征，并详细论证了产权明晰化在市场运行中的重要作用，特别是论证了产权制度安排和产权结构组织对降低社会成本、克服外部影响、保证资源配置有效性等方面的关键作用。马克思注重对产权理论的研究，他将产权界定为财产权利，从产权与法律、所有权、所有制、生产力、生产关系之间的关系深刻阐述了产权的本质。中国特色社会主义产权的相关理论是以马克思产权理论为指导，在合理借鉴西方现代产权理论的优秀成果的基础上，紧跟时代发展的步伐，不断推进，逐步发展的。主要强调以公平为核心原则，以要素市场化配置为重点，健全归属清晰、权责明确、保护严格、流转顺畅的现代产权制度，以完善产权制度，实现产权有效激励、要素自由流动、价格反应灵活、竞争公平有序、企业优胜劣汰，并依法保护各种所有制经济权益。现代治理体系的支撑来自权力主体的多元化、权力性质的协商性、权力来源的契约性、权力运行的平行性。从理论上讲，从实践上看，混合所有制院校更容易建立现代学校治理体系。

2. 混合所有制院校现代治理的理论基础

兴起于20世纪90年代的治理理论，其核心含义：一是治理的主体是多元的、多中心的；二是治理的方式强调协调、协商、互动；三是治理过程是不断推陈出新、动态变化的；四是治理遵循民主协商、合作、平等、公平、共赢、共享等原则，结果会更加民主化。利益相关者理论是治理理论的重要基础，其核心观点：一是利益相关者是能够影响一个组织目标的实现，或者受到一个组织实现其目标的过程影响的人；二是建立一系列契约的各个利益相关主体，以此为据应享有平等谈判的权力；三是各利益相关方为保证共同利益，需要同心协力。混合所有制院校可以说是聚合了多方利益主体：资产所有方包括地方政府、企业；行政管理方包括各级教育行政部门、编制部门、工信部门、发改部门以及学校所在地的基层党政机关；利益相关方包括学生（培训学员）、教职工（干部）、合作企业以及学校内部及周边服务性商业生态。各方利益诉求各不相同，但共同点都聚焦"运营好学校"。这就需要混合所有制院校按生态学、系统论的观点把各方利益统合乃至聚合，促其发生正向的化学反应，形成利益共同体、命运共同体的平台效应。

3. 混合所有制院校现代治理的核心问题

委托代理理论的核心要义：一是委托代理双方虽因能力、优势等差别存在信息不对称的情况，但为了各取所需，通过签订契约建立委托代理关系；二是代理方在签订契约时，在法理上对委托方负有一定责任，其行为目的一般是使委托方的利益最大化；三是由于委托方与代理方的效用函数不一样，委托方需要设计最优契约激励代理方。权力制衡理论的萌芽可以追溯至古希腊哲学家柏拉图，"三权分立"的提出者孟德斯鸠则被公认为是现代权力制衡理论的奠基者。权力制衡理论的核心要义可以归结为：权力制衡制度反映了公共权力运行过程的客观规律；任何权力都是一把"双刃剑"，因此权力必须要受到一定制约；权力制衡是权力约束最主要的形式，权力制衡中的每一个主体既是权力的行使者又是权力的制约者。按照潍坊市人民政府的要求，山东海事职业学院自筹建之日起就探索和实践现代法人治理结构，随着混合所有制办学实践的深入，基本形成了"党委领导、董事会决策、监事会监督、校长负责、专家办学、教授治学"治理体制。该校通过董事会章程和学校章程，从不同的向度和维度辩证了党委领导与董事会决策的关系，明确了学校各组织机构的权利、义务和管理权限，以校长人选的考察推荐、备案审核、聘任等程序，落实校长"职业经理人"的身份和地位，厘清了学校上层机构的管理界面，从而实现了权力的契约委托代理和有效制衡。

（二）政策与实践反思

1. 混合所有制院校现代治理政策的大逻辑分析

《中共中央关于全面深化改革若干重大问题的决定》明确规定，"国有资本、集体资本、非公有资本等交叉持股、相互融合的混合所有制经济，是基本经济制度的重要实现形式"，"建立事业单位法人治理结构"，"加快现代职业教育体系建设，深化产教融合、校企合作，培养高素质劳动者和技能型人才"。《中共中央关于制定国民经济和社会发展第十三个五年规划的建议》要求，"必须按照完善和发展中国特色社会主义制度、推进国家治理体系和治理能力现代化的总目标，健全使市场在资源配置中起决定性作用和更好发挥政府作用的制度体系"，"创新公共服务提供方式，能由政府购买服务提供的，政府不再直接承办；能由政府和社会资本合作提供的，广泛吸引社会资本参与。加快社会事业改革"。《中共中央关于制定国民经济和社会发展第十四个五年规划和二〇三五年远景目标的建议》指出，"坚持把实现好、维护好、发展好最广大人民根本利益作为发展的出发点和落脚点，尽力而为、量力而行，健全基本公共服务体系，完善共建共治共享的社会治理制度"，"加大人力资本投入，增强职业技术教育适应性，深化职普融通、产教融合、校企合作，探索中国特色学徒制，大力培养技术技能人才"。《关于深化教育体制机制改革的意见》指出，深化教育体制机制改革的主要目标是，到 2020 年，教育基础性制度体系基本建立，形成充满活力、富有效率、更加开放、有利于科学发展的教育体制机制，人民群众关心的教育热点难点问题进一步缓解,政府依法宏观管理、学校依法自主办学、社会有序参与、各方合力推进的格局更加完善,为发展具有中国特色、世界水平的现代教育提供制度支撑。

改革开放以来,尤其是全面深化改革以来,国家关于现代学校治理体系的政策目标明确,逐步深入。办学体制必须与经济制度相吻合,才能从根本上增强职业教育的适应性。经济层面的混合所有制必然催生办学体制上的混合所有制探索。不管什么样的办学体制,现代治理体系的构建都是最终的目标。混合所有制办学体制基于办学资产的多元化,尤其是资产属性的异质性,为现代学校法人治理体系建设打下了坚实的法理基础和文化认同基础。

2. 混合所有制院校现代治理政策探索的阶段性特征

改革不可能一劳永逸,需要不断探索,混合所有制院校现代治理的探索也是如此。自 2014 年开始,国务院陆续出台了关于职业教育(产教融合、民办教育)的几个纲领性文件,都涉及职业院校混合所有制改革。但作为全面深化改革以来在中国大地上生长出来的新型办学模式,混合所有制办学的规律与特征还需要我们进一步探索、发现、认识。依附于办学体制的现代学校治理体系目前仅仅处在探索阶段。政策的出台必须建立在大量案例(成熟经验)的基础上,所以混合所有制院校现代治理政策出台的时机尚未成熟。

3. 混合所有制院校现代治理政策的前瞻性探索

《中共中央关于全面深化改革若干重大问题的决定》明确规定,"坚持以人为本,尊重人民主体地位,发挥群众首创精神,紧紧依靠人民推动改革,促进人的全面发展"。中共中央办公厅国务院办公厅《关于深化教育体制机制改革的意见》要求尊重基层首创精神,充分调动地方和学校改革的积极性、主动性、创造性,及时将成功经验上升为制度和政策。山东海事职业学院事实上早在 2011 年学校筹建时就开始探索混合所有制办学了。站在 2021 年新的历史起点再来回顾这段历程,我们发现:

(1)混合所有制办学体制是被"逼"出来的。鉴于复杂的办学形势,

第八章　高职院校治理的实践案例

如何让这所成分复杂、基础薄弱、特色不明的新建院校生存下来、发展起来是个最现实的问题。走民办的路子困难重重，走公办的路子政策不允许。只有蹚出自己的路子来，才能让学校发展壮大。

（2）充分利用一切有利条件，自觉自发创新实践，是构建现代学校治理体系的"不二法宝"。办学优势总是相对的。在与公办、民办院校的比较中，山东海事职业学院找出了产权结构、产权属性的条件优势，由此构建了基于混合体制的现代政校治理体系、基于产权结构的现代法人治理体系、基于产权属性的现代内部治理体系。

（3）基层院校是现代学校治理体系的经验创造者、制度创新的开拓者和政策制定的推动者。混合所有制办学的具体政策提供者来自地方政府各部门。地方政府各部门对中央政策的理解和把握往往各不相同，对新政策的执行往往需要成熟案例的借鉴。混合所有制作为新型办学体制，目前没有成熟案例可循，所以，山东海事职业学院对每一个行政项目政策的争取都需要付出艰辛的努力。庆幸的是该校所在地潍坊多年形成了敢为人先、支持创新的文化土壤。该校充分利用山东省教育厅、潍坊市人民政府共建山东省职业教育创新发展示范区的政策优势，坚持问题导向、目标导向，大胆想象、积极实践，"逢山开路、遇水架桥"，遇到一个问题就解决一个问题，形成了弥足珍贵的"一揽子"混合所有制办学和现代学校治理经验。2018—2020年，该校受山东省教育厅委托，起草"支持职业院校混合所有制办学改革的意见"。2020年9月，山东省教育厅等14部门发布《关于推进职业院校混合所有制办学的指导意见（试行）》。随后，《教育部办公厅转发山东省〈关于推进职业院校混合所有制办学的指导意见（试行）〉的通知》做出如此表述："为贯彻落实《国家职业教育改革实施方案》，2020年9月，山东省结合职业教育创新发展高地建设，深入推进职业院校混合所有制改革，明确办学形式、设立要求及办学管理，在财政拨款、融资、税收、土地等方面予以支持。这一政策的出台，充分调动企业等社会力量参与职业教育的积极性、主动性，以'混'促'改'，推动形成多元办学格局。"

第九章 结论与展望

第一节 主要结论

本书基于高等职业教育治理理念、职业教育现代化观念及系统论理论、利益相关者理论、善治理论、整合理论等多种概念基础，运用文献法、比较法、历史分析法、案例研究法等多种研究方法对我国高职院校治理现代化展开全方位的研究，回顾我国高职院校治理的发展进程，从中探寻我国高职院校的治理方式，同时借鉴国外治理的模式，构建了我国高职院校治理体系，并通过实际成功案例予以证明，能为之后高职院校治理提供些许经验。

一、回顾了我国高职院校治理的发展进程

本书针对以公共行政为主的高职院校绩效治理阶段、以公共管理为主的高职院校市场治理阶段和以公共治理为主的高职院校多元治理阶段这三个阶段，首先明确其基本含义，分析各阶段下高职院校治理的本质，然后从其主要特征入手，分析其治理模式利弊，究其核心观点，对该阶段高职院校治理所出现的问题及其原因等进行总结，从中得出了对高职院校治理现代化的思考结论：高职院校治理现代化的趋势必然是治理方式多元化、治理基石法制化及治理效能智能化。

二、概括了我国高职院校治理的方式

本书对目前我国高职院校治理的方式进行了总结，从治理依据、治理主体和治理院校类型三方面探讨了章程治理、主体多元制治理和混合所有制治理，明确了治理意义，分析了治理现状和治理困境，探究了困境形成的原因，概括了治理实现路径。

三、总结了国际高职院校治理的经验启示

本书对德国、美国、新加坡部分高职院校的治理方式展开论述，归纳了这些高职院校治理的优势和经验，并总结了这些经验对我国高职院校治理现代化的启示。国外高职院校创新分为制度和结构两个方面。制度上的创新体现在健全的法律法规、完善的学位制度、灵活的办学制度及严格的GPA限定上；而结构上的创新体现在治理结构的多元化和治理结构注重内外部协调性上。国外的成功经验对我国高职院校治理的启示在于：在制度上，我国应该建立健全混合所有制办学模式的相关法律法规，完善学位制度，不仅要重视理论教育，还要注重实践性应用型教育，大力实施新型办学方式，创新教学组织形式；在结构上，我国必须构建具有中国特色的高职院校的党政领导模式，规范高职院校内部及外部治理。对于国外的成功经验，只有取其精华，弃其糟粕，才能推动我国高职院校治理现代化。

四、构建了我国高职院校治理的框架体系

本书基于人本治理理念、多元共治理念、良法善治理念等众多高职院校治理理念，依托高职院校党委领导、校长负责、教授治学、民主管理的治理体制，落实质量治理、文化治理、专业治理、教师治理等多项治理内容，从而构建了高职院校治理能力体系。

对于高职院校治理能力体系，本书主要从高职院校治理能力现代化理论、意义、实现路径三个方面进行阐述。以高职院校治理能力现代化来说，其特征在于治理主体广泛、具有多重单层次的作用机制及治理系统内生可持续运转。本书通过对特征进行分析，确定了高职院校治理能力现代化指标。高职院校治理能力现代化指标从治理主体参与水平、治理关系建构水平、治理机制运行水平、内部治理内生动力水平几个方面对高职院校治理

能力现代化进行评价。推进高职院校治理能力现代化的路径主要有以下几个：推进治理思想现代化、推进治理体系现代化、推进治理制度现代化、推进治理人员现代化和推进治理手段现代化。推进高职院校治理能力现代化不仅符合国家治理现代化的要求，也能满足高职院校自身发展的现实需要。

五、实证了我国高职院校治理的研究成果

本书以长沙航空职业技术学院与山东海事职业学院为例，通过对其治理结构、实现路径、实践成效等几个方面进行分析，综合考量了这两所高职院校的现代化治理情况。其治理成效表明了治理现代化的正确性与合理性。虽然实践过程中仍有些许不足，但在实践中发展，在不足中进步才是高职院校治理探究的正确路径。

第二节　创新与不足

一、创新之处

（一）研究方向上创新

本书以高职院校治理现代化作为研究方向，通过对比国内外高职院校治理的实践模式，分析其实现路径等，指出无论国内还是国外，在高职院校治理实践方面都仍然存在许多问题与不足。基于这些不足，本书提出了些许观点与对策，以期为高职院校治理研究做出贡献。本书从高职院校治理现代化入手，具备一定的创新性。

（二）能力体系上创新

目前高职院校的治理体系在实践过程中仍然存在着一些问题。本书通过对这些问题进行分析，构建了高职院校治理能力现代化体系。同时，系统地阐述了高职院校治理能力现代化的意义、内涵、指标及路径，不仅丰富了高职院校治理理论，还为当下高职院校提供了指导经验。

二、不足之处

（一）现代化治理推行面积不足

本书基于相关理论，吸收国内外高职院校治理的经验，制定了高职院校治理现代化体系并应用于实证研究。但总体而言，由于开展的具体研究过少，本书只列举了长沙航空职业技术学院与山东海事职业学院两个高职院校的实践案例，未全面结合我国本土实际的高职院校治理的特点，未明确现代化治理推行过程中潜在的问题。因此，我们还应扩大研究范围，深入了解更多高职院校的治理特点，使得理论与实践结合得更为紧密，更加普适化、科学化、规范化。

（二）现代化治理体系逻辑关系深入不足

通过梳理高职院校治理发展体系，我们发现在发展阶段，高职院校治理还存在着不同治理主体之间权力运行和权力配比的融合困境。虽然治理能力现代化体系的推行能在一定程度上避免困境的产生，但是我们并未对两者之间的问题进行深入分析，所以后续是否会产生新的问题仍未可知。另外，高职院校现代化治理中多元主体结构关系与运行机制设计之间的逻辑关系也有待深入研究。

第三节 未来展望

我国高职院校治理现代化不仅顺应国家治理现代化的要求，也是推行治理现代化的价值旨归。随着国家的大力支持与推进，高职院校的治理现代化吸引了更多研究者的目光。尽管本书对现行的治理手段及治理现代化相关的内容进行了系统性的梳理和总结，但由于时间限制，我们发现还有很多问题有待进一步研究。

一、进一步明确权力主体

新时代坚持和加强党的全面领导，对于高职教育治理研究来讲，需要强调省委、市委的全面领导，而高职院校需要强调学校党委的全面领导。

本书没有细分党和政府的权力主体差异，而这个问题从目前学术研究领域来看，也是研究热点和难点。政府是党的教育路线、方针、政策的执行者，是管理公权力的代表。本书仅仅针对高职教育治理问题，将权力主体简化为政府代表。

二、进一步验证现代化治理的普适性

当下，我国高职教育治理环境发生了极大改变。国家和地方政府都相继出台校企合作方面的政策，并且强调"企业作为办学主体参与高职教育治理"，充分体现出高职教育治理的多元主体参与的必要性。但由于时间有限，我们很难做到细致分析不同地区、不同类型的学校是否可以适应多元主体共同治理，而这是接下来应该开展的实证研究，也是治理现代化推行需要解决的问题。

三、进一步探讨研究内容

本书虽然有长沙航空职业技术学院与山东海事职业学院两个实例支撑，通过对治理结构、实现路径、实施效果进行分析得出了相关结论，确定了高职院校治理现代化在这两所学校能取得较好的开展效果，但尚未对后续发展规划做更深层次的分析，也未对可能出现的问题进行预测。因此，我们有必要进一步细化研究内容，深入分析治理发展规划，进一步加强严谨性和准确性。

四、对策与建议

本书重在理论分析与实践验证，并且对高职院校治理中存在的问题进行了剖析。现将对策与建议整合如下。

（一）完善治理现代化制度体系建设

制度是治理的方向标。健全的治理制度体系是高职院校实施制度化、法治化、规范化办学的核心，也是增强高职院校治理能力的基础。高职院校依托校企合作联动机制办学，存在着许多内部管理职能和对外协调合作关系方面的问题，所以高职院校治理制度的制定不仅要追求全面，也要追求质量。高职院校要通过统筹学校各种因素，确保制度的可行性及有效性，建立健全治理的考核评价制度和激励制度，充分调动行业、企业、教职工、学生等治理主体的积极性，保障他们的权益。

(二) 调整治理现代化组织结构设置

结构是治理的核心框架。无论是普遍的"校—院"两级管理体制，还是混合所有制职业院校的法人治理结构，都需要不断地调整完善。没有哪个结构是一成不变的，结构必须随着学校的发展而不断调整。高职院校应厘清本校上下层级关系。上层主要负责统筹规划、决策制定等工作。高职院校的事务决策主要通过学校层面的党委会、校长联席会、学术委员会、教职工代表大会，以及二级学院层面的党政联席会议等来进行。高职院校要针对不同的决策者与决策对象制定详细的议事规则与议事程序，保证各项决策的公正性、科学性，还要广泛听取教职工、学生的民主意见，在进行制度设计、发展规划、学科设置、教学计划等决策时广开民主管理的渠道，使广大师生可以从多种途径发表自己的意见和建议。下层主要负责人才培养、专业建设、教学改革、学生管理等工作。高职院校要保证组织机构能适应多元共治的需求，采用扁平化、网状式管理模式，并建立协同机制。扁平化的组织机构就是打破职能部门之间的界限，直接面向管理对象的组织机构。

(三) 实现治理现代化校企协同育人

高职院校治理现代化要求学校拓展合作领域，校企合作培养人才。校企合作的目的在于促进企业和学校共同发展。校企合作将学校与企业紧密联系，服务地方经济，成为改革创新的突破口，引领高职院校机制创新。高职院校要发挥自身的教育、科研、技术和人才资源优势，创建校企合作资源共享平台；建立"校企融合"培养模式，与企业共享生产实训基地。协调校企运行机制，促进学校教师入企行为和企业行业人员入校行为，加强理论知识在企业项目中的应用，在技术研发等方面与企业深度合作，促进双方的内涵式发展，保障校企合作高效运行。

(四) 构建治理现代化监督保障机制

高职院校治理能力的增强离不开有效的监督保障机制。高职院校可以从内部监督保障机制和外部监督保障机制两方面进行完善。

在内部监督保障机制方面，高职院校可通过以下几个方面加强民主监督。第一，建立内部各个监督组织，如纪律检查委员会、教职工代表大会、学生代表大会等。明确各监督组织的职责，使其相互配合，共同增强监督效果。第二，拓宽教职工、学生的监督渠道，使教职工、学生有平台（比如学校及二级学院的工会、学生申诉委员会等）去提出自己对于学校治理的意见与建议。第三，要贯彻落实校务公开制度。通过多种渠道（比如学校官网、信息公告栏等）及时向广大师生公开学校的章程、内部管理规章制度、学校新闻、评奖评优情况、教师职称评聘情况等一系列信息。要保障教职工、学生对学校重要事务的知情权，激发他们主动参与监督院校治理的积极性。

在外部监督保障机制方面，高职院校要充分发挥政府、行业、企业及其他社会组织监督与评价学校治理的作用。第一，高职院校要发挥政府的教育督导作用。比如在推进高职院校章程建设的工作上，地方政府的教育主管部门可以定期检查高职院校章程的制定及执行情况，并对其做出评价，以此来推动高职院校的治理。第二，高职院校要贯彻实施信息公开制度，及时向社会公开办学信息、年度人才培养质量报告等，接受来自教职工、学生、家长、校友等社会各界的监督。第三，高职院校要发挥社会第三方评价机制的作用。要在学校自我评价的基础上，结合第三方社会组织的评价，对人才培养质量、教学质量等方面进行客观、真实的评价。高职院校应该根据评价结果明确自身的优势与不足，有针对性地采取纠正和调整措施，形成评价与实施的良性循环，从而增强治理能力。

参 考 文 献

专著类

[1] R. 爱德华·弗里曼. 战略管理：利益相关者方法［M］. 王彦华，梁豪，译. 上海：上海译文出版社，2006.

[2] 阿尔特巴赫，伯达尔，古姆波特. 21世纪美国高等教育：社会、政治、经济的挑战［M］. 北京：北京师范大学出版社，2005.

[3] 陈彬. 良法与善治：中国大学治理现代化探究［M］. 武汉：华中师范大学出版社，2018.

[4] 郭凤志. 德育文化论［M］. 北京：中国社会科学出版社，2008.

[5] 花建，马驰，巫志南，等. 文化力：先进文化的内涵与21世纪中国和平发展的文化动力［M］. 上海：百家出版社，2006.

[6] 霍丽娟. 产学合作教育中高职院校与企业的关系研究［M］. 石家庄：河北教育出版社，2010.

[7] 康德. 宇宙发展史概论［M］. 上海外国自然科学哲学著作编译组，译. 上海：上海人民出版社，1972.

[8] 刘晓，徐珍珍. 职业教育产学研一体化办学模式研究［M］. 杭州：浙江大学出版社，2017.

[9] 齐再前. 基于博弈论高等职业教育校企合作长效机制研究［M］. 北京：科学出版社，2016.

[10] 祁进玉. 文化研究导论［M］. 北京：学苑出版社，2012.

[11] 青木昌彦. 比较制度分析［M］. 周黎安，译. 上海：上海远东出版社，2001.

[12] 塞缪尔·P. 亨廷顿. 变革社会中的政治秩序［M］. 王冠华，刘

为，等译.北京：生活·读书·新知三联书店，1988.

［13］沈泰昌.系统工程［M］.杭州：浙江教育出版社，1985.

［14］汪明安，陈永安，张云鹏.现代性基本读本［M］.开封：河南大学出版社，2005.

［15］肖川.教育的智慧与真情［M］.长沙：岳麓书社，2005.

［16］杨进.职业教育校企合作双主体办学：治理创新与实现途经［M］.北京：高等教育出版社，2019.

［17］余祖光.产业文化育人：理论探索与教育实践［M］.北京：高等教育出版社，2016.

［18］俞可平.论国家治理现代化［M］.北京：社会科学文献出版社，2014.

［19］俞可平.全球化：全球治理［M］.北京：社会科学文献出版社，2003.

［20］袁振国.教育新理念［M］.北京：教育科学出版社，2002.

［21］张健.高等职业教育整合论［M］.北京：教育科学出版社，2015.

［22］张曙光.生存哲学：走向本真的存在［M］.昆明：云南人民出版社，2001.

［23］张应强.高等教育现代化的反思与建构［M］.哈尔滨：黑龙江教育出版社，2000.

［24］中国大百科全书出版社编辑部.中国大百科全书·教育［M］.北京：中国大百科全书出版社，1985.

［25］周光迅.大学教育综合化［M］.济南：山东教育出版社，1999.

论文类

［1］白宗颖.以高校绩效管理推进高等教育治理现代化［J］.现代教育管理，2019（7）：42-48.

［2］常丽坤.高等职业教育治理体系的问题表征与对策［J］.职业技术

教育，2016，37（19）：36-40.

[3] 陈文博，张明超. 中德高职院校校长任职特征与职业发展路径的比较研究：基于中德40位高职校长数据的分析［J］. 高等职业教育探索，2019，18（6）：34-41.

[4] 崔景贵. 论心理教育的分化与整合［J］. 教育研究，2005（2）：83-89.

[5] 段丽华. 新加坡高等职业教育创新发展路径及启示：以南洋理工学院为例［J］. 职业技术教育，2017，38（33）：67-71.

[6] 甘晖. 基于大学治理能力现代化的大学治理体系建构［J］. 高等教育研究，2015，36（7）：36-41.

[7] 高江. 高职院校现代治理体系的现实境遇与推动策略［J］. 教育与职业，2020（22）：5-11.

[8] 霍春龙，包国宪. 论公共行政发展过程中的绩效范式变迁及其演化规律［J］. 兰州大学学报（社会科学版），2018（4）：128-134.

[9] 贾欣. 英美职业教育学位制度实践及启示［J］. 教育与职业，2019（16）：73-78.

[10] 蒋立英，陈国忠. 德国"双元制"对我国卫生职业教育创新发展的启示［J］. 中国职业技术教育，2015（32）：47-50.

[11] 雷世平，姜群英. 高职院校治理能力现代化的内涵及其衡量标准［J］. 职教论坛，2015（31）：41-45.

[12] 雷世平，乐乐，李尽晖. 职业院校治理现代化转型的价值意蕴、现实困境与推进策略［J］. 职业技术教育，2020，41（31）：6-10.

[13] 李思阳，罗冲，孔庆新. 双高院校高质量发展的内涵与路径选择［J］. 职教论坛，2021（3）：150-153.

[14] 李政，徐国庆. 我国职业教育治理结构转型：内涵、困境与突破［J］. 西南大学学报（社会科学版），2020，46（4）：78-85.

[15] 梁克东. "双高计划"背景下高职院校治理现代化的理性思考及实践路径［J］. 中国职业技术教育，2020（1）：26-30，60.

[16] 卢荷. 校企合作下的"双师型"职教师资培养 [J]. 教育与职业, 2016 (22): 74-76.

[17] 马成荣. 高职院校高质量发展之"五型"设计 [J]. 中国职业技术教育, 2020 (15): 16-22.

[18] 马静, 刘辉. 德国高等职业教育多层次化发展: 探究与启示 [J]. 职教论坛, 2011 (12): 89-93.

[19] 买琳燕. 欧洲高职院校治理结构的演变、要素和特征: 以英国、芬兰和德国为例 [J]. 职业技术教育, 2019, 40 (34): 73-79.

[20] 荣长海, 高文杰. 职业教育治理的现状、问题和对策 [J]. 教育与职业, 2020 (17): 5-11.

[21] 孙杰远. 教育治理现代化的本质、逻辑与基本问题 [J]. 复旦教育论坛, 2020, 18 (1): 5-11.

[22] 汤敏骞. 德国高职办学模式及其对河南高职教育的启示 [J]. 教育与职业, 2014 (36): 19-22.

[23] 屠群峰. 国外高职教育学位制度的特点及启示 [J]. 职教论坛, 2010, 21 (11): 90-92

[24] 王玄培, 王梅, 王英利. 德国职业教育外部质量评价及其对我国职教评价体系的启示 [J]. 教育与职业, 2013 (32): 22-24.

[25] 王亚盛. 中德职业院校专业课程体系对比分析与改革建议 [J]. 中国高教研究, 2010 (6): 77-79.

[26] 王颖颖. 基于系统论的新加坡高职教育质量保障体系研究 [J]. 高等职业教育（天津职业大学学报）, 2016, 25 (6): 17-20.

[27] 肖凤翔, 肖艳婷. 章程视野下的高等职业院校治理: 困局、归因及改进思路 [J]. 中国职业技术教育, 2018 (12): 42-48.

[28] 徐国庆. 职业教育实现现代化的关键是完善国家基本制度 [J]. 华东师范大学学报（教育科学版）, 2021 (2): 1-14.

[29] 徐金河, 陈智强. 破解企业深度参与高职教育之困: 借鉴德国的经验 [J]. 高等教育研究, 2018, 39 (2): 54-58.

［30］宣勇，钟伟军．论我国大学治理能力现代化进程中的校长管理专业化［J］．高等教育研究，2014，35（8）：30-36．

［31］易淼清．从德国"双元制"职业教育模式看我国高职教育师资的建设与管理［J］．教育与职业，2009（2）：69-71．

［32］易启明．高职院校"一流治理能力"建设探讨［J］．教育与职业，2020（18）：56-60．

［33］俞可平，王颖．公民社会的兴起与政府善治［J］．中国改革，2001（6）：38-39．

［34］张健．论校企合作多元主体的治理［J］．中国职业技术教育，2018（18）：44-49．

［35］张健．论整合为核心的现代职业教育体系的建构［J］．教育与职业，2012（17）：5-7．

［36］张健．校企合作"五度"问题及其解决方略［J］．中国职业技术教育，2016（33）：82-86．

［37］张健．职业教育：政行企校合作治理的结构分析与改进对策［J］．中国职业技术教育，2018（6）：39-43．

［38］张良．高职院校治理能力现代化的理论意蕴与实现路径［J］．职业技术教育，2020，41（27）：40-43．

［39］张炜．解读教育"放管服"改革［J］．河北师范大学学报（教育科学版），2017，19（3）：31-33．

［40］周建松．"双高"建设背景下高职院校治理能力提升研究［J］．教育与职业，2020（14）：13-18．